Mindfulness para la felicidad

books4pocket

Ruth A. Baer

Mindfulness
para la felicidad

Libérate de las trampas de tu mente
y construye la vida que deseas

URANO
Argentina - Chile - Colombia - España
Estados Unidos - México - Perú - Uruguay

Copyright © 2014 by Ruth Baer
All Rights Reserved
© 2014 *by* Ediciones Urano, S.A.U.
Plaza de los Reyes Magos 8, piso 1º C y D – 28007 Madrid
www.mundourano.com
www.books4pocket.com

1ª edición en **books4pocket** octubre 2018

Impreso por Novoprint, S.A. – Energía 53 – Sant Andreu de la Barca (Barcelona)

Fotocomposición: Ediciones Urano, S.A.U.

ISBN: 978-84-16622-33-7
E-ISBN: 978-84-9944-777-3
Depósito legal: B-22.670-2018

Código Bic: VSP
Código Bisac: SEL016000

Impreso en España – *Printed in Spain*

Índice

TERCERA PARTE:
LAS TÉCNICAS MINDFULNESS

CUARTA PARTE:
APLICÁNDOLO TODO

Agradecimientos

Sumergirme en los principales programas mindfulness contrasta-
dos por las investigaciones me ha convencido de que todos ellos
pueden aportar un importante saber a las personas que desean mejorar sus vidas. Este libro tiene una tremenda deuda con los siguientes colegas que abrieron el camino al desarrollo y el estudio
científico de los planteamientos terapéuticos basados en el mindfulness: Marsha Linehan (terapia dialéctico conductual); Jon Kabat-Zinn (reducción del estrés basada en la atención plena); Zindel
Segal, Mark Williams y John Teasdale (terapia cognitiva basada en
el mindfulness), y Steve Hayes, Kirk Strosahl y Kelly Wilson (terapia de aceptación y compromiso). También estoy en deuda con
Jean Kristeller, por el programa de concienciación de hábitos de alimentación basada en el mindfulness; Sue Orsillo y Liz Roemer,
creadoras de la terapia conductual basada en la aceptación, y Alan
Marlatt, Sarah Bowen y Neha Chawla por la terapia de prevención
de la recaída basada en el mindfulness.

Os doy las gracias a todos por vuestro pensamiento innovador,
las investigaciones fascinantes, los libros clarividentes, los asom-
brosos talleres de formación y el cariñoso apoyo a mi desarrollo
profesional. Aprender de vosotros ha sido un privilegio. Vuestra
influencia impregna mi trabajo, este libro y la manera en que he
llegado a ver el mundo.

Mi deuda también es considerable con los muchos otros psicólogos que han influido en mi obra a través de sus estimulantes investigaciones sobre los temas incluidos en este libro, y entre los que cabe destacar a David Barlow, Kirk Brown, Linda Carlson, Sona Dimidjian, Barbara Fredickson, Paul Gilbert, Willem Kuyken, Sonya Lyubormirsky, Christopher Martell, Kristin Neff, Susan Nolen-Hoeksema, Carol Ryff, Shauna Shapiro y Ed Watkins.

Quiero darle las gracias a mi colega y amiga Martha Wetter, sin quien no me habría aventurado en la terapia dialéctico conductual (DBT),* donde me encontré por primera vez con el mindfulness. Vaya también mi agradecimiento a Cindy Sanderson y Charlie Swenson, por la excepcional formación profesional en DBT y por despertar mis primeras sospechas de que el mindfulness podría ser importante en el mundo de la psicología clínica científica.

Asimismo, agradezco a los profesores de mis primeros retiros y cursos profesionales en mindfulness que aceptaran con comprensión y paciencia mis dificultades iniciales con la meditación intensiva y me ayudaran a encontrar mi camino, con mención especial a Jon Kabat-Zinn, Zindel Segal, John Teasdale, Ferris Urbanowski y Mark Williams.

Gracias también a los numerosos docentes de la Insight Meditation Society (IMS) de Barre, Massachusetts, que han modelado mi práctica y comprensión del mindfulness: Guy Armstrong, Rebecca Bradshaw, Christina Feldman, Joseph Goldstein, Michael Liebenson Grady, Michele MacDonald, Susan O'Brien, Larry Rosenberg, Sharon Salzburg y Steven Smith; y especialmente a Sharon y Joseph por hacer de la IMS un entorno ideal para tal fin.

---

* Los acrónimos de las terapias citadas a lo largo del libro corresponden a sus denominaciones en inglés. *(N. del T.)*

Estoy en deuda con mis alumnos por realizar sus trabajos de mindfulness con interés y espíritu analítico y abierto, y por escribir unos maravillosos relatos de sus experiencias, algunos de los cuales adapté para este libro. También doy las gracias a los numerosos clientes de los grupos que dirijo en nuestra clínica por su valor y disposición a comprometerse con las prácticas de mindfulness y a descubrir sus beneficios, incluso en medio del estrés y el dolor. Sus avances me alientan a compartir lo que he aprendido.

Vaya mi agradecimiento a Fritha Saunders, de Constable & Robinson, por pedirme que escribiera este libro y guiarme a través del proceso; a Melissa Valentine, de New Harbinger, por sus ideas sobre la comercialización; a Jon Davies y Jasmine Star por la corrección del texto; a Jo Stansall por el apoyo editorial; a Kathy Norrish por las preciosas ilustraciones, y a Mark Williams por el maravilloso prefacio. Mi más cordial agradecimiento al curso de escritura de ensayos del Carnegie Center para la alfabetización y la educación, de Lexington Kentucky, y a Neil Chethik, nuestro profesor, no sólo por escuchar los muchos pasajes de este libro, sino por sus innumerables y valiosas sugerencias y su aliento. También quiero dar las gracias a Leslie Guttman, mi editor del Carnegie Center, que analizó a fondo cada frase que escribí y me ayudó a conservar mi energía. Estoy en deuda con Richard Smith, mi amigo y colega del departamento de psicología, que leyó la mayor parte del manuscrito y me hizo valiosas sugerencias como consumado estudioso que ha escrito para un público profano.

Debo agradecer a mis alumnos de posgrado su apoyo a este proyecto —a pesar del tiempo que me quitó para asesorarles—, en especial a Jess Peters, por su sobresaliente liderazgo en el laboratorio, Paul Geiger, Tory Eisenlohr-Moul, Laura Smart, Brian Upton y Erin Walsh.

Le doy las gracias a mi padre, Donald Baer, por lo mucho que me ha influido, y en especial por sus afectuosos recordatorios de que el principal beneficio de un puesto de profesor universitario es la oportunidad de dedicarse a la propia vocación.

Y gracias a mi madre, Ann Marshall-Levine, por el entusiasmo que muestra por mi trabajo; y a mis hermanas, Miriam y Deb, por el apoyo incondicional de su amor. Mi agradecimiento a Trevor Stokes, mi tutor de posgrado y miembro honorario de la familia, por su duradera amistad y apoyo constante a mis proyectos profesionales, incluso cuando me aventuro en territorios extraños. Y al resto de mi familia y demás amigos y colegas tengo que agradecerles su amor, el estímulo y la fe inquebrantable en que sería capaz de escribir este libro.

Pero por encima de todo estoy profundamente agradecida por el amor y apoyo de mi marido Terry Schoen, que me ameniza el viaje con independencia del tiempo que haga en la montaña.

Prefacio

¿Por qué no somos tan felices como nos gustaría? Resulta que a menudo nos vemos atrapados en formas de pensar y sentir que nos provocan una inquietud constante. Por si esto no fuera bastante malo, los medios con que intentamos liberarnos nos enredan todavía más. No paramos de darle vueltas a nuestros errores del pasado y nos preocupamos por nuestra capacidad para enfrentarnos al futuro. Niveles descontrolados de depresión y ansiedad, o los problemas para controlar las emociones o los impulsos pueden adueñarse de nuestras vidas. La felicidad puede ser, de hecho, muy esquiva.

Es raro encontrar un libro que ayude a todo el mundo que lo lea y ponga en práctica sus consejos. El libro que tienes en tus manos es así de raro, precisamente. Ruth Baer ha reunido en él varios planteamientos diferentes, que escrupulosas investigaciones demuestran que pueden librar a los que sufren de algunos de los problemas emocionales causados por las trampas que tienden las emociones. También se ha descubierto que tales enfoques producen una transformación vital que permite sentir profundamente la paz y el bienestar, en ocasiones por primera vez en mucho tiempo.

¿Y esto cómo puede ser? El secreto está en el título* [*Practising Happiness*]. Obsérvese que no hace alusión a la persecución

---

* Del original en inglés. *(N. del T.)*

13

de la felicidad, ni a su búsqueda, ni a poner a ésta como meta, sino a la «práctica» de la felicidad. Esto es fundamental. Porque resulta que la felicidad no ha de ser una meta que perseguir, sino más bien una consecuencia de cierta manera de vivir la vida. Como ha expresado un psicólogo, eso implica «salir de tu mente y entrar en tu vida» (Hayes, 2005). La esencia del mindfulness y del enfoque de la aceptación del vivir cotidiano implica practicar vivir plenamente tu vida mediante el aprendizaje, día a día, momento a momento, primero observando, y luego dirigiendo la atención al presente con todas sus alegrías e insatisfacciones, añoranzas y arrepentimientos, proyectos y preocupaciones, ideas y fantasías. Se trata de que aprendas que posees potencialidades que nunca imaginaste como propias, pero que hacerlas reales implica aprender a rechazar paulatinamente todas y cada una de la infinidad de maneras con las que tratas de protegerte. Al intentar evitar o eliminar el malestar siempre que éste aparece, adquieres el hábito de abandonar tu vida, y es posible que acabes descubriendo que te has convertido en un extraño para lo mejor y más sabio de tu yo. Este libro te brinda la oportunidad de recuperar tu vida a través del mindfulness.

Mindfulness es una de las muchas acepciones de una antigua palabra que significa «conciencia lúcida» o «no olvido». La formación en mindfulness consiste en la práctica de recordar despertar, a cada instante, y lo mejor que uno pueda, a lo que está surgiendo en el mundo interior y exterior. Desarrollar una conciencia así exige una perseverancia tan firme como amable, porque de forma natural la mente adquiere la mayoría de las destrezas, convirtiendo en automáticas y habituales la mayoría de nuestras conductas. Por lo general, los hábitos son muy útiles: si conservar el equilibrio cuando caminamos o mantener el coche en el carril adecuado de la carretera nos exigiera una reflexión profunda, nos quedaría poca energía o espacio mental para pensar en otra cosa. Pero los hábitos son voraces: cualquier conducta que repitamos más de una vez es una presa fácil, una candidata adecuada a convertirse en hábito. En sí, esto no es un problema. Lo que *es* un problema es que la parte de la mente que es liberada cuando los actos se hacen hábitos normalmente no es utilizada a continuación para apreciar el momento presente o generar ideas estupendas o creativas. Antes bien, esa parte se sumerge en ensoñaciones, cavilando sobre el pasado o preocupándose por el futuro, rumiando nuestros problemas irresolubles o los de los demás o tratando de resolver el sentido de la vida. Cuando tu mente deambula de esta guisa, la felicidad parece esquivarte, y si entonces diriges tu atención al «porqué» de que te sientas menos feliz de lo que te gustaría, esto puede hacer que te sientas aún peor. Así que te distraes como buenamente puedes y pospones la felicidad para otro día, sin darte cuenta de que la tenías delante de tus narices desde el principio: resulta que mientras andabas buscando el sentido de la vida, pasaste por alto la experiencia de estar vivo.

Ésta es la razón de que la felicidad, considerada con estrechez de miras como una meta que hay que alcanzar sea una ilusión, a la que ninguno, sin embargo, somos inmunes. Se trata de una ilusión que nos atrapa en sus redes una y otra vez. Así que necesitamos una guía fiable que nos ayude a recorrer este camino, y Ruth Baer es precisamente esa guía: una psicóloga clínica experimentada, una investigadora de fama internacional, profesional del mindfulness y brillante profesora que combina un humor amable y una inteligencia aguda con una cordialidad afable y empática. Ten por seguro que este libro va a ser una buena lectura y que vas a disfrutar leyéndolo: y ten por cierto también que Ruth te va a invitar a practicar algunas cosas nuevas a modo de experimento. Ahí es donde empieza la acción, y donde puede que empieces a recuperar tu vida. Te deseo lo mejor al embarcarte en esta aventura de practicar la felicidad.

MARK WILLIAMS

Profesor de psicología clínica e investigador principal
de Wellcome Trust, Universidad de Oxford.
Autor de *Mindfulness: guía práctica para encontrar
la paz en un mundo frenético*

INTRODUCCIÓN

1

Cómo te va a ayudar este libro

«La felicidad no es una estación a la que llegues,
sino una manera de viajar.»

MARGARET LEE RUNBECK[1]

Si encajas en algunas de las siguientes descripciones, entonces este libro está dirigido a ti:

- Sientes que en tu vida hay demasiado estrés y no sabes muy bien qué hacer al respecto.
- Te acucian los problemas, los miedos y la ansiedad.
- Estás triste, deprimido y desanimado, y todo eso te desgasta.
- Haces cosas de las que te arrepientes, como comer mucho, perder los estribos o ver demasiado la televisión.
- Te lamentas por NO hacer cosas: no mantener el contacto con tus amigos y familiares, no luchar por tus metas en el trabajo, no cuidarte.
- Deseas una vida más satisfactoria y con mayor sentido.
- Anhelas ser más feliz.

Este libro versa sobre el mindfulness, un tipo de conciencia (o atención plena) que se centra en el momento presente con una actitud de curiosidad amistosa. Las investigaciones demuestran que el mindfulness alivia todos los problemas enumerados arriba.[2] Las personas que practican el mindfulness son menos proclives a la depresión, la ansiedad y el estrés, porque aprenden a permanecer en contacto con sus verdaderas prioridades, a manejar sus conflictos de manera más eficaz y a encontrar la paz mental. Sus relaciones son más sólidas; sienten más emociones positivas y obtienen mayor placer de las actividades normales. Incluso su salud física mejora.

Tal vez te resulte difícil creer que la conciencia del momento presente (vivir cada momento de la vida viviéndolo plenamente) pueda tener tantos beneficios. Y quizá creas que ya eres consciente de tus momentos presentes, y hasta dolorosamente consciente. Tus momentos presentes rebosan de estrés y dificultades. ¿Por qué habrías de querer ser *más* consciente de ellos?

Por lo general, cuando decimos que somos conscientes de nuestros problemas, nos referimos a que a menudo los tenemos en la cabeza o a que pensamos en ellos constantemente. Pensar en los problemas está muy bien cuando eso te ayuda a resolverlos, pero con frecuencia acabamos atrapados en nuestros pensamientos. Éstos no paran de dar vueltas en nuestras cabezas, los problemas siguen sin resolverse y nos sentimos peor.

Entonces, probemos con otra estrategia: NO pensemos en nuestros problemas. Esto es más difícil de lo que parece. Los pensamientos sobre los problemas entran en nuestras mentes queramos o no, y a fin de librarnos de los pensamientos indeseados, a menudo realizamos grandes esfuerzos para distraernos. Nos enfrascamos en el trabajo, vemos la televisión sin descanso, comemos o bebemos demasiado o adquirimos cosas sin parar. Todo lo cual crea más problemas que exigen nuestra atención, y resulta difícil evitar ser consciente de ellos.

El mindfulness es una clase *inequívocamente diferente* de conciencia. No juzga, no formula juicios valorativos, y es compasiva, por más que el momento presente sea estresante y difícil. Practicar el mindfulness nos enseña a reconocer los patrones dañinos de pensamiento y a reaccionar antes de que empeoren; evita las espirales de estrés, ansiedad y depresión, y nos mantiene en contacto con lo que de verdad importa: nuestros valores y objetivos más importantes. El mindfulness nos ayuda a manejar nuestras reacciones a los acontecimientos y nos proporciona tiempo para escoger con prudencia lo que hay que hacer en las situaciones preocupantes. Esto nos lleva a una mayor sensación de sentido y satisfacción.

Este libro explica qué es el mindfulness, cómo ser más conscientes en la vida ordinaria y de qué manera ello te ayudará. Practicar el mindfulness no elimina el dolor y el infortunio, aunque te hará más dichoso en diversos aspectos. Por un lado, te pondrá en contacto con los placeres sencillos y las alegrías momentáneas que puede que hayas estado ignorando. También te mostrará la manera de encontrar sentido y propósito comportándote de acuerdo con tus valores más íntimos y metas más importantes, aunque hacerlo así resulte estresante, difícil o doloroso. Y te ayudará a encontrar la fuerza interior y la paz mental en medio de las grandes adversidades. En suma, te hará despertar a la experiencia de estar vivo.

Para comprender en detalle cómo funciona el mindfulness, lo mejor es leer el libro entero y practicar los ejercicios. A manera de introducción, detengámonos en el caso de Glenn. Antes de que aprendiera las técnicas de mindfulness, Glenn se sentía sumamente agobiado por la angustia que le provocaban las situaciones sociales. Sobre todo, sentía pavor a hablar en público. Tal vez compartas este problema, o tal vez no; es indiferente. Las técnicas de mindfulness que liberaron a Glenn de sus maneras de pensar y de reaccionar que le creaban conflictos pueden aplicarse a muchas otras clases de problemas.

La historia de Glenn

Glenn se despierta por la mañana sintiéndose nervioso. El corazón le late aceleradamente, y tiene un nudo en el estómago. Sabe por qué: esa tarde tiene que dirigir una reunión de personal de una hora. Su jefe está de viaje, y le pidió que presidiera la reunión. A Glenn no se le ocurrió ninguna excusa aceptable para negarse, así que aceptó, a pesar de su pavor a hablar en público.

Está acostado en la cama dándole vueltas a la reunión. «¿Y si lo hago todo mal? Siempre me pongo tan nervioso... ¿Y si me tiembla la voz? Se darán cuenta. Sabrán lo inseguro que soy, y pensarán que soy un incompetente. No me puedo creer que aceptara hacer esto. Va a ser un desastre. Quizá debería llamar diciendo que estoy enfermo. No, eso parecería sospechoso. ¿Por qué no puedo afrontar las cosas mejor? Sólo se trata de una reunión. No tendría que ponerme tan nervioso. Jamás llegaré a ninguna parte si no soy capaz de manejar esta clase de cosas.»

Después de darle vueltas a estos pensamientos durante varios minutos más, Glenn se obliga a levantarse de la cama e ir al trabajo, ora pensando obsesivamente en la reunión, ora instándose a no pensar en ello. Se pasa gran parte de la jornada revisando el orden del día y examinando sus notas, a pesar de haber preparado a fondo la reunión el día anterior. Entra en la sala de reuniones exactamente a las tres de la tarde y explica que presidirá la reunión en ausencia del jefe.

Durante unos cuarenta y cinco minutos, Glenn desarrolla los puntos del orden del día. Tiene la boca seca, pero la voz no le tiembla. Durante gran parte del tiempo no aparta los ojos de sus notas, levantando la mirada sólo cuando se hace necesario. Entonces ve a alguien bostezando y mirando la hora. «La gente se está aburriendo», piensa. «Estoy metiendo la pata. Debería parar antes de que la cosa empeore.» Siente una oleada de angustia. Entonces anuncia que se ha acabado el tiempo y que el resto del orden del día se tratará en una futura reunión. Los asistentes le miran con extrañeza, aunque están encantados de poder escapar. «No veían el momento de salir de aquí», piensa Glenn. «Es evidente que esto no se me da bien.»

Durante un instante, se siente aliviado por que la reunión haya terminado, pero entonces las preocupaciones entran a hurtadillas en su cabeza. «¿Cómo le explicaré a mi jefe que no desarrollé todos los puntos del orden del día?», se pregunta. «Tendré que decir que no dio tiempo. Pero ¿y si alguien le dice que di por concluida la reunión antes de tiempo? ¡No me puedo creer que hiciera semejante cosa! Qué idiota que soy.»

Las trampas psicológicas

¿Qué salió mal? El miedo de Glenn a hablar en público y su comprensible deseo de sentirse menos angustiado le hicieron caer en varias *trampas psicológicas*: esto es, patrones de pensamientos, sentimientos y reacciones que parecen razonables —aparentemente o a corto plazo—, pero que con el tiempo empeoran los problemas. A continuación, presento las susodichas trampas; de cada una de ellas se hablará más detalladamente en los siguientes capítulos.

1 – Rumiación

La excesiva preocupación de Glenn por la reunión le llevó a darle vueltas al asunto y a cavilar sobre ella de manera inútil. Los psicólogos llaman a esto «rumiación», y se diferencia del pensamiento constructivo en que no resuelve ningún problema; los empeora. Si le preguntáramos por qué le dio tantas vueltas al asunto, Glenn respondería que parecía necesario que estuviera preparado. Sin embargo, ya se había preparado la víspera. La rumiación no ayuda; de hecho, cuantas más vueltas le daba a la reunión, más angustiado se sentía.

2 – Evitación

Glenn pensó en llamar diciendo que estaba enfermo, una forma evidente de evitación que terminó desechando. En su lugar, utilizó una forma más sutil de evitación al mantener la mirada en sus notas la mayor parte del tiempo; tanto era el miedo de ver el aburrimiento o la impaciencia en las caras de sus colegas. Pero esto resultó contraproducente: no vio cuando las personas parecían sinceramente interesadas. Y cuando por casualidad pilló a alguien bostezando y mirando la hora, automáticamente supuso que todos habían estado haciendo lo mismo desde el principio.

3 – Conducta inducida por las emociones

La conducta inducida por las emociones suele ser impulsiva y temeraria. Para escapar de los sentimientos incómodos, actuamos súbitamente, sin considerar los efectos a largo plazo. Luego lamentamos no haber manejado la situación de otra manera. Cuando Glenn se dio cuenta de que alguien parecía aburrido, se sintió tan angustiado y desanimado que dio por terminada la reunión apresuradamente. Durante un instante sintió alivio, pero pronto se arrepintió de su conducta y empezó a preocuparse por las consecuencias.

4 – Autocrítica

La crítica es útil cuando es constructiva, pero Glenn se juzgó de una manera vaga e irracional. Se llamó idiota, pensando que se merecía la crítica y que ésta sería la única manera de que mejorara alguna vez. Pero llevaba años reprendiéndose por su dificultad para hablar en público, y esto sólo empeoró el problema. Debilitó su energía y su motivación y le impidió desarrollar sus habilidades.

Cómo ayudaron a Glenn las técnicas mindfulness

Éste no fue el final de la historia de Glenn. Poniendo en práctica las siguientes técnicas, aprendió a utilizar la conciencia plena para enfrentarse a su angustia y manejar las situaciones estresantes con eficacia. Aquí se presentan brevemente las técnicas mindfulness, que a lo largo del libro se irán describiendo con mucho más detalle.

La observación no valorativa y el etiquetado

Gleen aprendió a **observar** sus experiencias del momento presente, incluidos los *pensamientos* («Estoy metiendo la pata»), las *sensaciones corporales* (pulso acelerado, nudo en el estómago), las *emociones* (angustia, desánimo) y los *impulsos* (alegar enfermedad, terminar la reunión antes de tiempo). En lugar de darle vueltas a las cosas, aprendió a **etiquetar** esas experiencias llamándolas por su nombre, diciéndose: «Ésos son pensamientos...» o «Estoy sintiendo el impulso de...» Aprendió a no juzgar, a no formular juicios valorativos, en su observación y etiquetado. En lugar de decir: «Es una estupidez que esté tan angustiado...», se limitó a señalar los pensamientos y sentimientos angustiosos cuando surgieron. Éstos fueron unos primeros pasos importantes.

Actuar con plena conciencia

Glenn también aprendió a centrarse en lo que estaba haciendo mientras lo hacía. Aprendió a implicarse totalmente. De tal suerte que, ahora, cuando dirige una reunión, recorre la sala detenidamente con la mirada, escucha con atención y guía el debate. Cuando le asaltan los pensamientos y sentimientos sobre cómo lo está haciendo, les presta atención brevemente, los etiqueta como pensamientos y sentimientos, y se vuelve a ocupar de dirigir la reunión. Esto supone un gran cambio en la naturaleza de su conciencia.

Aceptación y disposición

Glenn aprendió a *aceptar* la presencia de los pensamientos y sentimientos cargados de ansiedad. Esto no significa que le gusten, los apruebe o desee que estén ahí. Más bien permite que vayan y vengan a su aire y en su momento, mientras sigue con lo que está haciendo. Ahora comprende que los pensamientos negativos («Esto no se me da bien») no tienen que controlar su conducta, así que puede decidir si actuar de acuerdo con ellos. Aunque esté ansioso, está *dispuesto* a presidir las reuniones lo mejor que pueda, sin marcharse antes de hora, porque valora ser un empleado útil y quiere ascender en su profesión.

Autocompasión

Glenn también comprendió que no está solo; el miedo a hablar en público es un problema habitual. En lugar de juzgarse con dureza, reconoce que sus pensamientos y sentimientos ansiosos son comprensibles, dado lo inveterado de su miedo y su falta de experiencia previa en dirigir reuniones. Así que intenta ayudarse de manera constructiva. Por ejemplo: lleva agua a las reuniones por si se le seca la boca, se reconoce el mérito cuando lo hace razonablemente bien y admite aquellos aspectos en los que podría mejorar.

Ahora Glenn es mucho más feliz y se siente más satisfecho con su vida. Puesto que ha aprendido las técnicas mindfulness, es *consciente* de la ansiedad siempre que ésta aparece, pero no de una manera emocionalmente reactiva, autocrítica y perturbadora, sino, por el contrario, plenamente consciente. La conciencia plena no libra a Glenn de la ansiedad, pero le ayuda a manejarla de manera constructiva. A medida que continúe practicando el mindfulness, la ansiedad que siente al tener que hablar en público se irá haciendo cada vez menos intensa. Al final, es posible que hasta disfrute de presidir las reuniones. Pero él también sabe que puede manejar la situación, aunque esté ansioso. Saber que la ansiedad no tiene control sobre su conducta le proporcionará una sensación de fuerza interior.

Si esta sucinta descripción del comportamiento plenamente consciente de Glenn se te antoja extraña, poco natural o irreal, es porque aprender a estar plenamente consciente en los momentos difíciles es como aprender a nadar o a montar en bicicleta: se requiere práctica, y al principio resulta difícil. Este libro está lleno de herramientas para hacer el proceso más fácil: fichas de actividades, ejercicios e historias personales de personas que se han beneficiado de la práctica mindfulness. Si eres perseverante en el trabajo, este libro puede enseñarte todas las técnicas que Glenn utilizó y ayudarte a aplicarlas a tu vida.

Por qué escribí este libro

He sido docente de psicología clínica durante más de veinticinco años. Mis colegas, alumnos y yo trabajamos con muchas clases de personas que buscan ayuda para un amplio abanico de problemas: depresión, ansiedad, estrés, impulsividad, conflictos relacionales y otros más. Nuestro compromiso con un enfoque científico es absoluto, lo que significa que utilizamos los métodos más recientes cuyos efectos sumamente beneficiosos están demostrados por las investigaciones. Somos investigadores además de clínicos y docentes, y llevamos a cabo estudios para aprender más cosas sobre lo que es el mindfulness, cómo funciona y la mejor manera de enseñarlo.

Durante las últimas décadas, los psicólogos y otros expertos en mindfulness han perfeccionado muchos programas para enseñarlo: programas académicos, de entrenamiento de habilidades y terapéuticos. Los que tienen un mayor respaldo científico son:

- Reducción del estrés basada en la atención plena (MBSR).
- Terapia cognitiva basada en el mindfulness (MBCT).
- Terapia dialéctico conductual (DBT).
- Terapia de aceptación y compromiso (ACT).

Estos programas se resumen a continuación, en «Programas basados en mindfulness con un sólido soporte científico». Las investigaciones demuestran repetidamente que son aplicables a una amplia variedad de problemas: depresión; ansiedad; estrés; droga-dicción y alcoholismo; trastornos de la alimentación, y problemas de salud (insomnio, dolor, estrés asociado a enfermedades como el cáncer). Tales programas también incrementan las emociones positivas y la satisfacción general con la vida.

Cada uno de los programas tiene su propio punto de vista y enseña el mindfulness con un estilo propio, aunque existen coincidencias en bastantes aspectos. Después de tantos años trabajando con estos programas, estoy convencida de que cada uno contiene importantes conocimientos para ayudar a las personas que les gustaría aprender mindfulness para mejorar su calidad de vida. Este libro combina el saber de todos estos programas de mindfulness y los presenta en un formato de autoayuda.

PROGRAMAS BASADOS EN MINDFULNESS CON UN SÓLIDO SOPORTE CIENTÍFICO[3]

Reducción del estrés basada en la atención plena (MBSR)

La MBSR suele impartirse en cursos de ocho semanas. En un principio, fue desarrollada para tratar a personas con estrés, dolor y trastornos médicos, y tiene muchos beneficios: reduce el estrés y la ansiedad; aumenta las emociones positivas y mejora la calidad de vida.

La MBSR también es eficaz para los profesionales (médicos, enfermeras, terapeutas) que soportan un estrés importante en su trabajo. Este programa incluye ejercicios de meditación cortos y largos (5-45 minutos) que consisten en sentarse o tumbarse en silencio mientras se observa la propia respiración, pensamientos, sensaciones y emociones. También incluye mindfulness (o práctica de la atención plena) de actividades diarias, tales como comer y pasear.

Terapia cognitiva basada en el mindfulness (MBCT)

La MBCT, que está basada en la MBSR, se desarrolló para las personas con depresión, y es eficaz para su prevención y tratamiento. También ha sido adaptada para tratar la ansiedad, el estrés y las enfermedades. Este programa incrementa las emociones positivas y ayuda a las personas a aclararse con sus metas importantes en la vida. La MBCT se suele impartir en cursos de ocho semanas y comprende ejercicios de meditación y mindfulness durante las actividades diarias.

Terapia dialéctico conductual (DBT)

La DBT estaba destinada en un principio a las personas con trastorno límite de la personalidad, una enfermedad caracterizada por fuertes emociones negativas, conducta impulsiva y relaciones tormentosas.

Esta terapia también es eficaz para los trastornos de la alimentación, la depresión, la ansiedad y la drogodependencia, y es útil para cualquiera que desee aprender a manejar sus emociones negativas. La DBT puede incluir terapia individual, clases grupales o ambas, y enseña una amplia diversidad de ejercicios de mindfulness, aunque no requiere meditación formal.

Terapia de aceptación y compromiso (ACT)

La ACT es flexible, y se ofrece como terapia individual, clases grupales o talleres. Comprende una amplia variedad de ejercicios de mindfulness, historias y metáforas. La ACT hace hincapié en la identificación de tus verdaderas prioridades en la vida y en hacer que tu conducta sea coherente con ellas. Es útil para muchos problemas, incluidos la depresión, la ansiedad, el estrés, el dolor crónico, el alcoholismo y la drogodependencia y los problemas de salud.

Otros programas prometedores

Terapia de prevención de la recaída basada en el mindfulness (MBRP), para las adicciones.

Terapia conductual basada en la aceptación (ABBT), para la ansiedad.

Programa de concienciación de hábitos de alimentación basado en el mindfulness (MB-EAT), para los trastornos alimentarios compulsivos y la obesidad.

* *

Cómo está organizado este libro

Cada capítulo se construye a partir de los anteriores, así que es mejor leerlos por orden la primera vez. Si encuentras que algunos capítulos en particular son especialmente importantes para ti, puede serte útil que vuelvas a ellos. Por ejemplo, si eres propenso a la rumiación, o si unas técnicas mindfulness concretas te resultan beneficiosas, volver a leer esos capítulos puede ser beneficioso. El libro está dividido en las siguientes secciones:

Primera parte — Introducción

Los primeros dos capítulos presentan el mindfulness y te invitan a que intentes realizar unos cuantos ejercicios sencillos. Estos capítulos están pensados para darte a probar el mindfulness y abrirte el apetito de querer saber más. En ellos no se te proporcionará un conocimiento exhaustivo de la conciencia plena o práctica de la atención plena; para eso es necesario que leas el resto del libro y practiques los ejercicios.

Segunda parte – Trampas psicológicas

Los cuatro capítulos siguientes detallan las trampas psicológicas en las que cayó Glenn: la rumiación, la evitación, la conducta inducida por las emociones y la autocrítica. En dichos capítulos se describen el funcionamiento de las trampas, la razón de que sea tan fácil caer en ellas y la manera en que el mindfulness nos puede sacar de ahí. Las trampas son muy frecuentes. Con independencia de qué clase de estrés, preocupación o infelicidad te acucie, hay una alta probabilidad de que una o más de esas trampas —cuando no las cuatro al completo— estén contribuyendo a ello. Cada uno de los capítulos de esta sección incluye varias herramientas: un breve cuestionario para analizar tu inclinación a caer en la trampa; una ficha de actividad para guiarte en la observación y comprensión de tus pautas de pensamiento, emocionales y reactivas, y unos ejercicios mindfulness introductorios que te ayudarán a salir de la trampa o a evitar caer en ella.

Tercera parte – Las técnicas mindfulness

Estos capítulos aportan una comprensión más exhaustiva de las técnicas mindfulness, la forma de practicarlas y cómo sirven de ayuda. En ellos se incluyen ejercicios, fichas de actividad e historias de personas que han practicado los ejercicios y se han beneficiado de ellos. Aunque cada uno de los capítulos se centra en una técnica mindfulness concreta, es importante reconocer que todas actúan conjuntamente.

Cuarta parte – Aplicándolo todo

Esta sección consta de dos capítulos. El primero comprende ejercicios que combinan las técnicas mindfulness, lo que contribuirá a comprender mejor la manera de combinarlas. El último capítulo trata de la felicidad, de lo que significa y cómo practicar el mindfulness te ayudará a encontrarla.

Cómo sacarle el mayor provecho a este libro

Mientras trabajes con este libro, ten presentes las siguientes consideraciones:

1 – Es imposible comprender el mindfulness sin practicarlo

Leer sobre el mindfulness y contárselo a los demás es beneficioso, pero su práctica guarda cierta semejanza a descender esquiando una montaña, nadar en el mar, cantar en un coro, montar en bicicleta y pasear por las calles de una exótica ciudad extranjera: realmente no sabes de qué trata todo esto hasta que no lo haces por ti mismo.

2 – Al principio, el mindfulness puede parecer paradójico y desconcertante

Sentirse desconcertado es una parte normal del viaje. Comprueba si eres capaz de adoptar una actitud curiosa y abierta. La naturaleza del mindfulness, y la forma en que puede ayudarte, se te irá aclarando a medida que lo ejercites, sobre todo si haces las fichas de actividad y los ejercicios.

3 – Se tarda un tiempo en ver los efectos de la práctica del mindfulness

Realizar los ejercicios sólo una vez o unas pocas veces tal vez no sea de mucha utilidad. Hasta que no te hayas dedicado a practicarlos con perseverancia durante cierto tiempo, es mejor no extraer conclusiones sobre si el mindfulness te servirá de ayuda.

PREGUNTAS FRECUENTES

¿Cuánta práctica es necesaria?

Esto no lo sabe nadie, aunque profesores e instructores coinciden en afirmar que la práctica regular es importante. En nuestra clínica, ofrecemos programas mindfulness en cursos de ocho semanas. En ellos animamos a los participantes a practicar mindfulness casi a diario durante las ocho semanas completas, antes de decidir su utilidad. La mayoría de las personas empiezan a ver los beneficios al cabo de cuatro semanas, mientras que algunas los comprueban de inmediato.

Mi consejo es practicar a diario mientras se trabaja con este libro a lo largo de un período de ocho a doce semanas. Esto puede antojarse un compromiso excesivo, pero no tiene que ser así. El libro incluye ejercicios para estar plenamente consciente mientras haces cosas que vas a hacer de todas formas: comer, conducir, caminar, lavar la vajilla. En la práctica, cualquier actividad puede ser un ejercicio de mindfulness si le prestas atención con una actitud no valorativa. Hacer esto, no exige dedicar ningún tiempo extra.

¿Es el mindfulness una práctica religiosa?

El mindfulness, que se remonta a las antiguas tradiciones budistas, trata de prestar atención, una capacidad humana que todos compartimos con independencia de nuestra educación o creencias religiosas. En el mundo moderno de la psicología y la salud mental, el mindfulness es enseñado como un conjunto de técnicas y ejercicios para mejorar la salud y el bienestar. Sus ejercicios se pueden practicar de una manera totalmente ajena a la religión.

Algunos de los ejercicios de este libro se basan en la meditación. Esto significa que te invitan a sentarte en silencio y a concentrar la atención en cosas concretas, como las sensaciones de tu respiración al entrar y salir el aire de tu cuerpo o los sonidos que puedas oír en tu entorno. Para hacerlo, te puedes sentar en el suelo con las piernas cruzadas si así lo deseas, pero no es necesario. Muchas personas prefieren sentarse en una silla.

La meditación mindfulness es una manera de que te enseñes a observar tus experiencias del momento presente con aceptación y curiosidad amistosa. NO es una manera de vaciar tu mente, detener tus pensamientos o embotar tus emociones. Desarrolla la claridad y el conocimiento de tus pensamientos y emociones, de manera que puedas tomar decisiones más prudentes acerca de lo que debes hacer en las situaciones difíciles.

¿Es éste un libro de autoayuda para mí?

Si estás interesado en aprender mindfulness y estás dispuesto a trabajar con un libro, entonces éste tiene un potencial excelente, ya que los problemas que analiza son parte del ser humano. Los ejercicios mindfulness se explican detenidamente y se proporcionan instrucciones para guiarte en su práctica. La intención de este libro es ser de ayuda tanto para las personas con un amplio abanico de problemas e inquietudes, como para aquellas otras que buscan el conocimiento y crecimiento personales.

Si padeces un trastorno psicológico importante desde el punto de vista clínico (depresión grave o trastorno límite de la personalidad), eres drogadicto o alcohólico, tienes un pasado traumático que te causa una gran angustia o corres el riesgo de autolesionarse, sería recomendable que te plantearas trabajar con un terapeuta. Este libro está pensado para ser de utilidad conjuntamente con una terapia, aunque es importante que consultes con tu terapeuta sobre su encaje en el trabajo que estéis haciendo.

¿Y si soy escéptico acerca del mindfulness?

Ser escéptico no plantea ningún problema; yo misma lo fui cuando empecé mi aprendizaje de mindfulness en la década de 1990. No tenía ninguna experiencia con la meditación y me enteré de la existencia del mindfulness al realizar un curso intensivo de formación profesional en terapia dialéctico conductual (véase la página 30 para una breve descripción de la DBT). En aquel momento me pareció que el mindfulness era algo para que lo practicaran los monjes en los monasterios, no para los psicólogos clínicos. Pero tenía que estudiar la DBT para ejercer mi profesión como psicóloga clínica, docente y supervisora, así que empecé a practicar los ejercicios.

Para mi sorpresa, ejercieron una gran influencia en mí, así que se me despertó un vivo interés por saber más. Leí libros de destacados profesores de mindfulness, acudí a sesiones de formación, conferencias y retiros de meditación; estudié los programas basados en esta disciplina descritos en las páginas 29-31, y emprendí la investigación en este campo.

Cuanto más fui aprendiendo, más claro se me hizo que el mindfulness estaba cambiando enormemente mi vida. Me sentía más agradecida al mundo exterior y más a gusto con mi vida interior. El mindfulness mejoró mi comprensión y percepción de mí misma, me aclaró mis prioridades y me hizo más feliz. No me deshice del estrés y las dificultades, pero me ayudó a manejarlos con más eficacia. Otro tanto les ocurrió a las personas con las que estaba trabajando: clientes, pacientes y alumnos. En la actualidad, sigo practicando regularmente, utilizando las técnicas descritas en este libro. El mindfulness impregna mi forma de ver el mundo y de vivir mi vida.

Sin embargo, esto no significa que vivo plenamente consciente a todas horas. En realidad, soy una especie de profesora despistada (como podrían confirmarte mis alumnos). Y tampoco significa necesariamente que el mindfulness vaya a cambiar tu vida. No obstante, las investigaciones demuestran que practicarlo ayuda a muchísimas personas, extremo este que confirman mis propias investigaciones, labor docente, trabajo clínico y experiencia. Estoy segura de que si recorres este libro con ánimo exploratorio e interés, muy probablemente suponga un cambio en tu vida. Y, al igual que con cualquier otra cosa, cuanto más pongas de tu parte, más obtendrás de él.

Así que empecemos.

2

Bienvenidos todos los visitantes
a la mente

*«La satisfacción y calidad de nuestras vidas depende de nuestro
nivel de conciencia.»*

SHARON SALZBERG[4]

Imagina que una tormenta de invierno ha provocado que los árboles caigan sobre el tendido eléctrico de toda tu ciudad; tú y muchas personas más no tenéis electricidad. Tu casa está fría; no puedes cocinar, ver la televisión ni utilizar el ordenador. Una vez anochecido, dependes de las velas y las linternas. Según las noticias que oyes en tu radio de pilas, se tardará varios días en restablecer el suministro eléctrico.

Entonces, piensas en tus prioridades y alternativas. ¿Necesitas más velas, pilas, mantas o alimentos que no haya que cocinar? ¿Qué tiendas siguen abiertas? ¿Deberías comprar una estufa de queroseno? ¿Y dónde vas a encontrar queroseno? ¿Podrías quedarte en casa de amigos o parientes algunos días? ¿Qué sería mejor para tus dos hijos pequeños, tu perro y tu casa?

Desde la biblioteca pública, que todavía tiene electricidad, te pones en contacto con tu hermana, que vive a 160 kilómetros de distancia y no está afectada por la tormenta. Te invita a quedarte con ella el tiempo que sea necesario, y lleno de gratitud, aceptas. Ahora tienes un objetivo claro: trasladar a tu familia a casa de tu hermana. Empiezas por hacer las maletas, preparar el coche, cerrar tu casa a cal y canto y comunicar a los vecinos que te vas de viaje.

Mientras manejas esta situación, te hallas en un estado mental denominado *modo de resolución de problemas*: te centras en los objetivos y piensas racionalmente en cómo alcanzarlos. Cuando estamos en el modo de resolución de problemas, advertimos *discrepancias*: diferencias entre cómo son las cosas (en casa sin electricidad, incomodidad) y la manera en que queremos que sean (en casa de la hermana, más comodidad). Para reducir las discrepancias, analizamos los problemas, pensamos en soluciones potenciales, planeamos acciones, observamos los avances y revisamos los planes si fuera necesario.

El modo de resolución de problemas es sumamente útil para manejar las crisis. De hecho, es esencial para llevar a cabo cualquier proyecto complejo. Renovar una cocina, escribir un libro, cultivar un huerto…, todo ello exige planificación, trabajar en pos del objetivo, comprobar los avances y enfrentarse a las dificultades. A mayor escala, el modo de resolución de problemas es el responsable de muchos de los grandes logros de la humanidad, tales como los ordenadores, la aviación y la medicina. Todos fueron desarrollados por generaciones de científicos, ingenieros, inventores y otras personas que trabajaron para reducir las discrepancias entre la situación vigente y un futuro deseado.

Incluso un día normal exige una utilización frecuente del modo de resolución de problemas. La vida cotidiana está plagada de discrepancias entre la situación presente (no haberse duchado, vestido, dado de comer a los gatos, desayunado o ir a trabajar) y la situación deseada (tenerlo todo hecho a las nueve de la mañana). Algunas de estas conductas son tan automáticas que no las consideramos como una resolución de problemas: es nuestra rutina habitual. Pero el proceso mental es el mismo: reparar en las discrepancias, actuar para reducirlas y verificar el avance.

Muchas personas disfrutan resolviendo problemas, grandes o pequeños, uno tras otro. Algunos escogen una profesión basada en el amor a la resolución cualificada de los problemas. Fontaneros, mecánicos y médicos, entre otros, dedican sus carreras a resolver problemas en beneficio de los demás; muchos encuentran su trabajo gratificante y satisfactorio.

El modo de resolución de problemas es tan útil que confiamos en que funcione para todos los problemas que surgen. Por desgracia, en algunas circunstancias no funciona muy bien. Veamos dos ejemplos.

La historia de Alicia

Alicia está estudiando para ser profesora de historia. Al cabo de unos días va a impartir su primera clase a un grupo de jóvenes de dieciséis años. La circunstancia la tiene nerviosa, y quiere sentirse tranquila. Ésta es una discrepancia que parece requerir el modo de resolución de problemas.

Al principio, la resolución de problemas es útil; ayuda a Alicia a pensar en las maneras de sentirse menos nerviosa. Se esfuerza en planificar la clase; practica con sus compañeros de estudios; escoge qué ponerse para estar cómoda en el aula, que suele ser demasiado calurosa.

Pero sigue tremendamente nerviosa. Se recuerda que estará bien preparada, que sus compañeros disfrutaron de la clase, que ésta no tiene por qué ser perfecta, pues se trata de un ejercicio de capacitación y al terminar su supervisor le hará los comentarios pertinentes. Respira hondo y relaja los músculos de la cara y los hombros. Por la noche, sale a dar un enérgico paseo en bicicleta.

Tales estrategias la ayudan, aunque Alicia está muy lejos de estar todo lo tranquila que desearía. Cada vez que piensa en la clase, se le acelera el pulso. «Pero ¿qué me pasa?», se pregunta. «¿Por qué no me tranquilizo? Jamás lo conseguiré, si no soy capaz de controlar los nervios.» Trata de dejar de pensar en la clase, pero la idea no deja de volverle a la cabeza. Entonces empieza a rumiar sobre la circunstancia. «Va a ser terrible», no para de repetirse. «Los alumnos no me respetarán.» Se imagina que la clase va a salir fatal, que los alumnos pondrán los ojos en blanco y se negarán a participar y que su supervisor tendrá que intervenir. «No tengo futuro como docente», piensa, cuando se mete en la cama.

Todos estos pensamientos le dificultan conciliar el sueño. Se levanta y bebe dos copas de vino. Esto le ayuda temporalmente, pero se despierta a las cuatro y no puede volver a dormirse.

Los intentos de Alicia de sentirse menos nerviosa fueron útiles al principio, pero ahora están empeorando las cosas. ¿Por qué? Por desgracia, suele ser difícil desprenderse de las emociones negativas, en especial en situaciones como la de Alicia, donde lo normal es estar nerviosos. Podemos tomar algunas medidas razonables, como hizo ella, aunque es improbable que el nerviosismo desaparezca por completo. El esfuerzo desmesurado por librarse de los nervios hizo que Alicia cayera en unas trampas psicológicas de las que ya se habló en el capítulo anterior: la rumiación, la autocrítica y la conducta inducida por las emociones.

La historia de Alan

Hace una semana, Alan le pidió a su novia, con la que lleva saliendo dos años, que se casara con él. La chica se negó. Se va a mudar para empezar en un nuevo trabajo, no está lista para el matrimonio y no quiere proseguir con la relación. Tenía muy claro que no iba a cambiar de parecer.

Alan se enfrenta a una tremenda discrepancia entre cómo son las cosas y cómo le gustaría a él que fueran. Está comprensiblemente alterado. Su mente salta de forma automática al modo de resolución de problemas, tratando de encontrar las maneras de cambiar la situación. Empieza a rumiar sobre lo que podría haber hecho de otra manera, aunque no llega a ninguna conclusión clara. Los pensamientos críticos circulan por su cabeza. «Supongo que no era lo bastante bueno para ella», se dice. «Me parece increíble haber estropeado la relación. Tiene que pasarme algo.» Estos pensamientos le bajan el ánimo y le crean tensión; se vuelve irritable y habla con brusquedad a los que intentan apoyarle. Luego se critica y evita a sus amigos. Como Alicia, Alan ha caído en las trampas psicológicas.

Cómo ayuda el mindfulness

Cuando tenemos que hacer algo importante aunque estresante, o cuando nos enfrentamos a situaciones dolorosas que no se pueden cambiar, resulta difícil manejar nuestras emociones con prudencia. El modo de resolución de problemas puede causar conflictos porque nos mantiene centrados en intentar cambiar las cosas, aun cuando el cambio sea irreal. En tales situaciones, necesitamos unas técnicas que nos permitan aceptar las realidades desagradables.

Practicar el mindfulness nos enseña a aceptar las cosas que no podemos cambiar, lo que, paradójicamente, nos conduce a un cambio más saludable y significativo.

Veamos lo que sucede con Alicia y Alan después de que hayan aprendido las técnicas mindfulness que se enseñan en este libro.

Alicia

Alicia reconoce que ha hecho todo lo que ha podido para preparar su clase de historia. Rumiar su nerviosismo y tratar de suprimirlo no la ayudan. Entonces adopta un enfoque de atención plena, observa su pulso acelerado y sus emociones inestables con una actitud autocompasiva y no valorativa. Cuando los pensamientos autocríticos y pesimistas le asaltan («Jamás lo conseguiré si no puedo mantener la calma»), reconoce que son sólo *pensamientos*, y que no tiene que creérselos ni actuar en función de ellos. Acepta que los pensamientos y sentimientos angustiosos son algo natural, dadas las circunstancias. Se acuerda entonces de su inveterado deseo de ser profesora de historia y se reafirma en su voluntad de dar los pasos necesarios. «Impartir mi primera clase forma parte del proceso», se dice. «Para lograr mi objetivo, estoy dispuesta a hacer cosas que me pongan nerviosa.»

Alicia se siente mucho mejor, pero no porque se haya desecho del nerviosismo; más bien, es que la forma de *entender* sus sentimientos de nerviosismo ha cambiado. Ha pasado del modo de resolución de problemas al modo de *aceptación consciente*, un estado mental inequívocamente diferente. Ahora se da cuenta de que es capaz de permitir que el nerviosismo vaya y venga a su aire, mientras ella sigue con lo que tiene que hacer. No tiene ningún control sobre sus sentimientos de nerviosismo, y éstos tampoco tienen control sobre ella. Entender esto le confiere una poderosa sensación de bienestar.

Alan

Alan también ha pasado al modo de aceptación consciente. Se da cuenta de que el final de una larga relación es doloroso para la mayoría de las personas y de que tiene que ocuparse de sí mismo. Observa sus sentimientos de tristeza, y reconoce las sensaciones de pesadez y vacío. También aparecen otros pensamientos y emociones: ira hacia su novia y miedo a estar solo. Los acepta como normales dada la situación y les permite que vayan y vengan. Cuando tiene pensamientos críticos y de desesperanza sobre sí mismo, sus emociones o su futuro («No era lo bastante bueno. Jamás encontraré a otra mujer»), los observa, los etiqueta como pensamientos y no se regodea en ellos.

En su lugar, se pregunta por sus necesidades: ¿una buena comida, un largo paseo, una película divertida, una actividad importante, una charla con un amigo? Vuelve su atención hacia una conducta constructiva, como puede ser trabajar en un proyecto o hacer planes para ir a ver a su familia. Acepta que tales conductas no cambian el hecho de que su relación terminara y que no le libran de la tristeza; los sentimientos de tristeza irán desapareciendo gradualmente a su debido tiempo. Aun así, se siente mejor que cuando rumiaba las cosas, y es menos probable que pierda los estribos. Se da cuenta de que puede seguir adelante con su vida, cordial y amablemente, mientras atraviesa por un período de gran tristeza.

Las historias de Alicia y Alan ilustran importantes aspectos sobre el modo de aceptación consciente. Es consciente porque prestamos atención, sin ignorar ni negar la realidad de la situación. La aceptación consciente es cordial y compasiva y no es crítica ni valorativa. Se diferencia del modo de resolución de problemas porque en esta forma no intentamos reducir las contradicciones ni arreglar nada: sólo estamos permitiendo que ciertas realidades sean como son, aunque no nos gusten.

La aceptación consciente NO significa decir: «Supongo que no me queda más remedio que aceptar esto», y que te resignes a la impotencia y la pasividad. No es una actitud endeble ni sumisa, y no significa que no te importe. Eso te dejaría atascado en el sufrimiento. Por el contrario, el mindfulness aumenta la claridad y amplía las perspectivas. Dado que estamos observando con atención, tenemos más probabilidades de ver lo que está sucediendo realmente; en la situación, pero también en nuestros corazones, mentes y cuerpos. Si hemos cometido errores, un estado de conciencia plena nos ayuda a verlos con claridad, a meditarlos y a aprender de ellos. En consecuencia, tenemos más probabilidades de elegir acciones prudentes, y estamos en mejor posición de ver las oportunidades de un cambio *significativo*, como perseguir una meta importante o encontrar una nueva vía.[5]

Introducción a la práctica del mindfulness

Practicar el mindfulness significa centrar la atención en el momento presente sin intención valorativa y con total aceptación. En cualquier momento dado, tenemos muchas alternativas en las que centrarnos. Podríamos optar por algo que esté fuera del cuerpo, como las vistas, los sonidos o los olores del entorno. Si estamos practicando la atención plena, lo observamos con apertura y aceptación, permitiendo que sean como son.

Mindfulness de sonidos

¿Qué sonidos oyes en este momento? Percíbelos lo mejor que puedas con interés mientras van y vienen. Mira si eres capaz de adoptar una actitud de aceptación hacia todos los sonidos que oigas, ya sean agradables, desagradables o neutros. Por ejemplo, podrías estar percibiendo el canto agradable de los pájaros, el ruido odioso de una segadora o unas pisadas de alguien fuera de la habitación. ¿Eres consciente de tu tendencia a juzgar los sonidos o a adivinar lo que los está produciendo? ¿Estás pensando en cómo evitar los sonidos desagradables u oír más de los agradables? Si es así, a ver si eres capaz de librarte de esos pensamientos. Practica la observación de los sonidos mientras se producen y acéptalos como son; adopta una actitud amistosa, curiosa y abierta hacia ellos; repara en sus cualidades, como el tono, volumen y duración, y observa los períodos de silencio entre los sonidos. Cierra los ojos, aparta la mirada de esta página e intenta hacer esto durante uno o dos minutos.

Es probable que se te vaya la cabeza a otra parte. Es normal. Cuando repares en que tu mente está en otra parte, vuelve a centrar poco a poco tu atención en observar los sonidos.

Mindfulness de sensaciones

Podemos centrar la atención internamente, en las sensaciones corporales o en los pensamientos, emociones o imágenes que nos pasen por la cabeza. Pruébalo ahora con lo que sientes en la mano derecha. ¿Puedes sentir la mano derecha en este momento? ¿Está caliente o fría, sudorosa o seca, te pica, sientes un hormigueo, la tienes entumecida? ¿Percibes la textura o la temperatura de lo que estás tocando? Dedica unos instante a observar con atención las sensaciones que experimentas en tu mano derecha con una actitud de aceptación y curiosidad. Deja que las sensaciones sean exactamente lo que son, aunque sean desagradables. Si no sientes gran cosa en tu mano, practica observando la ausencia de sensaciones y acéptalo como tu experiencia del momento.

Tus pensamientos se desviarán hacia otra parte; cuando lo notes, vuelve a centrar la atención poco a poco en la mano. Evita criticarte por tu dispersión mental en la medida que puedas. Le pasa a todo el mundo.[6]

Practicar el mindfulness paseando

Salir a dar un paseo proporciona buenas oportunidades para observar el mundo exterior y reparar en lo que tu mente y tu cuerpo están haciendo. Antes de salir a pasear, piensa en los siguientes ejemplos de paseo por un parque en diferentes modos mentales:

Melinda: pasear en el modo de resolución de problemas

Melinda tiene una reunión importante a unas pocas manzanas de su oficina. La manera más rápida de llegar allí es cruzando un parque, y se pone en marcha sin pérdida de tiempo, manteniéndose en el sendero de piedra para evitar el suelo mojado mientras piensa en lo que dirá durante la reunión. De pronto, se topa con un grupo de obreros; están haciendo obras en el sendero y el tramo se ha convertido en un lodazal.

«Ay, no», piensa Melinda. «¿Por qué no han puesto una señal? No tengo tiempo para rehacer el camino. Tendré que sortear el obstáculo.» Se siente frustrada y se enfada, pero se centra en su objetivo de llegar a la reunión a la hora convenida y sin perder la compostura. Rodea rápidamente el lodazal, procurando no mojarse los pies en el suelo mojado. Llega con el tiempo justo para entrar en los aseos y limpiar los restos de barro y hierba de los zapatos.

Valerie: pasear en el modo de aceptación consciente

Valerie da un paseo por el parque a la hora de la comida. No tiene prisa ni un destino concreto. Su único objetivo es estar de vuelta en la oficina al cabo de media hora. Siente el aire en la piel, aspira las frescas fragancias, contempla los árboles mecidos por la brisa y escucha el canto de los pájaros. Pensamientos y ensoñaciones le rondan por la cabeza, pero no les presta atención; en su lugar, fija su atención en lo que la rodea.

Cuando llega al tramo en obras del sendero de piedra, observa el lodazal, mira a su alrededor y decide desandar el camino andado y pasear por otra parte del parque.

Rob: paseando en modos mentales cambiantes

Rob empieza su paseo en el modo de aceptación consciente sintiendo el cálido sol, mirando los macizos de flores en plena floración y oyendo jugar a los niños. Siente el suelo bajo los pies y el ligero balanceo de sus brazos. Alguien empieza a segar con un cortacésped. Durante un instante se centra en el sonido plenamente consciente, percibiendo su tono, volumen y textura. Huele los gases de la segadora y el aroma a hierba cortada.

Entonces comienza a pensar sobre el estado de su césped; a este pensamiento le sigue otro sobre el vecino adolescente que no lo ha segado últimamente, a pesar de la promesa semanal de hacerlo. Un sentimiento de decepción le invade, y se pone tenso. Su mente no tarda en verse atrapada por una sucesión de pensamientos sobre su césped, y se lo imagina con un aspecto caótico y descuidado, objeto de los comentarios de sus vecinos. Se imagina yendo a casa del adolescente hecho un basilisco y exigiéndole que cumpla con su parte del trato.

De pronto, Rob se da cuenta de que se ha dejado llevar por sus pensamientos. Su cuerpo sigue paseando por el parque, pero su mente ha estado en otra parte, enfrascada (no muy constructivamente) en el problema del césped. Repara en que tiene los puños apretados y la expresión ceñuda y en que el pulso se le ha acelerado. Poco a poco, vuelve su atención al entorno presente, sintiendo la brisa, oliendo el aire, viendo la hierba y los árboles, oyendo la segadora, y decide que, después del paseo, hará planes para ocuparse de su césped. Por el momento, cuando los pensamientos sobre la cuestión acuden a su mente, los observa de la misma manera que observa todo lo demás. «Eh, mira, un pensamiento», se dice a sí mismo. «Ah, mira, una mariposa.»

Instrucciones para tu paseo plenamente consciente

Pasea por donde te apetezca: por un parque, por tu barrio, incluso por el interior de un centro comercial. Escoge el momento en que ningún conflicto te atosigue. Empieza caminando con toda la plena conciencia de la que seas capaz, y elige algo concreto en lo que centrarte. Durante los primeros minutos, podrías observar los sonidos; al igual que antes, préstales atención con una actitud de curiosidad amistosa, aunque algunos te resulten desagradables. Mira si puedes liberarte de analizarlos; concéntrate sólo en oírlos.

Si te apetece, juega con las variaciones; concéntrate sólo en un sonido concreto durante un rato y luego cambia a otro distinto. Luego expande tu conciencia para incluir todos los sonidos al tiempo. Escucha los sonidos que tienes por delante o por detrás, a tu izquierda o a tu derecha. Evita emitir juicios acerca de lo bien que lo estás haciendo; si estás oyendo los sonidos, es que lo estás haciendo bien.

A continuación, pasa a la vista. Observa los colores, las formas o los movimientos que hay en tu entorno. ¿Adviertes cierta inclinación a etiquetar o a analizar lo que ves? En la medida que puedas, deja de pensar en lo que ves y concéntrate sólo en observarlo. Por ejemplo, en lugar de pensar «Eso es un rosal», fíjate en las formas y los colores, los dibujos de la luz y las sombras, las texturas de las hojas o de los pétalos.

Ahora pasa a observar los olores que flotan en el aire, las sensaciones de tus pies al avanzar, el sol en tu piel o cualquier otra cosa. Practica la observación sin valorar, permitiendo que lo que observes sea lo que es, aunque sea desagradable.

Pronto tu mente divagará, lo que es absolutamente normal. Las mentes divagan de forma natural, así que, en la medida de lo posible, abstente de criticarte. Mira si eres capaz de darte cuenta de adónde se desviaron tus pensamientos. ¿Estabas pensando en un problema, como el de solucionar el segado de tu césped o el de qué decir en una reunión? ¿Te habías concentrado en un objetivo? ¿Tu mente viajó al futuro o al pasado? Es posible que estuvieras fantaseando sobre una diversidad de cosas. No importa. Cuando te des cuenta de que tu mente se ha desviado, vuelve poco a poco a observar el momento presente y acéptalo tal cual es. Cuanto más practiques esto, mayor solidez adquirirán tus habilidades mindfulness.

La razón de la utilidad de practicar el mindfulness

Piensa en lo que sucede cuando persigues los objetivos que más te importan. ¿Es siempre fácil y agradable? Para la mayoría de las personas, una vida satisfactoria y significativa conlleva pasar por experiencias estresantes, difíciles e incluso dolorosas.[7] Parecen inevitables.

Por ejemplo, la paternidad se compone de muchas alegrías y satisfacciones, pero los buenos padres también tienen que enfrentarse a circunstancias y acontecimientos estresantes: problemas de salud; accidentes; dificultades académicas, conductuales o emocionales y el equilibrio permanentemente cambiante entre la intimidad y la independencia. De igual manera, una carrera profesional puede ser gratificante y satisfactoria, pero a un alto precio: una formación profesional exigente; la dedicación de muchas horas; la competencia con colegas muy cualificados y la evaluación crítica de los jefes.

Los pensamientos pesimistas, tales como «Jamás lo lograré», y «Esto es demasiado para mí», aparecen inevitablemente cuando vamos detrás de nuestras metas más importantes, y surgen las emociones negativas, como la ansiedad, la tristeza, la decepción, el aburrimiento y la ira. Entonces nos sentimos impulsados a renunciar, a agredir o a distraernos de maneras insanas. Es posible que prefiramos evitarnos esos pensamientos, emociones e impulsos desagradables, pero forman parte de una vida activa, comprometida y satisfactoria. La alternativa —una vida inactiva y sin compromiso— causa su propia clase de infelicidad.

La práctica del mindfulness nos enseña que no tenemos que pelearnos con los pensamientos y las emociones dolorosas, y que en su lugar podemos escoger un modo mental. Cuando el modo de resolución de problemas resulte útil, podemos analizar la situación y esforzarnos en cambiarla; cuando no lo sea, podemos observar nuestros pensamientos y emociones con amplitud de miras y aceptación, en lugar de esforzarnos en suprimirlos, huir o cambiarlos. El mindfulness nos enseña una valiosa lección sobre nosotros: la de que somos más que nuestros pensamientos y emociones, que son como unas visitas que van y vienen. Algunas son causa de gozo, y otras nos desagradan. Fuera como fuese, podemos aprender de ellas. Y lo que es más importante, no tienen por qué controlarnos.

Es posible que el enfoque mindfulness de los pensamientos y emociones te siga pareciendo antinatural o confuso; o quizá pienses que tiene lógica, aunque no estás seguro de cómo aplicarlo a tu vida. Éstas son reacciones habituales y normales. Tu comprensión aumentará a medida que avances en el trabajo con este libro.

Por el momento, quizá te resulte útil reflexionar sobre el siguiente poema, «La casa de huéspedes», del poeta persa Rumi. Fue escrito en el siglo XIII, y en la actualidad goza de gran aceptación entre los profesores de mindfulness. El poema echa mano de una eficaz metáfora para representar la aceptación consciente de los pensamientos y las emociones, sobre todo de las desagradables. En él se nos invita a reflexionar sobre la idea de que tratar los pensamientos y emociones como si fueran invitados distinguidos puede enriquecer nuestras vidas y hacerlas más satisfactorias. Léelo atentamente y deja que surta su efecto.

La casa de huéspedes[8]

Este ser humano es una casa de huéspedes.
Cada mañana, una nueva llegada.

Una alegría, una depresión, una mezquindad,
alguna conciencia pasajera
llega como un visitante inesperado.

¡Recíbelos y albérgalos a todos!
Aunque sean una multitud de pesares,
que arrasen violentamente tu casa
y la vacíen de sus muebles;

aun así, trata a cada huésped con honradez.
Es posible que te desvalije
para que recibas un nuevo placer.

El pensamiento sombrío, el remordimiento, la malicia,
recíbelos a todos en la puerta riendo,
e invítalos a entrar.

Muestra tu gratitud a quienquiera que llegue,
porque todos te han sido enviados
como guías desde el más allá.

En la cultura occidental, ésta es una forma heterodoxa de re-
lacionarse con los pensamientos y emociones negativas. Recíbelos
en la puerta, dales la bienvenida e invítalos a entrar; no intentes
ahuyentarlos, rumiarlos ni criticarte por tenerlos. Esto puede ser
algo muy difícil sin las habilidades precisas. En los siguientes capítulos veremos de qué manera intentar atrancar la puerta o huir
de los pensamientos y emociones provoca que quedemos atrapados
en las trampas psicológicas, y cómo la práctica de las técnicas mindfulness nos puede liberar.

SEGUNDA PARTE

LAS TRAMPAS PSICOLÓGICAS

3

La rumiación

«Jamás labrarás un campo dándole
vueltas en tu cabeza.»

PROVERBIO IRLANDÉS

A las ocho de la mañana, Keith descubre que el coche no le arranca. «¡Ay, no, tengo una reunión a las ocho y media! Voy a llegar tarde», piensa. «Menudo incordio. ¿Qué voy a hacer?»

Piensa en quién podría llevarle. Primero repasa los nombres de sus compañeros de trabajo, uno por uno, tratando de recordar dónde viven. Luego piensa en sus vecinos, preguntándose si seguirán en casa y dónde trabajan, y en varios amigos. Durante un instante, se ve incluso yendo al trabajo en bicicleta. Por último piensa en coger el autobús.

Ninguna de esas ideas parecen prometedoras. Sólo conoce a unos cuantos compañeros del trabajo lo bastante bien para pedirles semejante favor, pero ninguno vive cerca. Por otro lado, apenas conoce a sus vecinos. La mayoría de sus amigos empiezan a trabajar a las ocho, así que probablemente ya estén en sus trabajos. No tiene bicicleta. El servicio de autobús de su ciudad no es muy bueno; nunca lo ha utilizado y no conoce las

57

rutas, los horarios y ni siquiera sabe dónde está la parada más próxima.

«Podría llamar a un taxi», piensa. «Pero tardará en llegar y llegaré tarde a la reunión.» Entonces empieza a pensar en la reunión. «¿Qué pasaría si me la perdiera?», se pregunta. «A veces la gente se pierde esta reunión y no sucede nada terrible.» Pero entonces se acuerda de un punto en el orden del día del que quiere hablar. «¡Qué inoportuno es esto!», piensa. «¿Qué otra cosa podría hacer? ¿Aceptaría el jefe posponer la reunión?»

Posponer la reunión no parece viable. Entonces Keith se acuerda de una reunión reciente en la que alguien que estaba fuera de la ciudad participó a través del manos libres. «¡El manos libres!», piensa. «Llamaré a la oficina y les diré que tengo una avería. Le pediré a la secretaria que conecte el manos libres. Así puedo participar en la reunión, llamar al mecánico para que arregle el coche y llegar al trabajo más tarde.»

Frank tiene el mismo problema: a las ocho descubre que su coche no arrancará. Pero en lugar de pensar en las maneras de solucionar la situación, se queda atrapado en diferentes tipos de pensamiento.

«¿Por qué siempre me tienen que pasar estas cosas a mí?», se pregunta. «¿Qué me pasa para que no pueda hacer algo tan sencillo como llegar al trabajo a la hora? Es todo culpa mía. Ayer me pareció que el coche hacía un ruidito extraño y no hice nada al respecto. ¿Por qué no lo llevé inmediatamente al mecánico? Fue una verdadera estupidez. Tenía que haber sabido que le pasaba algo.»

Frank se acuerda de otras ocasiones en que faltó al trabajo a causa de problemas inesperados. «He hecho esto demasiadas veces», se recrimina. «Sin ir más lejos, el invierno pasado, cuando las cañerías se helaron y se me inundó toda la casa, ¡menudo desastre!

Falté dos días hasta que lo pude arreglar. Ahí también tuve yo la culpa; me olvidé de dejar que el grifo goteara.»

A continuación, empieza con las predicciones pesimistas. «La gente va a pensar que esto es típico de mí y que no soy de fiar. Me imagino lo que dirán cuando me vean llegar tarde. Apuesto a que el jefe se está preguntando si me merezco este trabajo.»

Los pensamientos de Frank son repetitivos, y no para de decirse que es un idiota y un irresponsable y que no se merece nada. De ahí pasa a flagelarse por no ocuparse del coche. Se pregunta por qué no es capaz de manejar mejor las situaciones.

Maneras útiles e inútiles de pensar en los problemas[9]

Keith y Frank pensaron sobre el mismo problema, aunque de maneras diferentes y con resultados distintos. A los pocos minutos, el primero se decidió por adoptar una medida razonable y se sintió mejor, mientras que Frank no hizo ningún avance y su ánimo entró en una espiral descendente. Keith empleó un modo de resolución de problemas constructivo; Frank se dedicó a rumiar su problema.

La resolución constructiva de problemas[10]

La manera de pensar de Keith comprendió varios pasos que muchas investigaciones han encontrado útiles para resolver los problemas:

1 — Centrarse en un problema claramente definido

Keith se ciñó al problema concreto: cómo llegar al trabajo a tiempo o cómo manejar la situación si llegar puntual no era posible.

2 – Tormenta de ideas

Keith pensó en diferentes maneras de llegar al trabajo: conseguir que alguien le llevara; ir en bicicleta; coger el autobús; llamar a un taxi... De ahí, pasó a considerar las maneras de solucionar el no llegar a tiempo. Algunas de las ideas no era factibles (no tenía bicicleta), pero eso fue indiferente. En la etapa de tormenta de ideas, el objetivo es pensar en muchas soluciones potenciales. Eso aumenta las probabilidades de dar con alguna útil.

3 – Tomar la decisión de intentar algo

Keith decidió probar la opción del manos libres, pues parecía prometedora: sabía que había un manos libres en la oficina, que la secretaria sabía instalarlo y que había sido utilizado recientemente con buenos resultados.

La rumiación improductiva

En el lenguaje común, la palabra «rumiar» significa a veces «sopesar» o «reflexionar», lo que puede ser una manera habitual y saludable de considerar algo con atención. Sin embargo, los psicólogos utilizan el término «rumiar» para referirse a la clase de pensamiento en la que se enfrascó Frank: un pensamiento negativo, repetitivo, prolongado e inútil. No se centró en el problema concreto, no pensó en las soluciones potenciales y no tomó la decisión de intentar algo, sino que se acordó de problemas anteriores (tuberías congeladas) e imaginó futuras desventuras (la mala consideración de los demás, la pérdida de su empleo). Se criticó por los fracasos percibidos y se hizo preguntas vagas

(«¿Qué me pasa?») que no le ayudaron con la situación inmediata.

Esta forma improductiva de rumiación —también conocida como mortificación, obsesividad, taciturnidad, inquietud, darle vueltas a las cosas— no le sirvió de ninguna ayuda. Los pensamientos no pararon de dar vueltas en su cabeza, no resolvieron nada y le hicieron sentirse peor.

Temas habituales de rumiación

Podemos rumiar sobre muchas cosas: emociones negativas; problemas corrientes; acontecimientos estresantes del pasado; desastres futuros... Los psicólogos identifican diversas clases de rumiación en las que los temas son diferentes, aunque el estilo de pensamiento es el mismo en cada caso: negativo, repetitivo, prolongado e inútil. A continuación se resumen las distintas clases de rumiación.

• •

CLASES HABITUALES DE RUMIACIÓN[11]

1 – Rumiación sobre la tristeza y la depresión

- Pensamiento improductivo y repetitivo sobre los sentimientos de tristeza, melancolía y rechazo.

- Mortificarte por lo agotado y apático que te sientes y la causa de que te sientas tan mal.

- Ponerte nervioso por la terrible situación que sobrevendrá si sigues sintiéndote tan mal.

- Obsesionarte con preguntas sin una respuesta clara, como: «¿Qué he hecho para merecer esto?» o «¿Qué es lo que me pasa?»

2 – Rumiación sobre la ira

- Darle vueltas a lo furioso que estás y a la situación o aconte-cimiento que ha provocado tu enfado.
- Reproducir una y otra vez el incidente en tu cabeza.
- Obsesionarte por lo injusto de la situación y el mal compor-tamiento de los demás.
- Fantasear con la venganza.
- Tener repetidas discusiones mentales con personas.

3 – Rumiación sobre desastres futuros

- Inquietarte por las desgracias que podrían afligirte a ti o a tus seres queridos: enfermedades, accidentes, pérdida del trabajo, fracaso escolar, problemas económicos o de pareja u otras cosas.
- Preguntarte: «¿Y si...?» e imaginarte escenarios desastrosos a continuación («¿Y si me despiden?»)

4 – Rumiación sobre problemas actuales o acontecimientos pretéritos

- No parar de repetirte que el problema o suceso estresante fue completamente por tu culpa (aunque no lo fuera).
- Darle vueltas a la idea de que siempre te pasan este tipo de cosas, que eso va a arruinar tu vida y que no puedes afrontar-lo.

5 – Rumiación sobre las relaciones sociales

- Inquietarte u obsesionarte por tu conducta con los demás, no vayas a decir lo que no debes o parecer tonto u ofender a al-guien.
- Reproducir la conversación o interacción en tu cabeza.
- Imaginar sin parar lo que deberías haber dicho.
- Ponerte nervioso por lo que los demás piensan de ti.

La historia de Bill

Bill sufre dolor crónico de espalda desde que tuvo un accidente de tráfico hace dos años. Todas las mañanas, al levantarse, siente el dolor de espalda y empieza a pensar: «¿Por qué no mejora nunca este dolor? Me está amargando la vida. No puedo trabajar con este dolor. Me parece increíble que los médicos no hayan encontrado un medio de curármelo. Si esto sigue así, acabaré sin servir para nada. ¿Y si he perdido el resto de mi vida? ¿Qué he hecho para merecer esto?»

Los pensamientos de Bill siguen por estos derroteros trillados durante largos períodos de tiempo. Su médico le anima a que camine más, haga algún ejercicio suave, vea a sus amigos y reanude las actividades con las que disfrutaba. Bill no para de repetirse que debería esforzarse más, pero no ha reunido las fuerzas para seguir los consejos del médico. Esto también es objeto de rumiación. «¿Por qué no soy capaz de esforzarme más?», se pregunta repetidamente. «Estoy siempre tan cansado. Me paso todo el tiempo descansando, así que tendría que tener más energía. ¿Qué es lo que me pasa?» La rumiación está provocando que se deprima y desespere. Pasa la mayor parte del tiempo en un sillón reclinable viendo la televisión, aislándose cada vez más.

Bill está sumido en varias de las formas de rumiación antes enumeradas. Está obsesionado por sus síntomas actuales: dolor, depresión, fatiga, desmotivación…; se tortura por su futuro y se reconcome por la incapacidad de su médico para librarle del dolor.

El dolor crónico de espalda es un problema grave. Si Bill deja de rumiar, seguirá teniéndolo. Pero su médico le ha aconsejado qué debe hacer para manejarlo. La rumiación mantiene a Bill centrado en los aspectos más negativos de su situación, le baja el ánimo, mina su motivación y le impide centrarse en la resolución constructiva de problemas. Si no pasara tanto tiempo rumiando, tendría más energía y motivación para caminar, hacer estiramientos y ver a sus amigos, por más que tenga dolor. Su calidad de vida empezaría entonces a mejorar.

Todos rumiamos de vez en cuando. Si no sucede a menudo ni se prolonga durante largos períodos de tiempo, probablemente no será muy dañino. El autodiagnóstico que presentamos a continuación te ayudará a analizar tu inclinación a la rumiación. Utilizando la escala de puntuación que se proporciona, en el espacio en blanco anota el número que indica hasta qué punto es verdad la afirmación en tu caso.

. . . .

AUTODIAGNÓSTICO: RUMIACIÓN[12]

1	2	3	4
RARA VEZ CIERTO	A VECES CIERTO	A MENUDO CIERTO	MUY A MENUDO CIERTO

_____ No paro de pensar en lo mal que me encuentro.

_____ Cuando alguien me enfurece o me irrita, le doy vueltas en la cabeza mucho tiempo.

_____ Me preocupan las cosas malas que podrían pasarme en el futuro.

_____ Le doy vueltas a los problemas durante mucho tiempo.

_____ Repaso mentalmente una y otra vez mis momentos vergonzosos o delicados.

. . . .

Suma las valoraciones que te has atribuido. Si sacas entre 11 y 14, tal vez tengas una moderada tendencia a enfrascarte en la rumiación improductiva. Si estás entre 15 y 20, podría ser un motivo importante de preocupación.

Consecuencias de la rumiación[13]

Las investigaciones demuestran que la rumiación tiene muchas consecuencias preocupantes:

- Agrava los estados de ánimo graves. Rumiar sobre la tristeza empeora la depresión; rumiar la ira fortalece los sentimientos de irritación.
- La rumiación afecta a la motivación, la concentración, la memoria y la resolución de problemas.
- Las personas que rumian cuando están tristes o desanimadas son mucho más vulnerables a la depresión grave, la ingesta compulsiva de alimentos y el alcoholismo. Tienen más probabilidades de padecer un trastorno de estrés postraumático si les sucede algo sumamente estresante.
- La rumiación de la rabia acelera el pulso cardíaco, aumenta la presión arterial y la tensión muscular. También impide que el cuerpo vuelva a un estado de reposo.
- La rumiación daña las relaciones. Las personas que rumian cuando están enfadadas son más agresivas: critican a los demás con dureza, pierden los estribos y se vengan cuando se sienten agraviados. La obsesión constante sobre algo tiende a enojar a las personas, aunque deseen ser cariñosas y comprensivas.
- Rumiar las relaciones incómodas con los demás baja la autoestima y aumenta la angustia.

La rumiación es una trampa psicológica[14]

Si la rumiación es tan perjudicial, ¿por qué la ejercitamos? Hay varias razones importantes:

1 – Creemos erróneamente que rumiar debería ayudarnos

Hay ocasiones en que la rumiación «parece» una resolución de problemas constructiva. Creemos que estamos analizando nuestros problemas, situaciones o personalidades, tratando de comprender las razones de nuestra infelicidad o estrés. Parecería lógico que esta clase de pensamiento nos llevara a un conocimiento más profundo y a mejores estados de ánimo.

Por desgracia, creer esto es un error. La rumiación empeora los estados de ánimo negativos y afecta a nuestra resolución de problemas.

2 – La rumiación proporciona una protección temporal frente a las emociones dolorosas

Imagina que alguien ha hecho algo que hiere tus sentimientos. Rumiar sobre lo mal que se ha comportado esa persona te hace sentir furioso. Puede que la furia sea desagradable, pero te distrae del dolor de tus sentimientos heridos. El enfado suele ser preferible a los sentimientos heridos porque hace que nos sintamos justificados o estimulados. A veces nos complacemos en darle vueltas a las fechorías de los demás cuando estamos irritados con ellos; como haría un fiscal, reunimos mentalmente las pruebas contra el acusado, sintiéndonos más fuertes y seguros a medida que las acumulamos. Esto impide que nos sintamos vulnerables, o que pensemos en las realidades dolorosas, como pueda ser el papel que pudiéramos haber desempeñado en la situación o los graves problemas que hay que resolver en la relación.

3 – La rumiación nos distrae de la conducta constructiva, aunque difícil

Supón que eres responsable en parte del episodio en el que tus sentimientos fueron heridos. Quizá la otra parte no sea totalmente culpable. Para arreglar la relación, tal vez fuera necesario sacar el tema y hablar de la otra persona, para disculparse o para cambiar tu comportamiento. Esto puede resultar embarazoso y doloroso. Mientras permanezcas absorto en la rumiación, no tienes que afrontar la necesidad de hacer algo difícil.

La rumiación es una trampa psicológica en la que podemos caer debido a los beneficios inmediatos y a la ilusión de que debería ser útil. Pero el precio es alto. A la larga, la rumiación empeora los estados de ánimo negativos, mina nuestra motivación para actuar de manera constructiva, aumenta las probabilidades de que hagamos cosas de las que más tarde nos arrepintamos y mantiene nuestros cuerpos en un malsano estado de tensión.

Entender tus patrones de rumiación

La siguiente ficha de actividad te ayudará a observar y comprender tu inclinación a rumiar. Para beneficiarte de este ejercicio, es importante que prestes atención a tus procesos mentales. Procura observar cuándo estás dándole vueltas a pensamientos repetitivos sobre una situación, un problema o un estado de ánimo negativo.

A medida que vayas siendo más consciente de tu pensamiento, tal vez encuentres que te estás criticando por rumiar. En la medida que puedas, deja de criticarte, y adopta la perspectiva de un explorador que se toma un interés profundo y amplio de miras en lo que descubre. Mira si eres capaz de explorar tus pautas mentales, pero hazlo con una actitud curiosa y amable.

He aquí un ejemplo de ficha de actividad sobre la rumiación con instrucciones:

FICHA DE ACTIVIDAD: ENTENDER UN EPISODIO DE RUMIACIÓN

*** *No te olvides de mantener una actitud curiosa y amable* ***

Día y hora	Desencadenante	Pensamientos de rumiación	Emociones	Secuelas/consecuencias
¿Cuándo sucedió este episodio de rumiación?	¿Qué inició tu episodio de rumiación? ¿Dónde estabas? ¿Qué estabas haciendo? ¿Había más personas implicadas?	¿A qué pensamientos le estabas dando vueltas en la cabeza?	¿Qué emociones estabas experimentando mientras rumiabas?	¿Cómo te sentiste después del episodio? ¿Qué sucedió a continuación?
Escribir esto te ayuda a ser concreto sobre el episodio en el que estás trabajando, aislándolo de otras cosas que estén sucediendo en tu vida. Si haces la ficha de actividad varias veces, te será más fácil ver las pautas.	El desencadenante podría ser un acontecimiento del mundo exterior, tal como ser criticado en el trabajo. O podría ser un estado emocional que te sobreviniera sin un motivo evidente; quizá te levantaste deprimido o angustiado y empezaste a rumiar.	En la medida que puedas, relaciona tus pensamientos tal como aparecían en tu cabeza. Si había imágenes o dibujos, descríbelos.	Tal vez hayas sentido una o más emociones negativas, tales como tristeza, rabia, angustia, culpa o arrepentimiento. Anótalas aquí. Si tuviste alguna emoción positiva, reséñala también.	Incluye las sensaciones corporales, pensamientos, emociones e impulsos. Incluye también cualquier efecto sobre tu conducta o las interacciones con los demás.

Echemos un vistazo a la hoja de trabajo cumplimentada por Ellen (en la página siguiente), una mujer de cuarenta años que se suele sentir incómoda en las relaciones sociales y a la que le preocupa no gustar a los demás. Ha estado asistiendo a un club de lectura para hacer nuevas amistades.

Después de estudiar el ejemplo de Ellen, intenta rellenar la ficha de actividad para uno de tus episodios de rumiación, utilizando el modelo en blanco de la página 71. Primero, haz algunas copias más de la ficha; el ejercicio es especialmente útil si lo realizas varias veces. En cuanto lo hayas hecho una vez, mantente alerta a los futuros episodios de rumiación y realiza de nuevo este ejercicio. Esto te ayudará a identificar las pautas de pensamientos negativos a lo largo del tiempo.

Cada vez que termines la ficha de actividad, escoge una ocasión determinada sobre la que escribir: un episodio de rumiación que se produjo en un día en particular y a una hora concreta. El episodio más reciente podría ser el más fácil de recordar, pero escoge el que destaque en tus recuerdos.

No debes preocuparte por llevar un registro perfecto de los hechos. El propósito del ejercicio no es que te critiques, sino que reúnas la información sin emitir ningún juicio sobre tus procesos mentales. Utilizar la ficha de trabajo sobre la rumiación es una manera de perfeccionar las habilidades mindfulness que te ayudarán a manejar más eficazmente las pautas de pensamiento insanas.

FICHA DE ACTIVIDAD: ENTENDER UN EPISODIO DE RUMIACIÓN

Tu nombre: Ellen

No te olvides de mantener una actitud curiosa y amable

Día y hora	Desencadenante	Pensamientos de rumiación	Emociones	Secuelas/consecuencias
Viernes, alrededor de las 3 de la tarde.	Me encontraba en la reunión de mi club de lectura. Estaba expresando mi opinión sobre un libro, cuando uno de los integrantes del grupo se puso a mirar los mensajes de su móvil.	Hablo demasiado. La gente se da cuenta de que tardo mucho en expresar lo que pienso. Se aburren con lo que digo. No me toman en serio. Nadie quiere que esté aquí. ¿Por qué no me escuchan? No deberían ser tan críticos. Yo escucho cuando hablan. Deberían prestar atención cuando hablo yo.	Al principio, me sentí avergonzada y tuve miedo, y luego me puse furiosa.	Estuve más callada de lo normal durante el resto de la reunión. Al terminar, no charlé con nadie ni me fui a tomar un café, como suele ser costumbre. Me fui directamente a buscar el coche.

Cuando llegué a casa, me sentí sola y sin energía. Comí demasiado. Cuando mi hija me llamó para hablar de su divorcio, me mostré más impaciente con ella de lo normal. Me sentí impotente para relacionarme normalmente con los demás. |

FICHA DE ACTIVIDAD: ENTENDER UN EPISODIO DE RUMIACIÓN

Tu nombre:

No te olvides de mantener una actitud curiosa y amable

Día y hora	Desencadenante	Pensamientos de rumiación	Emociones	Secuelas/consecuencias

Una vez que hayas completado esta hoja de trabajo varias veces, reflexiona sobre las pautas que hayan aparecido.

- ¿Tiendes a rumiar sobre temas concretos (lo triste que te sientes, tu mal comportamiento o el de los demás, desastres futuros potenciales)?
- ¿Tiendes a rumiar en situaciones concretas?
- ¿Cuáles son las consecuencias habituales de la rumiación?

Mindfulness: una alternativa a la rumiación[15]

¿Qué deberíamos hacer en lugar de rumiar? Ya hemos visto que la resolución de problemas constructivos es mucho más útil: identificar un problema concreto, pensar en las posibles soluciones e intentar hacer algo que pueda ser útil.

Pero ¿y si no hay ningún problema concreto que resolver?

Después de una de las reuniones de su club de lectura, Ellen se fue de tiendas. Metió las compras en el coche, reculó para salir de la plaza de aparcamiento y le dio un golpe a otro coche en la puerta del acompañante, haciéndole una buena abolladura. Nadie resultó herido, pero Ellen se sintió fatal. Se disculpó, facilitó todos sus datos personales y del seguro y se cercioró de que los gastos del otro conductor fueran cubiertos. Decidió ser más cuidadosa en el futuro.

Ellen ya no puede hacer nada más, pero le da vueltas a la situación, preguntándose sin parar cómo pudo haber sido tan negligente, diciéndose que es una pésima conductora y repasando mentalmente el incidente.

¿Por qué está sucediendo esto? Ellen se siente culpable y se lamenta por el accidente. Algo normal. De hecho, tales sentimientos pueden ayudarla a recordar que debe conducir con más prudencia. Pero la mente de Ellen no desea desprenderse del incidente, pues observa una contradicción entre cómo son las cosas («Provoqué un accidente») y cómo querría ella que fueran («Ojalá no lo hubiera provocado»). Mentalmente está atascada en un modo de resolución de problemas, intentando dar con la manera de salir de la discrepancia.

En esta situación, el modo de resolución de problemas no resulta muy práctico. Tal vez ayude a Ellen a pensar en una o dos cosas más que podría hacer —por ejemplo, escoger plazas de aparcamiento en las que no tenga que salir marcha atrás (cuando sea posible), o comprarse un coche más moderno provisto de cámara de vista trasera (cuando se lo pueda permitir)—. Pero lo que no puede es cambiar el pasado. Todos los conductores tienen momentos de falta de atención que pueden provocar un accidente. Cavilar sobre el error no mejorará las dotes automovilísticas de Ellen; de hecho, la rumiación tendrá efectos indeseados: se sentirá peor y estará más preocupada, lo que aumentará las posibilidades de tener otro accidente.

En situaciones así, el mindfulness es una alternativa saludable a la rumiación.

Utilizar el mindfulness para reducir la rumiación

Si has estado utilizando la ficha de actividad de la rumiación, ya has empezado a aplicar las técnicas mindfulness para reducir la rumiación. Has estado observando tus pautas de pensamiento con una actitud amistosa, curiosa y no valorativa. Para empezar a desarrollar esas técnicas, acudamos de nuevo al poema del capítulo anterior, «La casa de huéspedes», de Rumi. (Si no lo recuerdas bien, regresa al final del capítulo 2 y léelo otra vez.)

Según el poema, los pensamientos y emociones indeseadas son nuestros huéspedes. Pensemos de qué manera el mindfulness se aplica a la rumiación. ¿Qué significa eso de tratar a cada invitado con «honradez», como sugiere el poema, aunque preferiríamos librarnos de alguno de ellos?

Imagínate que regentas un hostal. A algunos de tus huéspedes les gusta demorarse en tu acogedor comedor a la hora del desayuno, lo que les lleva a conocerse entre sí y a hablar de todo tipo de cosas: el tiempo, las atracciones locales, las noticias del día. Unos cuantos huéspedes tienen opiniones firmes sobre la situación mundial. A algunos les enfurece, a otros les produce tristeza o angustia. Estos huéspedes hablan incansablemente sobre las dificultades del momento y las causas de que todo vaya tan mal; sobre por qué no somos capaces de resolver nuestros problemas; sobre los problemas de la sociedad; sobre lo que deberían hacer nuestros líderes al respecto, y sobre por qué jamás se tomarán las medidas constructivas necesarias. Estos huéspedes están rumiando. Y a ti te resulta desagradable.

Como anfitrión, ¿qué puedes hacer? ¿Puedes decirles que se vayan, disfruten de los lugares de interés turístico y te dejen en paz? Tal vez puedas, pero sería poco hospitalario y podría no dar resultado. Algunos huéspedes preferirían quedarse en el hostal todo el día y continuar con la conversación. ¿Podrías convencerles de que hablaran de temas más agradables? Probablemente no, y a ellos no les haría gracia que lo intentaras. Las personas inmersas en sus preocupaciones suelen resistirse a dejarse desviar a otros temas. Una casa de huéspedes en la que se impida que sus clientes conversen podría perderlos. Este hostal es tu medio de vida y te gusta el ambiente acogedor que ofrece.

En consecuencia, y como anfitrión cortés que eres, te muestras educado y jovial con todos tus huéspedes. Todas las mañanas les sirves un desayuno estupendo; les preguntas si han dormido bien; les ayudas a planear su jornada... Después, ya puedes volver a tu trabajo. No tienes por qué participar de las conversaciones desagradables, ni tienes que estar de acuerdo con todo lo que se dice; puedes centrar tu atención en otros huéspedes más agradables o en las tareas que hay que hacer en el hostal. Sigues oyendo a los huéspedes más vocingleros, pero sus voces se desvanecen al fondo mientras atiendes tus obligaciones en la cocina, las habitaciones y el jardín.

Ahora, apliquemos esta idea a tu experiencia. Tú eres el hospedero; tus pensamientos y emociones son los huéspedes. Probablemente, algunos sean desagradables (como le pasa a todo el mundo). Unos cuantos son gritones, críticos y poco razonables, y desearías que se marcharan o se estuvieran callados, pero es imposible controlarlos. En vez de eso, agradeces que tienes muchos más. Discutir con los desagradables no parece práctico, así que centras tu atención en los demás huéspedes. Continúas con tus actividades. Miras a tu alrededor; todavía eres capaz de disfrutar del mundo y de hacer un buen trabajo, aunque los huéspedes desagradables sigan rumiando al fondo.

Es importante darse cuenta de la dificultad de todo esto. En lugar de en tu casa, los pensamientos de rumiación están en tu «cabeza». Los sientes muy cerca y, además, los pensamientos de este tipo suelen versar sobre ti. Te dicen que eres un idiota, que has vuelto a estropear las cosas, que eres incapaz de salir adelante, que las demás personas no te tratan bien. Los pensamientos sobre nosotros mismos acostumbran a parecer imperiosos e importantes.

Con la práctica, sin embargo, es posible considerar estos pensamientos como huéspedes desagradables de tu hostal interior, tratarlos con respeto (brevemente) y permitirles que sean como son, mientras centras tu atención en otra parte. Esto puede suponer un gran alivio. Intentar que los huéspedes rumiadores se vayan o hablen de otra cosa es agotador. La práctica del mindfulness nos enseña que la casa de huéspedes interior es más espaciosa de lo que percibimos, y que hay sitio para muchos huéspedes. Con ella aprendemos a darle la bienvenida a todos, con independencia de que nos guste lo que tienen que decir; aprendemos que no tenemos que combatirlos ni tratar de controlarlos, y que podemos permitirles que vayan y vengan a su antojo, mientras dirigimos nuestra atención a lo que decidamos, dedicándonos a actividades que valoremos y apreciando la anchura y profundidad del momento presente.

¿Qué significa esto para Ellen? Cuando se encuentra en presencia de pensamientos de ruminación («¿Cómo he podido ser tan negligente?», «Soy una pésima conductora»), los identifica. «Ah», dice, «ya están aquí los huéspedes rezongones otra vez.» Se da cuenta de que es natural sentir arrepentimiento después de un accidente de tráfico, que cometer errores forma parte del ser humano. Así que acepta el sentimiento de arrepentimiento como a un huésped incómodo, pero que tiene una finalidad útil: le recuerda que tiene que estar atenta cuando conduce. Durante un instante, podría preguntarse si puede hacer algo más respecto al accidente. «No», se dice. «Aparte de estar atenta mientras conduzco —y hago todo lo que puedo—, ya he hecho todo lo que está en mis manos.» Se da cuenta de que rumiar las cosas con espíritu crítico no le servirá de nada. Así que vuelve la atención poco a poco hacia lo que esté haciendo en ese momento.

Pasos que hay que seguir cuando te sorprendes rumiando

Paso 1 — Etiquetar

En cuanto te des cuenta de que has caído en la trampa de la rumiación, identifícalo diciéndote: «Estoy rumiando», o «Los pensamientos de rumiación han entrado en mi cabeza», o «Los huéspedes rezongones ya están aquí de nuevo». Si sorprendes pensamientos valorativos, del jaez de: «Menudo idiota estoy hecho» o «Esto es una verdadera estupidez», reconoce que son juicios de valor. Practica el etiquetado de la rumiación en un tono amable y natural y libérate de los juicios en la medida que seas capaz.

Paso 2 — Reorienta tu atención

La rumiación surge frecuentemente cuando estás haciendo algo sin prestarle atención, como caminar, conducir o lavar los platos. Si se da esta circunstancia, sigue con lo que estás haciendo, pero trata de concentrar tu atención en ello más conscientemente. Si estás conduciendo, piensa en el volante que tienes entre las manos y mira la carretera que tienes delante. Si estás lavando los platos, concéntrate en las sensaciones de tus manos dentro del agua, mira la espuma y el brillo de los platos, escucha los sonidos mientras trabajas y huele el lavavajillas. Si estás paseando al perro, fíjate en los movimientos de sus patas, hocico o rabo, escucha su jadeo, concéntrate en los tirones de la correa y en las sensaciones de tus pies al pisar el suelo, observa los olores que hay en el aire y los colores que te rodean.

Paso 3 – Escoge una nueva actividad (si es posible)[16]

Si estabas haciendo algo improductivo cuando comenzó la rumiación, como deprimirte tirado en la cama, escoge hacer otra cosa. Si estás rumiando un problema concreto y se podría hacer algo constructivo al respecto, empieza a tomar medidas en esa dirección. En su defecto, escoge hacer algo agradable, como leer un libro interesante, llamar a un amigo o ver algo divertido en la televisión. O haz algo que te proporcione la sensación de cumplimiento, como pagar facturas, trabajar en el jardín o cocinar un plato interesante. Podría ser útil que realizaras una lista de actividades para tener a mano. Si no te apetece hacer algo cuando la rumiación cruza tu umbral, aun así oblígate amablemente a hacer alguna cosa, igual que podrías hacer con un niño reticente. Si una actividad no da resultado, prueba con otra. Centra tu atención en lo que estás haciendo lo mejor que puedas.

Cuando aparezcan de nuevo los pensamientos de rumiación, salúdalos educadamente y sigue adelante con tu actividad, como si tales pensamientos fueran unos huéspedes con los que te encuentras en el pasillo de tu hostal. Puede que sigas oyéndolos, aunque no tienes que participar en su conversación, y continúa desviando tu atención de nuevo a lo que estás haciendo, con amabilidad, sin hacerte pasar un mal rato.

Si la metáfora de la casa de huéspedes te parece poco espontánea, irreal o demasiado difícil en este momento, es comprensible; se trata de una nueva manera de pensar que quizá se te antoje bastante extraña. Mira si eres capaz de mantener una actitud abierta hacia ella, sin olvidar el ánimo explorador y la curiosidad amistosa. Y recuerda que el viaje no ha hecho más que comenzar y que, a medida que avances, aprenderás muchas más técnicas que te ayudarán con la rumiación.

Aunque tus habilidades mindfulness mejoren, de vez en cuando tendrás pensamientos y emociones que sean tan amenazantes o desagradables que querrás deshacerte de ellos; tratar de suprimir o evitar pensamientos y emociones concretas es otra trampa. En el siguiente capítulo exploraremos la trampa de la evitación y la ayuda que nos puede prestar el mindfulness para mantenernos alejados de ella.

Síntesis del capítulo

- La rumiación, también conocida como darle vueltas a las cosas o mortificación, es una forma improductiva de pensamiento negativo repetitivo. Cuando rumiamos, los pensamientos negativos se arremolinan sin cesar en nuestras cabezas, intensificando los estados de ánimo negativos sin resolver nada.
- La rumiación tiene muchas consecuencias insanas. Reduce la motivación, afecta a la concentración y a la memoria, y aumenta el riesgo de padecer depresión, ansiedad, alcoholismo y estrés postraumático, así como de incurrir en excesos alimentarios.
- Contemplar tus procesos de pensamiento te ayudará a saber reconocer la rumiación y a distinguirla de la resolución de problemas constructiva.
- La metáfora de la casa de huéspedes es una manera útil de cultivar una actitud de conciencia plena hacia los pensamientos y emociones desagradables. Permitir que vayan y vengan a su aire, como si fueran huéspedes de un hostal, y volver nuestra atención hacia otros aspectos del momento presente nos ayudará a huir de la trampa de la rumiación.

4

La evitación

*«Imponte esta actividad: intenta no pensar en un oso polar,
y comprobarás que el condenado animal acudirá a tu mente
a cada minuto.»*

FIODOR DOSTOYEVSKI[17]

El famoso escritor ruso Dostoyevski sugiere una paradoja interesante: cuanto más te empeñes en *no* pensar en algo, más pensarás en ello. Los psicólogos empezaron a estudiar esta paradoja en la década de 1980. En un famoso experimento, se pidió a unos estudiantes universitarios que se sentaran solos en una habitación durante cinco minutos sin ningún libro ni dispositivo electrónico y procuraran no pensar en un oso blanco.[18] Si a pesar de sus esfuerzos los pensamientos sobre un oso blanco acudían a sus mentes, tenían que hacer sonar una campana. Por término medio, los participantes hicieron sonar la campana seis veces, o lo que es lo mismo, más de una vez por minuto. Antes de que el experimento empezara, probablemente no pensaban en osos blancos con tanta frecuencia; sólo empezaron a pensar en ellos cada minuto cuando se les pidió que *no* lo hicieran.

El experimento continuó otros cinco minutos. En esta ocasión, se pidió a los estudiantes que pensaran en osos blancos, y tuvieron muchos pensamientos sobre osos blancos; de hecho, tuvieron considerablemente «más» pensamientos sobre osos blancos que los estudiantes a los que se les pidió que pensaran en osos blancos desde el principio, pero a los que nunca se les dijo que *no* pensaran en ellos. Este patrón fue calificado de «efecto rebote». Suprimir los pensamientos sobre osos blancos durante cinco minutos provocó que los pensamientos rebotaran de nuevo a mayor velocidad que si nunca hubieran sido suprimidos.

La supresión de los pensamientos, o el intento deliberado de *no* pensar en algo, es una trampa psicológica habitual. Aparentemente, se antoja una manera sensata de enfrentarse a los pensamientos indeseados. Pero esto suele acabar en fracaso, y aumenta la frecuencia de los pensamientos. Ocurre exactamente lo mismo con las emociones e impulsos indeseados; cuanto más tratamos de evitarlos o suprimirlos, más fuertes se hacen. En este capítulo, observaremos el funcionamiento de esta trampa, las razones de que caigamos en ella y cómo las técnicas mindfulness nos pueden sacar de ella.

La supresión de los pensamientos y emociones indeseados

La mayoría de las personas tenemos pensamientos que nos gustaría evitar.[19] Nos asaltan recuerdos dolorosos de momentos que preferiríamos olvidar; nos inquietan factores estresantes inminentes, como pronunciar una conferencia, aunque preferiríamos no pensar en ello. La gente que intenta dejar de fumar, beber o comer demasiado suelen verse acuciados por persistentes pensamientos no deseados sobre los cigarrillos, el alcohol o la comida. Las personas que padecen estrés postraumático, depresión y ansiedad acostumbran a tener pensamientos negativos e intrusivos que provocan mucho malestar. Casi todo el mundo tiene ocasionales pensamientos indeseados que parecen extraños o incluso vergonzosos,[20] pensamientos sobre saltar de lo alto de un rascacielos, gritar alguna cosa desagradable en una reunión o atacar a alguien.

La supresión de pensamientos parece una manera evidente de que nos ayudemos a sentirnos mejor cuando algo inquietante nos preocupa. La sabiduría convencional sugiere que deberíamos quitarnos tales cosas de la cabeza. Sin embargo, desde los originales experimentos del oso blanco, muchos estudios han confirmado que tratar de suprimir los pensamientos molestos tiene efectos paradójicos: los pensamientos acuden a la mente más a menudo y el sufrimiento emocional empeora.

En cierto experimento, se pidió a una serie de fumadores que trataban de dejar el tabaco que se sentaran solos en una habitación cinco minutos. A la mitad se les dijo que evitaran todo pensamiento relacionado con el fumar; a los demás se les indicó que podían pensar en cualquier cosa que les pasara por la cabeza, incluido fumar. A los que se les dijo que *no* pensaran en fumar informaron haber tenido más pensamientos relacionados con fumar. Otros estudios muestran patrones parecidos en los grandes bebedores que tratan de no pensar en el alcohol y en las personas que intentan suprimir los recuerdos de acontecimientos traumáticos o estresantes.[21] El patrón está claro: para la gente con pensamientos inquietantes, tratar de deshacerse de éstos puede empeorar las cosas.

La historia de Theo (1.ª parte)

Hace un año, Theo perdió un empleo muy bien remunerado. Después de buscar durante ocho meses, encontró un trabajo en el que le pagaban la tercera parte de su antiguo salario. Él y su esposa vendieron la casa que tenían hipotecada como garantía de un elevado préstamo y se fueron de alquiler a un piso; Theo cambió su caro coche por otro más económico, y en lugar de volar al Caribe de vacaciones, paseaban por el cercano parque todos los días con su hijo de tres años.

Theo reconoce lo afortunado que es; en la situación económica actual es difícil encontrar un nuevo empleo y conseguir vender una casa, y sabe de gente que ha estado en el paro mucho más tiempo del que él estuvo. Y, sin embargo, le resulta difícil dejar de anhelar la vida que llevaba: la gran casa con zona ajardinada, salir a comer fuera a capricho, el caro colegio privado al que tenía previsto enviar a su hijo… «¿Cómo pude perder todo eso?», no deja de preguntarse, abrumado por la culpa y la pena.

«No pienses en ello», se dice una y otra vez. «No le des vueltas al pasado.» Pero la vida diaria está llena de recordatorios. Cada vez que ve un coche caro, se acuerda del que conducía, y entrar en su pequeño piso provoca que le asalte la idea de que es un mal sostén de su familia. «No tengo derecho a sentirme mal», se dice. «Mucha gente está peor que yo. Debería dar gracias por lo que tengo.» Pero cuanto más se critica por su incapacidad para controlar sus pensamientos y emociones, peor se siente.

Theo está atrapado en la trampa de la supresión. Se ha impuesto un objetivo irreal: mantener ciertos pensamientos, imágenes y emociones fuera de su cabeza. No le funcionará. Los pensamientos y sentimientos inquietantes acuden a la mente queramos o no, e intentar suprimirlos hace que estén aún más presentes.

Las técnicas mindfulness ayudarán a Theo con este problema. Lo veremos en este capítulo un poco más adelante. Primero, consideremos otros tipos de evitación malsana.

Otras formas de evitación

A veces tratamos de evitar los pensamientos y emociones incómodos manteniéndonos alejados de las personas, lugares y actividades que los provocan. Esto tiene beneficios inmediatos interesantes: nos sentimos mejor si no nos exponemos a situaciones estresantes o incómodas. A la larga, sin embargo, los problemas empeoran y la vida se hace menos satisfactoria y carente de sentido. Las siguientes historias ilustran los beneficios inmediatos y los costes a largo plazo de evitar las situaciones y las actividades.

Andrew

Andrew padece un grave trastorno de ansiedad social. Le gustaría tener amigos y relaciones sociales, pero evita las situaciones en las que su timidez podría hacerle sentir incómodo por no saber qué decir. Llega siempre temprano al trabajo para no tener que charlar con sus compañeros en el camino del aparcamiento a la oficina. Se lleva la comida de casa y come en su mesa, en lugar de unirse a sus colegas en la cafetería. Trabaja hasta tarde y espera a que el pasillo esté en silencio antes de marcharse.

A Andrew le encanta montar en bicicleta, y los fines de semana da largos paseos en solitario. No se ha hecho socio del club de ciclismo local porque teme no gustarle a los demás miembros o que no le acepten. Cuando era adolescente, se lo pasaba bien en el grupo juvenil de su iglesia, así que asistió una vez al servicio de la iglesia donde vive ahora, pero no pudo reunir valor para hablar con la gente, lo que provocó su decepción y el resentimiento en los demás feligreses por no mostrarse más simpáticos.

Andrew confía en que algún día conocerá a alguien que le comprenderá y con quien se sentirá a gusto. Le gustaría formar una familia, pero evita las situaciones y actividades que podrían conducirle hacia esos objetivos. El fruto inmediato de la evitación es que no tiene sensaciones desagradables: palpitaciones, palmas sudorosas, boca seca... No tiene que experimentar la oleada de pensamientos negativos que surgen en las situaciones sociales («Nunca sé qué decir, la gente debe de pensar que soy un pobre diablo»). Por otro lado, su soledad está empeorando, así que no hace ningún progreso hacia su objetivo a largo plazo de tener una familia.

Roger

A Roger no le gusta ayudar a sus hijos con los deberes. Cuando era niño, fue un estudiante desmotivado que sacaba unas notas por debajo de la media pese a tener una inteligencia superior al promedio. Más tarde, se sacó un título en tecnología eléctrica y en la actualidad se gana la vida como electricista. Pero se sigue sintiendo un incompetente con los quehaceres académicos.

Todas las noches después de cenar, Roger lava los platos y limpia la cocina de arriba abajo. Luego extiende cheques para pagar las facturas, pone la lavadora y repara lo que haga falta en la casa mientras sus hijos hacen los deberes. Cuando éstos han terminado, Roger juega o ve la televisión con ellos hasta la hora de irse a la cama.

Su familia es monoparental, y no hay nadie más que pueda ayudar a los niños a hacer sus deberes. El hombre intenta convencerse de que está promoviendo la independencia académica de sus hijos mientras él se ocupa de la casa. Pero sus hijos necesitan más ayuda con los deberes, y están empezando a volverse perezosos y no aprenden tanto como podrían. Roger evita los deberes porque tiene miedo de parecer tonto si no entiende las tareas de sus hijos.

Kate

A Kate le gustaría que la ascendieran en el trabajo, pero tiene miedo a las críticas y a la desaprobación. Se esfuerza mucho en las tareas que se le asignan y rara vez comete errores. Sus exposiciones e informes son muy elaborados, aunque, por otro lado, dedica mucho más tiempo a esas tareas que la mayoría de sus colegas. Cumple sus plazos por los pelos, completa sólo las tareas que se le encargan y nunca se presenta voluntaria para algo más, porque no tiene tiempo.

El jefe de Kate no le ha ofrecido un ascenso porque se da cuenta de que es una empleada tan competente como lenta; preferiría menos perfeccionismo y más iniciativa. Kate se dice que su objetivo primordial es hacer un trabajo excelente. Sin embargo, su exceso de celo en la elaboración está inducido por la evitación; está evitando el abatimiento de pensar y sentir que es una inepta, algo que ocurre cuando comete el más nimio de los errores. A consecuencia de esto, su carrera profesional se ha estancado.

Todas estas historias ilustran varios aspectos importantes sobre la evitación:

- Es fácil que nos engañemos pensando que la conducta de evitación es útil. Nos decimos entonces algo que parezca convincente: «Tengo que hacer los informes lo mejor que pueda dentro de mis posibilidades», o «Mis hijos tienen que ser independientes a la hora de hacer los deberes», o bien «Tengo que mantenerme al margen de las actividades sociales hasta que controle mi ansiedad». Si actuamos conforme a estos pensamientos, nos sentiremos mejor de inmediato, pero a la larga los problemas se agravarán.

- Dependiendo de la motivación, la conducta puede ser constructiva o de evitación. Poner la lavadora para que los niños tengan ropa limpia es constructivo; ponerla para evitar ayudarles con los deberes es problemático. Subir andando la escalera para hacer más ejercicio fortalece tu cuerpo; subirlas para evitar subir con tus compañeros de trabajo en el ascensor sólo contribuye a la soledad.

- El mismo comportamiento podría ser simultáneamente constructivo y de evitación. Por ejemplo, podrías ir a la fiesta de cumpleaños de un amigo para alegrar a tu amigo *y* evitar una tarea del trabajo o del colegio. Si esto es cierto, entonces un enfoque de no evitación exigiría un compromiso, como, por ejemplo, ir a la fiesta durante una hora y luego realizar la tarea.

La mayoría de las personas intentamos suprimir nuestros pensamientos y emociones de vez en cuando. Así, nos mantenemos al margen de situaciones o actividades incómodas. Si da resultado y no hace daño, entonces no es un problema; por el contrario, si sucede a menudo y en muchas situaciones, tal vez esté afectando a nuestra felicidad y calidad de vida. El siguiente autodiagnóstico te ayudará a determinar si eres vulnerable a estos tipos de evitación.

AUTODIAGNÓSTICO: DOS TIPOS DE EVITACIÓN[22]

1	2	3	4
RARA VEZ CIERTO	A VECES CIERTO	A MENUDO CIERTO	MUY A MENUDO CIERTO

Supresión de pensamientos y emociones:

_____ Cuando algo preocupante me viene a la cabeza, me esfuerzo en dejar de pensar en ello.

_____ Cuando aparecen los pensamientos negativos, intento quitármelos de la cabeza.

_____ Procuro distraerme cuando siento algo desagradable.

_____ Me esfuerzo en deshacerme de las emociones tristes.

_____ Cuando tengo recuerdos deprimentes, trato de echarlos de mi cabeza.

Evitación de situaciones, comportamientos o actividades:

_____ No haré algo si creo que me hará sentir incómodo.

_____ Tiendo a postergar las cosas desagradables que tienen que hacerse.

_____ Me tomo molestias para evitar situaciones estresantes.

_____ Me doy prisa en dejar cualquier situación que me haga sentir incómodo.

_____ Evito hacer cosas que pudieran suscitar pensamientos y emociones molestas.

Si has obtenido una puntuación de entre 11 y 14 en cada sección, tal vez tengas una inclinación moderada a la supresión o evitación improductivas. Si la puntuación está entre 15 y 20 en cada una de las secciones (o entre 30 y 40 en total), tu supresión y evitación tal vez sean un problema más grave. Quizá te estés esforzando infructuosamente por mantener fuera de tu cabeza los pensamientos, recuerdos o sentimientos desagradables, o puede que estés postergando tareas importantes o evitando situaciones o actividades que te ayudarían a alcanzar metas valiosas.

Por qué caemos en la trampa de la evitacion[23]

Si la evitación es tan perjudicial, ¿por qué la practicamos? Hay varias buenas razones.

1 – La evitación es útil en muchas situaciones

Evitar las calles oscuras de las partes peligrosas de una ciudad reduce las probabilidades de ser atracado; evitar a un colega que va a trabajar con la gripe disminuye las probabilidades de caer enfermo. Los perros feroces, los tornados, tocar las estufas encendidas, etcétera, son algunas de las cosas que deben ser evitadas. Forma parte de la naturaleza humana sentir miedo, angustia, nerviosismo o reticencia en situaciones que podrían entrañar peligro. Tales sentimientos nos incitan a alejarnos del daño.

2 – La distracción a corto plazo a veces es útil

¿Cómo experimentas las intervenciones odontológicas? Si tuvieras una cita con el dentista de aquí a unos días, ¿preferirías no pensar en ello? Los videojuegos, los libros, la televisión y otras actividades absorbentes pueden mantenerte mentalmente ocupado de forma temporal. En este caso, la evitación tiene unas ventajas inmediatas (menor inquietud por el arreglo dental) y probablemente no te reporte ningún daño importante a la larga.

¿Y qué pasa con las películas violentas o cuando te extraen sangre para un análisis? ¿Te tapas los ojos o miras hacia otro lado? Si es así, estás evitando el malestar a corto plazo, pero a la larga no te acostumbrarás a esas experiencias, aunque puede que eso no sea ningún problema. Es probable que tu calidad de vida no se vea afectada.

3 — Creemos que debemos poder librarnos de los pensamientos y sentimientos desagradables

Es posible que de niños se nos dijera que no teníamos que estar tristes, enojados o nerviosos, o que no debíamos preocuparnos ni llorar, aunque ésas fueran reacciones normales a determinadas situaciones. Tales indicaciones de los adultos suelen ser bienintencionadas, aunque llevan a los niños a creer que las personas maduras tienen sus pensamientos y emociones bajo un absoluto control voluntario. Tal suposición puede subsistir hasta la edad adulta, aunque es una ilusión. Muchas personas que presentan una fachada de tranquilidad y felicidad, por dentro pueden tener problemas. Incluso la persona más feliz y equilibrada no controla por completo sus pensamientos y emociones.

4 – *Somos vulnerables a los efectos inmediatos de nuestra conducta*

Forma parte de la naturaleza humana el estar poderosamente sometidos a la influencia de los efectos inmediatos de nuestro comportamiento. Cuando la evitación reduce el dolor y aumenta nuestra comodidad, nos animamos a seguir utilizándola, aunque sea incompatible con los objetivos importantes a largo plazo, nos impida resolver nuestros problemas y nos haga sentir peor con el paso del tiempo.

Entender tus patrones de supresión y evitación

Todos tenemos nuestras maneras particulares de supresión y evitación. La siguiente ficha de actividad te ayudará a observar y comprender los tuyos. Recuerda que la conducta de evitación es una reacción natural a los pensamientos, emociones y situaciones desagradables, y que a veces es automática y no está planeada.

De vez en cuando, tiene la apariencia de una conducta constructiva, y puede ser difícil discernir si un comportamiento concreto es una especie de evitación. Estudiar atentamente los efectos inmediatos y a largo plazo nos ayuda a aclarar lo que está sucediendo. La ficha de actividad te ayudará a que aprendas a reconocer diversas formas de evitación y reacciones a ellas de forma apropiada.

A medida que te familiarices con tus patrones de evitación, puede que descubras que te estás criticando por la evitación. Recuerda que el mindfulness de tus procesos mentales implica observarlos con una curiosidad amistosa y no con ánimo crítico. El

FICHA DE ACTIVIDAD: ENTENDER TUS PATRONES DE EVITACIÓN

*** No te olvides de mantener una actitud curiosa y amistosa ***

Día y hora	Acontecimiento o situación	Conducta de evitación: ¿qué dijiste o hiciste?	¿Qué estabas evitando? (pensamientos, emociones, impulsos, personas, lugares, actividades)	Ventajas inmediatas de la evitación	Perjuicios de la evitación a largo plazo
¿Cuándo se produjo esta conducta de evitación? Indicar el día y la hora te ayuda a ser concreto y a descubrir los patrones.	¿Qué provocó la conducta de evitación? ¿Dónde estabas? ¿Qué estaba pasando? ¿Había más personas implicadas? Situaciones frecuentes para la evitación: • Relaciones. • Trabajo, colegio. • Tareas del hogar. • Dinero, economía. • Bienestar personal.	Describe tu conducta en la situación. Concreta qué es lo que hiciste que contribuyó a que evitaras algo. Ejemplos: • Suprimiste pensamientos o emociones. • Te distrajiste con otras actividades (televisión, comer, ir de compras). • Hiciste algo útil (ejercicio, trabajo, faenas) para evitar otra cosa. • Rechazaste una oportunidad para evitar el estrés, la incomodidad.	¿Te mantuviste alejado de personas, situaciones o actividades concretas? Si es así, ¿qué pensamientos, recuerdos, imágenes, emociones, sensaciones, impulsos o tentaciones estabas evitando?	Los efectos inmediatos suelen ser positivos o deseables. No tuviste que: • Ponerte en una situación difícil. • Hacer o pensar en algo desagradable. • Tener sensaciones, emociones o impulsos no deseados.	Los efectos a largo plazo suelen ser perjudiciales: • Te sientes peor. • A la larga, un problema empeora. • La evitación te impide hacer progresos en la consecución de un objetivo importante.

propósito de cumplimentar esta ficha de actividad sobre la evitación no es el de que te critiques, sino el de que perfecciones la conciencia y el discernimiento de ti mismo, lo que te hará más fácil enfrentarte al estrés en el futuro.

En la página siguiente se muestra cómo Andrew cumplimentó esta ficha de actividades. Andrew era el solitario que conocimos antes que evitaba a sus compañeros de trabajo. Estaba convencido de que mantenerse lejos de las situaciones estresantes le ayudaría a sentirse mejor, y que una vez que se sintiera mejor podría empezar a perseguir sus metas.

Al realizar esta ficha de actividades, Andrew está empezando a comprender que tratar de evitar sus pensamientos y emociones es un fracaso, y que cuanto más se empeña en evitar sentirse angustiado, más solo e insatisfecho se siente.

En la página 96 hay una ficha en blanco. Haz múltiples copias de ella, porque si escribes varios ejemplos, podrás ver mejor las pautas de tu conducta.

Cómo ayuda el mindfulness con la evitación

La evitación de los pensamientos y emociones desagradables suele fracasar. Pero en el capítulo 2 hemos aprendido que rumiarlos tampoco da resultado. Entonces, si no deberíamos evitarlos ni darles vueltas, ¿qué es lo que podemos hacer?

El mindfulness de pensamientos y emociones es una vía saludable entre la evitación y la rumiación.

FICHA DE ACTIVIDADES: ENTENDER TUS PATRONES DE EVITACIÓN

Tu nombre: Andrew

***No te olvides de mantener una actitud curiosa y amistosa ***

Día y hora	Acontecimiento o situación	Conducta de evitación: ¿qué dijiste o hiciste?	¿Qué estabas evitando? (Pensamientos, emociones, impulsos, personas, lugares, actividades)	Ventajas inmediatas de la evitación	Perjuicios de la evitación a largo plazo
Sábado, 9 de la mañana	Paseaba en bici y vi a dos ciclistas en la cuneta que reparaban un pinchazo.	Podría haberme parado para ver si necesitaban ayuda, pero me limité a hacerles un pequeño saludo con la mano y seguí pedaleando.	La dificultad que me supone hablar con gente que no conozco.	No tener que enfrentarme a la difícil situación de hablar con nueva gente.	Sentirme culpable por no comprobar si necesitan ayuda. La oportunidad perdida de conocer a otros ciclistas.
Martes, hora de comer	Un compañero del trabajo se pasó por mi despacho para preguntarme si iba a ir a comer a la cafetería.	Le dije que no, que tenía mucho que hacer.	Sentirme incómodo y violento si no era capaz de mantener la conversación durante la comida.	Adelantar un poco de trabajo durante la comida. No tener de qué hablar con un compañero podría haber sido violento.	Me siento solo en el trabajo. La gente me ignorará si nunca soy sociable.
Miércoles, 3 de la tarde	Fiesta de despedida en el trabajo en honor de alguien que se va.	Llegué tarde, me senté en un rincón, sólo hablé con una persona y me fui enseguida.	Tener que mantener alguna breve charla. Sentirme violento y nervioso.	No tener que preocuparme sobre qué decir para mantener la conversación.	Sentirme un fracasado. Apenas conozco a mis compañeros de trabajo.

95

FICHA DE ACTIVIDADES: ENTENDER TUS PATRONES DE EVITACIÓN

Tu nombre:

No te olvides de mantener una actitud curiosa y amistosa*

Día y hora	Acontecimiento o situación	Conducta de evitación: ¿qué dijiste o hiciste?	¿Qué estabas evitando? (Pensamientos, emociones, impulsos, personas, lugares, actividades)	Ventajas inmediatas de la evitación	Perjuicios de la evitación a largo plazo

La historia de Theo (2.ª parte)

Theo está en el parque infantil con su hijo pequeño. Al pasar, un coche igual al que él conducía atrapa su mirada, y siente un doloroso ramalazo de envidia y pena, mientras su antigua vida pasa por su mente en una rápida sucesión de imágenes. «Me parece increíble que lo haya perdido todo», piensa. Entonces se siente culpable por darle vueltas al pasado.

Pero ahora conoce las técnicas mindfulness que se enseñan en este libro. «De acuerdo», se dice. «Ésos son pensamientos y sentimientos sobre el pasado. Se trata de visitas que vienen de vez en cuando. Que vayan y vengan cuando les plazca. Yo no las puedo controlar. Así que deja que me centre en lo que estoy haciendo ahora mismo.» Hunde su pie descalzo en el cajón de arena donde su hijo está jugando, sintiendo la textura arenosa, reparando en que la tierra está caliente cerca de la superficie y más fría por debajo. Respira hondo y siente el aire que entra por su nariz. Mira a su hijo, viendo los reflejos del sol en su pelo, y observa sus movimientos y la expresión reconcentrada de su rostro mientras escarba en la arena. «¿Qué estás construyendo ahora?», le pregunta. «¿Te echo una mano?»

Theo está utilizando la metáfora de la casa de huéspedes de la que se habló en el capítulo anterior, permitiendo que sus pensamientos y emociones vayan y vengan a su aire, como si se tratara de unos huéspedes de su hostal, mientras vuelve su atención a lo que está haciendo en el presente: jugar con su hijo. Ésta no es una forma de evitación, pues Theo no está suprimiendo sus pensamientos y emociones dolorosas; antes bien, es totalmente consciente de ellas. Pero tampoco se está mortificando por su causa. Lo que hace es aceptarlas como visitantes de su mente mientras prosigue con una actividad que valora y obtiene satisfacción del momento presente.

Otra metáfora útil: los pasajeros del autobús[24]

La metáfora de los pasajeros del autobús que se detalla en el siguiente recuadro es una alternativa a la metáfora de la casa de huéspedes y proporciona otra manera de entender el enfoque consciente de los pensamientos y las emociones. Léela con atención, manteniendo presentes tus pensamientos y emociones difíciles, aquellos que más te gustaría suprimir o evitar.

• •

LOS PASAJEROS DEL AUTOBÚS

Imagínate que eres una persona tímida y solitaria y que tu objetivo es tener más amigos y una vida social satisfactoria. Para esforzarte en lograr esa meta, estás tratando de ser más sociable: inicias conversaciones, asistes a fiestas e invitas a otras personas al cine y a comer.

Hacerlo te resulta difícil por culpa de los pensamientos y sentimientos que te asaltan. Alternar hace que empieces a sudar y te sientas tenso y angustiado, y tus pensamientos son como personas amenazantes que tuvieras dentro de la cabeza. «Eres un inadaptado y un torpe», te dicen. «Eres de la clase de persona que jamás encaja. Esto no dará resultado. La gente no quiere perder el tiempo contigo.»

Ahora imagínate que conduces un autobús. Tu destino es **Una vida social mejor**, y te diriges hacia allí. Imagina que tus pensamientos y emociones son los pasajeros del autobús. Están sentados en la parte de atrás, diciéndote a gritos: «¡Gira. No tiene sentido que vayas allí. Jamás tendrás amigos!» Hablan a gritos y no dejan de insistir.

Tienes la deprimente sensación de que los pasajeros podrían tener razón, aunque sigues decidido a intentarlo. «Tengo que hacer algo con estos asquerosos pasajeros», te dices. «Jamás llegaré a ninguna parte si siguen entrometiéndose de esta manera. Me están lastrando.»

Así que detienes el autobús y te diriges hacia la parte posterior.

—Tienen que estarse callados —les dices—. Es importante para mí tener alguna esperanza de mejorar mi vida social, y necesito mantener la calma. No tengo por qué soportar que me griten.

Pero los pasajeros se muestran tozudos y no van a cambiar de idea.

—Bien, si ésta es su actitud, no puedo llevarles en mi autobús —dices—. Bájense. —Pero no se van a marchar, y pesan demasiado para empujarles por la puerta.

Entonces te das cuenta de que tu autobús no está yendo a ninguna parte.

—De acuerdo —dices, frustrado—. ¿Qué van a hacer si sigo conduciendo hacia mi objetivo?

—Que te diremos adónde deberías ir —responden.

—Pero ¿y si no lo hago? —preguntas. Ellos se te quedan mirando sin comprender.

Entonces reparas en un aspecto importante en relación con los pasajeros. Tienen voces horribles y gritonas y cosas desagradables que decir, pero literalmente son incapaces de hacerte daño. No tienes por qué creerles ni obedecer sus órdenes. Con este descubrimiento en la cabeza, regresas al asiento del conductor y reanudas la marcha en la dirección que tú escoges.

Los pasajeros siguen hablando, explicándote las razones por las que no vas a tener éxito jamás y por las que no debes intentarlo. Son desagradables, y lamentas no poder deshacerte de ellos. Sin embargo, con la práctica, adquieres mayor destreza en conducir el autobús en la dirección que deseas, a pesar de lo que dicen los pasajeros. Sus voces empiezan a desvanecerse, y ellos se hacen menos molestos, y comienzas a entender: tus pasajeros son las voces de las experiencias anteriores que no se pueden modificar. Así que vas aceptándolos sin criticarlos y dejando que sean lo que son.

Y no dejas que conduzcan el autobús.

● ●

Observa lo que *no* estás haciendo cuando adoptas esta actitud consciente hacia tus pensamientos y sentimientos desagradables.

- No los estás suprimiendo ni evitando. Les permites que viajen en tu autobús.
- No te estás mortificando por su causa. Los oyes, pero la mayor parte de tu atención está dedicada a conducir en la dirección escogida.
- No estás tratando de modificarlos. Los aceptas como lo que son.
- No les permites que controlen tu conducta. Estás decidiendo por ti mismo adónde te diriges.

La utilización de Andrew de las técnicas mindfulness

Andrew escribió en su ficha de actividad que evitó ir a comer con un compañero por timidez y vergüenza. Pero él quiere tener más amigos en el trabajo. Así que imaginémonos la misma situación después de que Andrew haya leído este libro.

1 – Andrew es ahora más consciente de lo que está sucediendo en cada momento

Cuando su compañero le pregunta si le acompaña a comer, Andrew se da cuenta de que está tentado de negarse porque se siente angustiado: el corazón le late más deprisa, y teme no tener mucho de que hablar. Pero se acuerda de que le gustaría tener más amigos en el trabajo, así que la conciencia plena del momento le da la oportunidad de escoger cuidadosamente, en lugar de rechazar de manera automática la invitación y luego criticarse.

2 — Los pensamientos y emociones de Andrew son menos atemorizantes

Andrew sigue teniendo ocasionalmente pensamientos negativos («Soy un tío aburrido», «Esto será embarazoso», «¿Y si no tengo gran cosa de la que hablar?) y sensaciones desagradables (pulso acelerado, manos sudorosas), aunque ahora considera a unos y otras como pasajeros de su autobús y les deja que vayan y vengan. Se da cuenta de varios hechos importantes sobre tales pasajeros:

- Que son desagradables, aunque no dañinos.
- Que tiene poco control sobre los pasajeros que suben al autobús, dónde se apean y lo que dicen.
- Que da igual lo que digan, pues los pasajeros no tienen ningún control sobre su conducta.

3 — Andrew persigue metas importantes, aunque tenga pensamientos y sentimientos desagradables

Cuando su compañero le pide que le acompañe a comer, Andrew acepta la invitación a pesar de la inquietud. Por supuesto, no hay ninguna garantía de que la comida vaya a ir bien, pero hay muchas probabilidades de que sea agradable, y se alegrará de haber dado un paso que es coherente con sus metas.

A su debido tiempo, mientras va dando pasos de manera regular, su angustia disminuirá al tiempo que su vida social mejora. Y aunque la ansiedad siga presente en algunas ocasiones, ahora

Andrew comprende que es capaz de perseguir una vida social satisfactoria con independencia de que se angustie o no. Es mucho más feliz, no porque su ansiedad haya desaparecido por completo, sino porque se relaciona con ella de manera diferente; ahora puede hacerle sitio sin dejarse controlar por ella. Por fin entiende que evitar las situaciones sociales empeora las cosas.

Medidas para trabajar con tus patrones de evitación

1. Utiliza la ficha de actividad para familiarizarte con tus patrones.
2. Cuando te sorprendas tratando de evitar tus pensamientos y emociones, recuérdate que son los pasajeros de tu autobús.
3. Mira si puedes encontrar una manera de conducir el autobús en la dirección en la que te gustaría ir: hacia algo que sea coherente con tus metas importantes a largo plazo. Esto tal vez exija que permitas que los pasajeros expresen sus puntos de vista, en lugar de pelearte con ellos.
4. No dejes que los pasajeros desagradables de tu autobús te amarguen la vida. Todos los tenemos; forman parte de estar vivos.
5. Continúa leyendo el libro. Los capítulos posteriores proporcionan más ejercicios mindfulness que ayudan con la supresión y la evitación.

Hasta los conductores más cualificados encuentran que las emociones fuertes toman ocasionalmente el control y desvían al autobús de su ruta. Esto es una conducta inducida por las emociones, otra de las trampas. En el siguiente capítulo, analizaremos esta trampa y cómo las técnicas mindfulness pueden sacarnos de ella.

Síntesis del capítulo

- La evitación de los pensamientos y emociones desagradables suele fracasar. Si intentamos suprimirlos o deshacernos de ellos, hay muchas probabilidades de que se hagan más fuertes.

- La evitación de las situaciones o actividades difíciles reduce temporalmente la ansiedad, pero a la larga afecta a los avances hacia las metas importantes.

- La observación plenamente consciente de nuestros patrones de evitación nos ayuda a mantenernos alejados de esta trampa. Aprendemos a reconocer cuándo nos sentimos tentados de evitar algo y tomamos una decisión prudente sobre la manera de actuar.

- Cuando la persecución de unas metas importantes requiere que hagamos algo molesto, como hacer vida social cuando estamos intimidados o nerviosos, el mindfulness nos recuerda que los pensamientos y las emociones no tienen que controlar nuestra conducta. Al igual que los pasajeros del autobús, podrían ser desagradables y poco amables, pero no tenemos por qué obedecerlas. Podemos dejar que vayan y vengan, mientras proseguimos con la conducta que sea coherente con nuestros objetivos.

5

La conducta inducida
por las emociones

«Aprecia tus emociones y nunca las infravalores.»

ROBERT HENRI[25]

La historia de Mari

Mari tuvo un día estresante en el trabajo. Durante una reunión de
personal, su jefe la criticó por un informe que había redactado, tras
lo cual le encomendó dos proyectos más con unos plazos imposi-
bles. Tras concluir la jornada laboral, jugó al tenis con una amiga,
y aunque normalmente disfruta del tenis, estaba preocupada por
el trabajo y no fue capaz de concentrarse. Después de fallar varias
pelotas, se sintió tan frustrada que soltó una palabrota y estrelló la
raqueta contra el suelo. Su compañera de juego no dijo nada, aunque pareció molesta y declinó la posterior sugerencia de Mari de ir
a tomar una copa.

Camino de casa, empezó a enfurecerse por un conductor lento. Hizo sonar el claxon varias veces, tras lo cual adelantó al otro
coche tan deprisa que un agente de policía le indicó que parara en
el arcén y le advirtió que tuviera más cuidado.

Una vez en casa, Mari no tuvo ganas de hacer la cena. Se bebió varias cervezas mientras veía la tele y se quedó dormida en el sofá. Se despertó a las tres de la madrugada y se fue a la cama, aunque no consiguió quedarse dormida. Estuvo torturándose con recriminaciones por su falta de autocontrol. Las vergonzosas imágenes de golpear la raqueta contra el suelo delante de su compañera de juego y de adelantar a toda velocidad al conductor lento se repetían una y otra vez en su cabeza. Se levantó a las seis y media y se marchó al trabajo sintiéndose agotada y furiosa consigo misma.

Cuando estamos irritados o estresados, a menudo hacemos cosas de las que más tarde nos arrepentimos. Los psicólogos llaman a esto «conducta inducida por las emociones».[26] Por lo general, sabemos cuándo nos estamos comportando imprudentemente, pero perdemos el control y de todas maneras lo hacemos porque eso alivia la intensidad de nuestras emociones. Por desgracia, el alivio es pasajero, y la conducta suele ser incongruente con nuestros objetivos a largo plazo. Cuando Mari golpeó la raqueta de tenis contra el suelo, eso redujo su frustración momentáneamente, pero cuando se comporta así, no se gusta, y ahora teme que su amiga tenga una mala opinión de ella. Adelantar a toda velocidad al conductor lento fue estimulante y alivió su impaciencia, pero Mari sabe que se mereció una multa y que tuvo suerte de irse de rositas con una simple amonestación. Beber varias cervezas alivió sus emociones negativas, pero le hizo menos apta para trabajar al día siguiente. Mari admira a las personas que mantienen la calma en los momentos de tensión. Le gustaría ser una de ellas.

El siguiente autodiagnóstico te ayudará a decidir si eres vulnerable a la improductiva conducta inducida por las emociones.[27]

AUTODIAGNÓSTICO: CONDUCTA INDUCIDA
POR LAS EMOCIONES

1	2	3	4
RARA VEZ CIERTO	A VECES CIERTO	A MENUDO CIERTO	MUY A MENUDO CIERTO

_____ Cuando estoy alterado, hago cosas que tienen malas consecuencias.

_____ Cuando soy infeliz, empeoro las cosas actuando sin pensar.

_____ Cuando estoy estresado, tengo problemas para resistirme a las tentaciones.

_____ Cuando estoy enfadado con alguien, digo cosas de las que luego me arrepiento.

_____ Cuando estoy de mal humor, hago cosas que me hacen sentir mejor pasajeramente, pero que a la larga ocasionan problemas.

Si has obtenido una puntuación entre 11 y 14, tal vez tengas una moderada inclinación a la conducta inducida por las emociones cuando estás irritado. Si tu puntuación está entre 15 y 20, tu conducta inducida por las emociones puede que te esté causando problemas más graves. Es probable que seas consciente de las consecuencias, y sin embargo te resulte difícil mantener el autocontrol bajo la tensión. En el resto del capítulo, exploraremos por qué ocurre esto y cómo pueden ayudarte las habilidades mindfulness.

¿Qué es una emoción?

Para comprender la conducta inducida por las emociones, tenemos que entender las emociones. A menudo las experimentamos como sentimientos internos y subjetivos difíciles de describir. Para transmitir las emociones, aprendemos a etiquetarlas: tristeza, enojo, vergüenza, envidia, felicidad, decepción, aburrimiento... Sólo el idioma inglés tiene más de quinientas palabras de este tipo.[28] Aunque algunas tienen un significado parecido (como furia, ira y cólera), la existencia de tantos vocablos diferentes demuestra que somos capaces de una enorme diversidad de experiencias emocionales. Cada una tiene sus propias cualidades sutiles de sentimiento, tono e intensidad. A continuación se relacionan algunas listas de términos relativos a las emociones, agrupados en categorías emocionales genéricas.

* *

VOCABULARIO DE EMOCIONES[29]

Tristeza: angustiado, abatido, deprimido, decepcionado, consternado, sombrío, desanimado, desesperado, herido, melancólico, afligido.

Miedo: temeroso, aprensivo, ansioso, nervioso, asustado, asustadizo, despavorido, tenso, aterrorizado, desasosegado, preocupado.

Furia: exasperado, contrariado, amargado, furioso, cascarrabias, hostil, irritado, indignado, resentido, despechado, rencoroso.

Vergüenza y culpa: avergonzado, abochornado, contrito, azorado, culpable, humillado, mortificado, apesadumbrado, compungido, arrepentido.

Felicidad: dichoso, risueño, alegre, complacido, alborozado, entusiasmado, excitado, encantado, jubiloso, radiante, satisfecho, emocionado.

Amor: adorable, cariñoso, sensual, caritativo, amistoso, enamoradísimo, apasionado, compasivo, tierno, afectuoso.

Sorpresa: atónito, estupefacto, pasmado.

Repulsión: despectivo, altivo, asqueroso, desdeñoso.

Otros: tímido, aburrido, calmado, interesado, orgulloso, reacio, escéptico, susceptible.

• •

La mayoría de las emociones van y vienen como las olas en el mar. Cuando se les permite que sigan su curso natural, suelen durar unos segundos o algunos minutos, pero determinados acontecimientos y circunstancias de la vida, como pueda ser la pérdida de un ser querido, pueden prolongarlas. Igual que la rumiación, como vimos en el capítulo 2. Las emociones duraderas son denominadas estados de ánimo, y éstos suelen ser menos intensos que las emociones. El mal humor puede durar todo un día, pero la intensa vehemencia de la ira es pasajera.

Cada uno tiene su propio estilo emocional. Algunas personas tienen emociones muy intensas, tanto positivas como negativas; otras las tienen mayoritariamente leves o moderadas; otras tienen emociones positivas fuertes y negativas livianas, y aun las hay que muestran el patrón contrario. Muchas personas tienden a sentir una emoción dominante en una diversidad de situaciones. Por ejemplo, si sueles experimentar ansiedad, tal vez pienses que eres una persona nerviosa o un «don angustias»; por el contrario, si acostumbras a estar de buen humor, los demás tal vez te consideren una persona feliz, aunque tengas tu cuota de emociones negativas.

Los tres componentes de la emoción[30]

Sea cual sea tu estilo emocional, puede que hayas reparado en que cuando sientes una emoción varias cosas suceden en tu cuerpo y en tu mente. Las palabras sencillas, tales como «feliz» o «triste», quizá no den cuenta por completo de la complejidad de una experiencia emocional. Pero podemos entender nuestras emociones más fácilmente si las descomponemos en tres elementos: (1) sensaciones corporales; (2) pensamientos, (3) impulsos de actuar de determinadas maneras.

1 — Sensaciones corporales

Si estás asustado o ansioso, es posible que notes que se te acelera el pulso, te sudan las manos y se te tensan los músculos. Si estás furioso, quizá sientas calor en la cara y aprietes los puños. La tristeza suele conllevar sensaciones de abatimiento o pesadez, mientras que la felicidad nos puede hacer sentir enérgicos y ligeros. Algunas sensaciones son comunes a más de una emoción. Por ejemplo, una cara enrojecida puede ser reflejo de indignación, vergüenza o excitación; por su parte, sentirse lleno de energía podría reflejar furia o alborozo, dos emociones completamente distintas.

2 — Pensamientos

Los pensamientos suelen adoptar la forma de frases u oraciones. Si estás ansioso o sientes miedo puedes tener pensamientos del tipo: «Tengo que salir de aquí», «Esto va a ser un desastre» o «¿Y si sucede algo horrible?» Si fuera arrepentimiento lo que sintieras, quizá pensarías: «Ojalá tuviera (o no tuviera)…», o bien «Si al menos…», y si fuera decepción, tal vez serían de esta guisa:

«Nunca me salen las cosas». La furia suele conllevar pensamientos como: «Esto no es justo», «Odio esto», o bien «¿Cómo ha podido ella...?»

Muchas personas tienen imágenes mentales mientras sienten una emoción. Cuando imaginas gozosamente el día de tu boda, a lo mejor te imaginas el momento del intercambio de las alianzas con tu amada, rodeados de amigos y familiares. Si te angustia la exposición de una ponencia, es posible que te imagines a una audiencia desatenta y aburrida.

3 – Impulsos

Los impulsos (también conocidos como tendencias de acción) son deseos de comportarse de determinadas maneras. A veces actuamos movidos por tales impulsos, y eso es la conducta inducida por las emociones; en otras ocasiones, nos reprimimos. La mayoría de las emociones acarrean impulsos de hacer cosas concretas. Si estás deprimido, quizá tengas el impulso de quedarte en la cama todo el día; si estás furioso, quizá tengas deseos de gritar, decir palabrotas, arrojar cosas o dar portazos; si la ansiedad te come, probablemente experimentes el impulso de huir de la situación. Por ejemplo, si tienes miedo a las multitudes, pero un amigo te convence de que vayáis al cine, quizá sientas el impulso de marcharte cuando veas que el cine está casi lleno. Las emociones positivas también conllevan impulsos, como el de dar palmadas cuando eres feliz o abrazar a alguien que quieras.

La siguiente tabla muestra los elementos de las emociones de Mari.

ELEMENTOS DE LAS EMOCIONES DE MARI

Emoción y situación	Sensaciones corporales	Pensamientos	Impulsos
Frustración mientras juega al tenis.	Pulso acelerado. Tirantez en las manos.	¿Qué me pasa? ¿Por qué no soy capaz de darle a la pelota? ¡Menuda idiota soy!	Soltar palabrotas. Darle un raquetazo al suelo.
Irritación con un conductor lento.	Calor en la cara. Tensión en las manos. Mandíbula apretada.	Pero ¿qué te pasa? ¿Es que no sabes conducir?	Golpear el volante. Tocar el claxon. Acelerar rápidamente.
Abatimiento después de llegar a casa.	Fatiga. Vacío en el abdomen. Ganas de llorar.	No me apetece hacer nada. Nada me sale bien.	Tumbarse. Beber cerveza. Ver la televisión.

¿Por qué tenemos emociones?[31]

Las investigaciones demuestran que las emociones básicas,[32] incluidas la felicidad, la tristeza, la ira, el miedo, el desagrado y la sorpresa, se manifiestan mediante distintas expresiones faciales que son parecidas en todo el mundo. Incluso las personas ciegas de nacimiento sonríen cuando son felices, ponen ceño cuando están tristes y aprietan los dientes cuando están furiosas, a pesar de no haber visto tales expresiones en las caras de sus semejantes. Los científicos creen que esas emociones son aspectos universales de la naturaleza humana que evolucionaron porque son necesarios para la supervivencia. Aunque las emociones puedan ser difíciles y dolorosas, las tenemos porque nos ayudan, ya que sirven a varios propósitos.

1 – Las emociones nos facilitan información importante

El miedo es una señal de que algo en el entorno puede representar una amenaza. La tristeza nos alerta de una pérdida importante o un contratiempo personal. La furia es un mensaje de que hemos sido perjudicados. Y la culpa sugiere que hemos perjudicado a otra persona.

2 – Las emociones nos motivan y preparan para realizar acciones constructivas

Ciertas conductas inducidas por las emociones son útiles. Si un coche se dirige a toda velocidad hacia ti mientras cruzas la calle, el miedo te proporciona la energía para que te apartes de su camino de un salto. Si tienes que presentar una importante ponencia de forma inminente, la ansiedad puede provocar que te metas a fondo en el tema en cuestión, practiques la exposición y preveas las probables preguntas de la audiencia. Cuando padeces una pérdida importante, la tristeza reduce tus niveles de energía y te induce a que te retires de las actividades normales. Esto es útil durante cierto período porque te concede tiempo para que aceptes la pérdida y te adaptes a tus nuevas circunstancias.

La furia te da energía para realizar cambios en situaciones injustas, y te puede motivar para que defiendas tus derechos o los de los demás. La culpa te impele a que te disculpes y resarzas a quien hayas podido perjudicar. El amor te motiva para que cuides a los demás, y la pasión te proporciona la energía para realizar hazañas creativas. En general, las emociones nos pueden proteger de sufrir daños, nos llenan de energía para conseguir metas importantes y nos ayudan a mantener nuestras relaciones, si las tratamos de forma provechosa.

3 – Las emociones informan a los demás

Las expresiones faciales, la conducta, el tono de voz y el lenguaje corporal comunican a los demás cómo nos sentimos, lo cual les posibilita ayudar, si está en sus manos. La tristeza permite que los demás sepan que necesitamos apoyo; la furia les dice que nos sentimos maltratados, y el miedo, que necesitamos protección.

La comunicación no verbal de una emoción es especialmente útil para los niños que son demasiado pequeños para hablar o comprender el lenguaje. Imagina a un niño pequeño que se dispone a coger un cuchillo afilado que se ha caído al suelo; un grito ahogado de susto y una mirada horrorizada del adulto más cercano transmite eficazmente que el cuchillo es peligroso. Y como es natural, si el hambre, el dolor y las situaciones extrañas no provocaran un malestar perceptible en los bebés, a los adultos les resultaría más difícil satisfacer sus necesidades, y éstos sobrevivirían menos.

La conducta inducida por las emociones puede ser una trampa

Las emociones evolucionaron para ser útiles, y, sin embargo, a menudo son causa de problemas. ¿Cómo puede ser esto? Las emociones se manifiestan rápidamente, y las reacciones corporales y los impulsos surgen antes de que tengamos tiempo para pensar. A veces, estas reacciones instantáneas son necesarias para la supervivencia. Si un animal salvaje se ve atacado, para él es más seguro luchar o huir inmediatamente que ponerse a considerar los pros y los contras de hacer una u otra cosa.

Por desgracia, nuestras reacciones espontáneas no siempre están bien adaptadas a la vida moderna. Cuando aparece el miedo, la sangre afluye a las piernas para facilitar la huida, y las hormonas que circulan por el torrente sanguíneo prepararan al cuerpo para la acción física. Esto es fantástico si estás siendo perseguido por un agresor, pero es menos práctico si estás a punto de soltar un discurso, acudir a una entrevista de trabajo o pedirle a alguien una cita. El cuerpo percibe una amenaza y se prepara para luchar o huir, aunque desearías mantener la tranquilidad.

La furia plantea problemas similares. El cuerpo está inundado de hormonas que producen energía; el rostro puede adoptar una expresión amenazante, y surgen los impulsos de levantar la voz y comportarse de manera agresiva. Todo esto es útil si necesitas enfrentarte a un agresor, pero lo es menos cuando estás enfadado con un compañero de trabajo durante una reunión de personal, o con un conductor en una autopista atestada.

Dadas todas estas dificultades, es comprensible que algunas de nuestras conductas inducidas por las emociones sean improductivas o hasta dañinas. Caemos en la trampa de diversas maneras:

- Nos vemos atrapados en nuestra herencia genética de sentir emociones que evolucionaron para situaciones anteriores a los tiempos actuales. Para comportarse de acuerdo con las normas sociales contemporáneas, a veces tenemos que suprimir o anular nuestras emociones. Esto es difícil y provoca tensión.
- También acabamos atrapados en los efectos inmediatos de la conducta inducida por las emociones, que suelen parecer satisfactorios en el momento, pero que a la larga originan problemas.

- Nos quedamos atrapados en una característica exclusivamente humana: la capacidad para sentir emociones sobre nuestras propias emociones. A éstas se las denomina «emociones secundarias».

Las emociones secundarias[33]

La emoción secundaria se produce como «reacción» a otra emoción. Piensa en Mari, de la que hablamos al principio del capítulo. Se enfureció cuando su jefe criticó su trabajo; más tarde, se recriminó por ser tan sensible y se sintió avergonzada por enfadarse. La furia fue la «emoción primaria» —una reacción natural al ser criticado—, y la vergüenza fue la «emoción secundaria», una reacción a la rabia.

Cuando pensamos en las emociones secundarias, es importante tener presentes varias cuestiones:

- La emociones secundarias son frecuentes. Podemos enfurecernos por sentir ansiedad, avergonzarnos por entristecernos, angustiarnos por deprimirnos, y así un montón de combinaciones más. También podemos sentirnos culpables por ser felices, avergonzarnos por lo mucho que queremos a alguien o preocuparnos por la terminación de nuestra satisfacción.

- Las emociones secundarias se aprenden por experiencia. Si un niño es permanentemente abochornado por expresar su rabia, tal vez aprenda que la rabia es mala o inconveniente. Sentirse avergonzado siempre que aparezca la furia se convierte entonces en una pauta para toda la vida.

- Las emociones secundarias son provocadas por los juicios negativos sobre las emociones primarias. Si te dices que estás reaccionando de forma desmedida, que tu emoción primaria es inconveniente, mala, tonta, loca, débil, estúpida o inmadura, acabarás molesto contigo mismo por tener la emoción primaria. Esto es algo lamentable, porque las emociones primarias son reacciones naturales a los acontecimientos o situaciones, y criticarnos por tenerlas no hace más que empeorar las cosas, pues de esta manera las emociones se hacen más fuertes, duraderas y complicadas.

- Una vez que las emociones secundarias han complicado la situación, hay muchas más probabilidades de que se dé una insana conducta inducida por las emociones. En el siguiente recuadro se muestran algunos ejemplos de emociones primarias, de juicios acerca de ellas, de emociones secundarias y de conductas insanas.

Emoción primaria	Juicio sobre la emoción primaria	Emoción secundaria	Conducta insana
Tristeza por la muerte de una mascota.	Es una tontería sentirse triste por eso.	Vergüenza por sentirse triste.	Evitar a los amigos comprensivos que entenderían esa tristeza y te ayudarían a sentirte mejor.
Enfado con un amigo que canceló una cita.	No debería enfadarme. Mi reacción es desmedida.	Vergüenza o decepción con uno mismo por enfadarse.	Beber o comer demasiado para reprimir el enfado y la culpa; evitar al amigo.
Ansiedad por tener que dar una conferencia.	La ansiedad es síntoma de debilidad y demuestra que soy un incompetente.	Rabia con uno mismo por sentir ansiedad.	Perder los nervios con los demás; evitar trabajar en la conferencia.

«Pero ¿y si realmente estoy reaccionando desmedidamente?»

«Estoy reaccionando desmedidamente» es un pensamiento crítico sobre una emoción que estás sintiendo, y es probable que acuda a tu mente si tu reacción emocional es:

- Más intensa que la que experimentaría la media de las personas en idéntica situación.
- Más fuerte que tus emociones normales.
- Más intensa que lo que otro pensaría que debería ser.
- Desconcertante o confusa; no sabes por qué la estás experimentando de esa manera.

Cuando te dices que estás reaccionando desmedidamente, asumes que la intensidad de tu emoción no tiene lógica o no está justificada. En realidad, las emociones intensas se dan por diversos motivos:

1. La tendencia a tener emociones fuertes puede ser hereditaria. Algunas personas tienen emociones intensas de forma natural a causa de la química de su cerebro y su cuerpo, mientras que otras tienen temperamentos más apacibles.

2. Las reacciones emocionales fuertes a acontecimientos aparentemente menores pueden estar relacionadas con experiencias anteriores. Por ejemplo, un programa de televisión te puede entristecer profundamente si te trae recuerdos de alguna experiencia triste de tu pasado y los demás podrían asombrarse de que el programa te haya afectado tantísimo.

3. Los procesos normales de condicionamiento pueden ocasionar que aspectos aparentemente neutros del entorno

desencadenen emociones, por razones de las que no siempre somos conscientes. Por ejemplo, un aparcamiento desconocido puede hacerte sentir nostalgia si te recuerda a aquel donde encontraste al gatito perdido que fue tu compañero durante tantos años. Tal vez no te des cuenta de por qué el aparcamiento ha desencadenado ese sentimiento, pero a su manera tiene lógica.

4. Los estados pasajeros de tu mente y tu cuerpo también influyen en tus emociones. Si estás cansado, hambriento, enfermo o estresado, los acontecimientos menores pueden provocar sentimientos sorprendentemente intensos. Es algo normal.

Si te estás reprochando tu reacción desmedida porque tu emoción es intensa o inesperada, recuerda que las emociones siempre tienen una causa. Aunque no comprendas su lógica, la tienen. Tal vez parezcan extrañas, o más fuertes de lo que te gustarían, pero si te criticas por sentir lo que sientes, hay muchas probabilidades de que acabes sintiéndote peor. Esto aumentará el riesgo de una conducta inducida por las emociones improductivas, y estarás menos capacitado para tomar una decisión prudente sobre lo que hay que hacer.

Entender tus experiencias emocionales

Para manejar con destreza nuestras emociones, tenemos que comprenderlas. La siguiente ficha de actividad te ayudará a que observes tus experiencias emocionales y reacciones a ellas con prudencia y perspicacia. Si no estás acostumbrado a prestar atención a tus emociones, puede que al principio te resulte difícil, pero con la práctica se vuelve más fácil.

A medida que te vayas haciendo más consciente de tus emociones, es posible que descubras que te estás criticando por tener unos sentimientos concretos o por la intensidad de éstos. Mira si eres capaz de librarte de la crítica. Recuerda que ser plenamente consciente de nuestras emociones significa observarlas con una curiosidad amistosa, y no juzgarnos por tenerlas.

A continuación hay una ficha de actividad con instrucciones, seguida por una completada por Jim, que acababa de conseguir un nuevo empleo después de haber sido despedido hacía unos meses. Ahora le preocupa que le vuelvan a despedir.

FICHA DE ACTIVIDAD: ENTENDER UNA EXPERIENCIA EMOCIONAL

No te olvides de mantener una actitud curiosa y amable

Día y hora: ¿cuándo sucedió esto?	Anotar el día y la hora te ayuda a ser concreto sobre la experiencia emocional en la que estás trabajando y a ver tus pautas a lo largo del tiempo.
Describe la situación: ¿qué es lo que desencadenó tu emoción?	Podría tratarse de un acontecimiento del mundo exterior, como pueda ser enterarse de que un amigo ha tenido un accidente de tráfico. Podría ser una experiencia interna, como recordar que tu amigo va a ser operado al día siguiente. Si no estás seguro del detonante, deja esto en blanco por el momento. Con el tiempo, adquirirás mayor destreza en identificar el suceso desencadenante.

¿Qué emociones sentiste? (subraya la más intensa)	Vuelve a mirar la lista relacionada anteriormente en este capítulo para ayudarte con los nombres de las emociones. Si sientes más de una, consígnalas todas. Subraya la más fuerte y utilízala durante el resto de la ficha. Puedes rellenar más fichas para las demás emociones que sientas.
Intensidad de la emoción más intensa (1-10)	1 = lo más suave posible. 10 = lo más fuerte posible.
¿Qué pensamientos e imágenes se te pasaron por la cabeza?	Tus pensamientos podrían incluir interpretaciones o suposiciones sobre la situación o predicciones sobre lo que sucederá. Si tuvieras imágenes, descríbelas.
¿Qué sensaciones corporales tuviste?	¿Advertiste un cambio en el pulso o en la respiración? ¿Sentiste tensión o temblores en algún músculo? ¿Sentiste calor, frío o sudaste? ¿Te sentiste pesado o ligero? ¿Experimentaste algo en el pecho, estómago, cara, ojos, cabeza, manos o en cualquier otra parte?
¿Qué deseaste decir o hacer (impulsos)?	¿Te entraron ganas de huir o de evitar a una persona o una situación? ¿De gritar o tirar cosas? ¿De quedarte en la cama? ¿De comer o beber en exceso? ¿De hablar con alguien?
¿Qué dijiste o hiciste (conducta)?	Puede que no hayas actuado siguiendo todos tus impulsos. Si te reprimiste de alguna manera, indícalo también.
Emociones secundarias	¿Esta emoción desencadenó otras? Por ejemplo, ¿te enfureciste contigo por sentirte triste? ¿Te avergonzaste de ti mismo por enfurecerte?

FICHA DE ACTIVIDADES: ENTENDER UNA EXPERIENCIA EMOCIONAL

Tu nombre: Jim

No te olvides de mantener una actitud curiosa y amable

Día y hora: ¿cuándo sucedió esto?	El jueves por la mañana, alrededor de las 10.15.
Describe la situación: ¿qué es lo que desencadenó tu emoción?	Estaba sentado a mi mesa en el trabajo. Mi jefe pasó de largo y me lanzó una mirada furibunda.
¿Qué emociones sentiste? (subraya la más intensa)	Nerviosismo, <u>miedo</u>.
Intensidad de la emoción más intensa (1-10)	7
¿Qué pensamientos o imágenes se te pasaron por la cabeza?	Me va a despedir. No está satisfecho con mi trabajo. Siempre supe que este trabajo no duraría. Voy a volver al paro otra vez. Jamás conseguiré un trabajo tan bueno como éste.
¿Qué sensaciones corporales tuviste?	El corazón me latía más deprisa, mi respiración era superficial. Tenía una sensación de malestar en el pecho.
¿Qué deseaste decir o hacer (impulsos)?	Sentí el impulso de renunciar e irme a casa. También deseé entrar en el despacho de mi jefe para que me dijera qué era lo que había hecho mal y me diera otra oportunidad.
¿Qué es lo que dijiste o hiciste (conducta)?	Me obligué a permanecer en mi mesa y seguir trabajando, aunque no fui capaz de concentrarme. Más tarde, se lo conté a mi compañero de trabajo. Él me dijo que no me preocupara, que el jefe estaba de mal humor porque su hijo le había destrozado el coche.
Emociones secundarias	Me enfadé conmigo y me dije que era un idiota por sacar conclusiones precipitadas y asustarme sin ningún motivo. Me sentí avergonzado por la situación.

Seguidamente, utiliza la ficha de actividad sin rellenar para practicar la atención plena de tus experiencias emocionales, y de nuevo haz copias para que puedas hacer este ejercicio más de una vez. Cuanto más practiques, mayor destreza adquirirás. Plantéate hacer este ejercicio tres veces la semana que viene, o incluso a diario si tienes emociones más frecuentes.

Cada vez que termines la ficha de actividad, escoge una ocasión determinada para escribir sobre una experiencia emocional que ocurriera un día concreto a una hora determinada. Recuerda que tu objetivo no es llevar un registro perfecto; el propósito de este ejercicio es que practiques el ser *observador, curioso* y *comprensivo* con tus emociones *sin criticarlas*. En su momento, te volverás menos vulnerable a la insana conducta inducida por las emociones.

Cómo ayuda el mindfulness con la conducta inducida por las emociones

Si tienes emociones fuertes, es posible que ya seas muy consciente de ellas.[34] Aumentar tu conciencia emocional practicando el mindfulness puede antojarse algo inútil. La clave está en que recuerdes la diferencia entre el *modo de resolución de problemas* y la *aceptación consciente*. En el modo de resolución de problemas es posible que seamos extremadamente conscientes de las emociones negativas, pero las vemos como problemas que hay que resolver. Emitimos juicios negativos sobre ellas y tratamos de escapar o de deshacernos de ellas, olvidando que las emociones desagradables son normales en muchas situaciones y que pueden estar enviándonos mensajes importantes.

La alternativa consiste en observar nuestras emociones plenamente conscientes de ellas, aceptándolas como visitantes de nuestra casa de huéspedes o como pasajeros del autobús. Mira si eres capaz de observar cómo se revelan a cada minuto y hacerlo con interés y curiosidad. Observa los pensamientos asociados. Advierte que los pensamientos como «Soy un idiota por sentirme así» y «Mi reacción es desmedida» son juicios, y no la verdad ni la realidad. Acepta los impulsos de comportarte de unas maneras en concreto, sin que tengas necesariamente que actuar acorde con ellos. Con el tiempo, las emociones se harán menos intimidatorias y su complejidad más fácil de entender.

FICHA DE ACTIVIDAD:
ENTENDER LA EXPERIENCIA EMOCIONAL[35]

Tu nombre:

No te olvides de mantener una actitud curiosa y amable

Día y hora: ¿cuándo sucedió esto?	
Describe la situación: ¿qué es lo que desencadenó tu emoción?	
¿Qué emociones sentiste? (subraya la más intensa)	
Intensidad de la emoción más intensa (1-10)	
¿Qué pensamientos o imágenes se te pasaron por la cabeza?	
¿Qué sensaciones corporales tuviste?	
¿Qué deseaste decir o hacer (impulsos)?	
¿Qué es lo que dijiste o hiciste (conducta)?	
Emociones secundarias	

Para algunas personas, el aspecto más problemático de las emociones negativas es la conducta inducida por las emociones: el reaccionar de manera desmedida cuando están tristes, gritar y tirar cosas cuando están furiosas… Practicar las habilidades mindfulness es un medio excelente de tratar este problema. Con el tiempo, la observación de nuestras emociones sin ánimo valorativo crea un espacio entre la emoción y el comportamiento correspondiente, y esta brecha brinda una oportunidad para elegir qué hacer.

Por ejemplo, Mari aprenderá a observar cuándo siente el impulso de golpear la raqueta de tenis contra el suelo; reconocerá los sentimientos de frustración, los pensamientos autocríticos y la tensión de su cuerpo, y tendrá un instante para decidirse: o golpear la raqueta o reprimir el impulso de hacerlo. Esto no significa que esté suprimiendo sus sentimientos; en vez de eso, está aprendiendo a hacerles sitio sin permitirles que determinen su conducta.

Los ejercicios que presentamos a continuación te ayudarán a cultivar el enfoque consciente para los impulsos leves y comunes. Tales ejercicios están pensados para que sean más fáciles de trabajar que los impulsos provocados por las emociones negativas intensas. Practicar estos ejercicios introductorios es una buena manera de iniciarse en la restricción de la conducta inducida por las emociones que ocasiona problemas en tu vida. Procura hacer uno de ellos tres veces a lo largo de la próxima semana, y sigue practicándolo siempre que aparezcan los impulsos. En un capítulo posterior del libro se describirán detalladamente los ejercicios que te ayudarán con los impulsos más intensos desencadenados por las emociones fuertes.

EJERCICIOS INTRODUCTORIOS: MINDFULNESS DE LOS IMPULSOS

1 – Observa los impulsos que surgen naturalmente en la vida cotidiana:

- Cuando te cepilles los dientes, observa el proceso con atención. Nota cuándo sientes el impulso de escupir; observa el impulso sin escupir. Advierte la naturaleza del impulso y cómo te sientes mientras tienes el impulso. Al final, tendrás que escupir, así que decide deliberadamente cuándo hacerlo. Practica que el impulso no te controle.
- La próxima vez que te pique la nariz, sé consciente del impulso de rascártela. Observa qué se siente sin actuar siguiendo el impulso. Sigue observando, a ver si el impulso se hace más fuerte o remite. Decide por ti mismo si te rascas la nariz y cuándo. Si te la rascas, hazlo atentamente, observando los movimientos y las sensaciones.
- Si te pica un insecto y sientes picor, prueba a hacer el ejercicio anterior que trabaja el impulso de rascarte.
- A medida que avanza el día, practica con los impulsos que vayan surgiendo.

2 – Observa los impulsos autoinducidos:

- Ponte delante algo de comer que te guste. Observa si tienes el impulso de comértelo. Observa el impulso. Sigue observando y comprueba si el impuso se hace más fuerte o remite. Sea como fuere, decide deliberadamente si te lo comes o no.
- Come algo lentamente y observa cuándo sientes el impulso de tragar. Observa el impulso unos instantes sin tragar. Decide cuándo tragar.

- Sujeta un libro u otro objeto a la distancia de tu brazo por delante de ti o a un costado. Fíjate en las sensaciones de tu brazo. Pronto sentirás el impulso de bajar el objeto. Observa el impulso brevemente sin actuar. Decide plenamente consciente cuándo dejar el objeto. No fatigues excesivamente tu brazo.

3 – No te olvides de la actitud curiosa y amistosa.

Si adviertes la presencia de pensamientos de crítica acerca de ti o de los impulsos («No debería sentirme así», «Este impulso es malo», etcétera), admite que son pensamientos. Practica la exploración de tus impulsos de forma amistosa.

* *

Mientras experimentas con estos ejercicios y empiezas a prestar más atención a tus impulsos cotidianos, es posible que te cueste evitar juzgarte y criticarte por tener unos impulsos concretos o por actuar de manera acorde con ellos. Por desgracia, la autocrítica suele empeorar las cosas: es otra de las trampas psicológicas. En el capítulo siguiente, aprenderemos más cosas sobre la autocrítica y la manera en que las técnicas mindfulness pueden ayudarnos a evitarla.

Síntesis del capítulo

- Las emociones son experiencias complejas que conllevan sensaciones corporales, pensamientos e impulsos de actuar de una manera concreta.
- Aunque las emociones puedan ser dolorosas, las tenemos porque sirven a unos fines prácticos. Además de aportarnos

una información importante y de informar a los demás, puede motivarnos a comportarnos de manera constructiva, si las manejamos de forma saludable.

- Por desgracia, a menudo hacemos cosas de las que nos arrepentimos cuando tenemos emociones negativas. La conducta improductiva inducida por las emociones es una trampa en la que incurrimos porque alivia temporalmente los sentimientos desagradables, aunque ocasiona problemas y a la larga nos hace sentir peor.

- La observación plenamente consciente de las experiencias emocionales nos ayuda a reconocer sus elementos, incluidas las sensaciones corporales, los pensamientos y los impulsos. Aprendemos a observarlas sin juzgarlas y a actuar sin seguirlas de manera impulsiva. Con la práctica, el mindfulness de los impulsos nos concede el tiempo para decidir con prudencia la manera de reaccionar.

6

La autocrítica

*«Si nos tratamos con dureza, probablemente ésa sea la manera
en que tratemos a las demás personas.»*

Karen Armstrong[36]

La tarde está terminando y has tenido una larga jornada laboral. Te pasas por el cuarto de baño antes de marcharte a casa y reparas en un trozo de lechuga que llevas pegado en uno de tus incisivos superiores. Debe de llevar allí desde la hora de la comida. Esa tarde has visto a varias personas, incluidos dos nuevos clientes, y nadie ha dicho nada. ¿Qué serie de pensamientos han cruzado por tu cabeza?

A: ¡Seré idiota! ¿Por qué no me miré al espejo después de comer? Deben de haberse estado riendo de mí toda la tarde.
B: Menuda vergüenza. Bueno, esto le pasa a todo el mundo alguna que otra vez.

Otro escenario: solicitaste un trabajo que deseabas fervientemente. De entre más de cincuenta solicitantes, tú y otros dos fuisteis invitados a realizar una entrevista. La tuya fue muy bien y te sentiste optimista. Pero esta misma tarde te has enterado de que no has conseguido el empleo. Tu decepción ha sido mayúscula. Te has tirado toda la tarde sentado en el sofá, comiendo galletas y viendo programas estúpidos en la televisión. Ha llegado la hora de irse a la cama. ¿Qué serie de pensamientos te pasan por la cabeza?

> **A:** La de galletas que he comido, qué asco. No tengo ningún autocontrol. No me extraña que no consiguiera el trabajo. La verdad es que no me lo merezco.
> **B:** Menudo chasco me he llevado. Estaba realmente cualificado para ese puesto, y es una vergüenza que no lo consiguiera. Las galletas y la tele están bien para un rato, pero tengo que cuidarme. Mañana le pediré a mi amigo que vayamos a dar un paseo.

Tus pensamientos podrían estar entre ambos, pero si estás más cerca de la opción A que de la B, quizás estés siendo presa de la autocrítica. Es algo muy habitual. La mayoría nos criticamos frecuentemente, a menudo de forma despiadada. La autocrítica se parece a una voz interior, y dependiendo de la situación, dice cosas como: «Soy un idiota», «Soy un fracasado», «No soy lo bastante bueno», «La he fastidiado del todo», «Jamás llegaré a algo», «Soy desagradable, idiota, perezoso, horrible, inútil, tarado…», etcétera. A veces, esa voz te llama por tu nombre, como si fueras una persona distinta: «Ruth, eres un caso perdido, no haces nada bueno». La crítica interior puede llegar a ser cruel.[37]

La crítica de los demás

Cuando queremos perfeccionar nuestras habilidades o aprender unas nuevas, la crítica «constructiva» es algo valioso,[38] incluso esencial. Forma parte de una buena enseñanza y proporciona la información que necesitamos para mejorar; la crítica constructiva de los demás alcanza su máxima utilidad cuando reúne las siguientes características:

- Proporciona una información concreta sobre lo que salió mal y lo que hay que hacer de otra manera.
- Tiene un tono respetuoso y considerado.
- Juzga el trabajo y no a la persona
- Señala las virtudes además de los defectos

La tabla que aparece a continuación proporciona unos ejemplos de crítica constructiva y destructiva debidos a dos profesores de cocina.

Para aprender a cocinar en una atmósfera saludable y comprensiva, la mayoría de las personas preferiría apuntarse a la clase del Profesor A. Advierte que la crítica constructiva sobre los errores y defectos es clara, y no dice que todo sea excelente cuando no lo es.

Las investigaciones confirman los beneficios de la crítica constructiva.[39] Cuando los estudiantes universitarios reciben una crítica constructiva (y no vaga, ofensiva, personal o injusta), se sienten menos furiosos y tensos, y se muestran más dispuestos a colaborar con la persona que realiza la crítica. Además, se plantean metas más altas y sienten mayor confianza en sus aptitudes para lograrlas. Un estudio realizado con empleados de una gran empresa descubrió que la crítica de los supervisores que avergonzaban o culpabilizaban a los trabajadores sin ayudarles a mejorar era una de las principales causas de conflicto en sus lugares de trabajo.

Profesor A: crítica constructiva	Profesor B: crítica destructiva
Concreta: El horno no estaba lo bastante caliente cuando metiste el pollo a asar. Por eso no se doró por fuera ni estaba crujiente.	**Vaga:** Este pollo tiene un aspecto espantoso.
Considerada: Es un fallo frecuente.	**Desconsiderada:** ¿Cómo tuviste tan poco cuidado?
Dirigida al trabajo: Estas magdalenas están poco densas y firmes y no subieron bien. Eso demuestra que la mezcla se trabajó demasiado.	**Dirigida a la persona:** Estas magdalenas son lamentables.
Ecuánime: El pescado está bueno y tierno, pero las verduras están demasiado cocidas.	**No ecuánime:** Cociste demasiado las verduras. Has estropeado el plato.

Estos mismos principios son de aplicación a la autocrítica. Si nos vamos a criticar, deberíamos hacerlo a la manera del Profesor A de la clase de cocina, aunque la mayor parte de las veces nos comportamos como el Profesor B. No pensamos concretamente en aquello que salió mal, en la manera en que podríamos mejorar o en cómo conseguir ayuda si la necesitamos. En su lugar, somos vagos («Hice un trabajo espantoso»), desconsiderados («Tengo unas ideas realmente idiotas»), nos juzgamos a nosotros mismos en lugar de a nuestro comportamiento o nuestro trabajo («Soy un incompetente») y no somos ecuánimes («No hago nada bien»). Y a veces, hasta nos amenazamos con desgracias futuras («Si sigo así, jamás llegaré a nada»).

Afrontar nuestros errores y defectos de una manera práctica ya es bastante difícil, así que insultarnos con una autocrítica feroz nos hace sentir peor. Hacerlo afecta a la aptitud para mejorar cuando la mejoría es necesaria, y también nos impide aceptar aspectos de nosotros mismos que no se pueden cambiar o que están bien como están.

El siguiente autodiagnóstico te ayudará a determinar si la crítica destructiva es un problema para ti.

* *

AUTODIAGNÓSTICO: AUTOCRÍTICA[40]

1	2	3	4
RARA VEZ CIERTO	A VECES CIERTO	A MENUDO CIERTO	MUY A MENUDO CIERTO

_____ Me critico con dureza por cosas que he dicho o hecho.

_____ Me rebajo o insulto siempre que algo me sale mal.

_____ Me culpo por mis fracasos sin felicitarme por mis éxitos.

_____ Soy intolerante con mis defectos y debilidades.

_____ Me digo que soy un idiota o que no soy lo bastante bueno.

* *

Si tu puntuación está por encima de 10, quizá te critiques en exceso. Si estás entre 15 y 20, es posible que tu autocrítica te esté ocasionando problemas importantes, sobre todo si te atacas y te condenas, en lugar de adoptar un punto de vista constructivo y equilibrado de tus puntos fuertes y debilidades.

La historia de Isabel

Isabel es una estudiante inteligente y aplicada que se crió en el seno de una familia dada a la crítica. Sus padres, que no pasaron del instituto, estaban decididos a que su hija única llegara más lejos, así que controlaban férreamente los estudios de Isabel en el colegio y criticaban todo lo que no fueran notables y sobresalientes.

Gracias a sus notas escolares, Isabel fue admitida en una universidad de primera categoría, donde se encontró con muchas más dificultades. Le inquietaba haber llegado tan lejos por culpa de la presión incansable de sus padres y no estar suficientemente capacitada para los estudios universitarios. Afrontó la situación adoptando una autocrítica desmesurada, gracias a la cual no paraba de repetirse que no estaba muy capacitada y que la única manera de evitar el fracaso era trabajar hasta la extenuación.

Durante dos años, Isabel sacó buenas notas a pesar de su tambaleante seguridad en sí misma, y en su tercer año se la invitó a trabajar con un tutor académico en un proyecto de investigación. Aunque ella dudaba de su capacidad para lograrlo, sus padres se entusiasmaron, e Isabel se vio obligada a aceptar.

Después de varias reuniones para hablar del tema de su proyecto, el tutor de Isabel, el doctor Haley, le dio un plazo para que escribiera un borrador sucinto de la primera parte de la ponencia. Por primera vez en su vida, Isabel se vio incapaz de terminar el trabajo encomendado. No sabía cómo organizar sus ideas ni qué debía incluir en la primera parte. Cada vez que intentaba ponerse a trabajar en ello, los pensamientos autocríticos la abrumaban: «Esto no es lo bastante bueno. Soy incapaz de hacerlo. Voy a fracasar». Entonces, envió un correo electrónico al doctor Haley solicitando una prórroga de una semana, que le fue concedida. Isabel recrudeció su autocrítica: «Es una estupidez por mi parte pedir una prórroga. El doctor Haley pensará que soy imbécil. Está claro que no tengo ninguna posibilidad con esto».

Abrumada por la incertidumbre sobre cómo proseguir, Isabel empezó a aplazar las cosas. Entonces se criticó por no trabajar. «Pero ¿qué me pasa?», se preguntaba, mientras su angustia aumentaba. «¿Por qué no puedo hacerlo? No tengo ni un ápice de disciplina. No estoy hecha para esto.» Avergonzada por su falta de progresos, no comentó su problema con nadie.

La semana de prórroga transcurrió. El doctor Haley le envió algunos correos manifestando su preocupación; Isabel no le respondió. También evitó pasar por el edificio donde el doctor Haley tenía su despacho. Al cabo de dos semanas de constante rumiación sobre su tarea incompleta, Isabel se encontró inesperadamente a su tutor en un café.

—Hola, Isabel —dijo el doctor Haley—. ¡Me alegro de verte!

—Hola —respondió ella, confiando en que él no hablara de la ponencia.

—¿Qué pasa con tu ponencia? —le preguntó él. Isabel se echó a llorar y le dijo que iba a dejar el proyecto de investigación.

El tutor insistió en que se vieran al día siguiente. Cuando se encontraron, él le recordó que la labor del tutor es proporcionar orientación, que el propósito del primer borrador es el de recabar comentarios constructivos y que la misión del alumno es suscitar preguntas y plantear cuestiones durante los encuentros regulares. Después, la ayudó a perfilar la primera parte. Isabel prometió reunirse con él semanalmente y llevarle un borrador, por básico que fuera, a la siguiente sesión.

Las consecuencias de la autocrítica implacable

La historia de Isabel ilustra una interesante paradoja sobre la autocrítica destructiva: la mayoría la practicamos con el propósito de disciplinarnos o corregirnos a nosotros mismos, y sin embargo muchos estudios muestran que la autocrítica desmedida en realidad interfiere en la consecución de nuestras metas.

En un estudio, 180 adultos obesos participaron en un programa de adelgazamiento.[41] Antes de que diera comienzo el programa, rellenaron un cuestionario para valorar la autocrítica destructiva (parecido al del recuadro de la página 133), tras lo cual fueron pesados. Después de seis meses de dieta y ejercicio, se les volvió a pesar. Aquellos que eran más implacablemente autocríticos al principio del programa habían perdido menos peso seis meses más tarde.

Un grupo de nadadores y atletas universitarios mostraron un patrón similar.[42] Al principio de la temporada de atletismo, todos cumplimentaron un cuestionario sobre la autocrítica e identificaron su objetivo más importante para la temporada, tal como mejorar su tiempo en los 100 metros espalda o aprender la técnica del triple salto. Al final de la temporada, los deportistas más autocríticos se habían acercado menos a sus objetivos.

¿Por qué las personas sumamente autocríticas hacen menos progresos que los que no se juzgan con tanta dureza?[43] En lugar de motivarnos o estimularnos a la consecución de nuestras metas, la autocrítica desencadena sentimientos de vergüenza, culpa, tristeza, rabia, frustración, bochorno, decepción e impotencia. Además, nos mina la energía, la moral, la motivación y la seguridad en nosotros mismos, dificultándonos el avance frente a las dificultades. Así las cosas, es probable que aplacemos y evitemos las cosas, como descubrió Isabel, y también que seamos menos proclives a buscar ayuda cuando la necesitemos. Los avances se ralentizan, lo que conduce a más autocrítica, y se crea un círculo vicioso.

La autocrítica destructiva tiene muchos otros efectos negativos.[44] Las personas que se critican con severidad tienen más probabilidades de acabar deprimidas, angustiadas y solas; también es más probable que tengan conflictos en sus relaciones amorosas, quizá porque esperan que sus parejas las juzguen con tanta dureza como se juzgan a sí mismas y por consiguiente se abren menos. Las personas autocríticas muestran mayor propensión a los excesos en la comida, sobre todo si crecen en familias donde impera el maltrato emocional. Las personas que han experimentado un acontecimiento sumamente estresante, como un accidente grave o una agresión, tienen más probabilidades de desarrollar los síntomas del trastorno de estrés postraumático si son muy autocríticas.

¿Por qué nos criticamos con tanta dureza?[45]

Cuando se les pregunta por qué se critican, la mayoría de las personas dicen que lo hacen por su propio bien. Muchos son los que creen que la autocrítica evita la pereza, la complacencia y la autoindulgencia. Creemos que la autocrítica nos ayuda a cumplir con las responsabilidades, a mantener la autodisciplina y a evitar los errores. Probablemente la aprendimos en la infancia, de unos padres o maestros que no comprendían la diferencia entre la crítica constructiva y la destructiva. Cuando se critica a los niños con dureza, pero rara vez se les elogia o anima o se les da unas opiniones constructivas, es posible que aprendan que la crítica es la única manera de estimular el buen comportamiento.

Vergüenza y miedo al rechazo[46]

La autocrítica está íntimamente relacionada con la vergüenza, una emoción intensamente desagradable que conlleva sentimientos de inferioridad y el deseo de esconderse u ocultarse. Como vimos en el capítulo anterior, las emociones evolucionaron porque nos ayudan a sobrevivir: el miedo nos ayuda a escapar del peligro; la furia, a defendernos. Los expertos creen que la vergüenza puede tener un propósito parecido.

La mayoría de las personas sienten una poderosa necesidad de pertenecer a un grupo, una familia, círculo de amistades u otra clase de comunidad. La mayoría de los grupos tienen normas de comportamiento, y cuando un miembro viola esas normas, el grupo o sus líderes tal vez intenten avergonzar al infractor como una manera de controlar su conducta. El infractor que manifiesta su vergüenza quizá sea tratado con más indulgencia y se le permita permanecer en el grupo. Si el transgresor no expresa ninguna vergüenza, es posible que el grupo le inflija un severo castigo, como puede ser el rechazo y el aislamiento. La vergüenza, por tanto, parece existir por un motivo: puede ayudarnos a evitar el conflicto y el ostracismo.

Por desgracia, la mayoría somos tan sensibles al rechazo que hemos aprendido a interiorizar ese proceso y nos lo infligimos a nosotros mismos. Si hemos hecho algo que tememos va a disgustar a los demás, utilizamos la autocrítica feroz para castigarnos. Entonces nos sometemos a nuestra autocrítica sintiéndonos avergonzados. Este mecanismo puede ser útil si nos ayuda a evitar ser expulsados de nuestra familia, colegio o trabajo o que nos envíen a la cárcel. Pero si la autocrítica es excesiva, vaga, degradante y desproporcionada, afecta a la capacidad de mejorar. Y también afecta a la salud mental.

¿Es la vergüenza lo mismo que la culpa?[47]

La vergüenza y la culpa son parecidas, aunque no exactamente iguales. La vergüenza se centra en toda la persona y provoca sentimientos de inutilidad general («Soy una mala persona»), así como el deseo de esconderse o desaparecer. La vergüenza es tan dolorosa que a menudo tratamos de esquivarla desplazando la culpa hacia los demás, reaccionando violentamente o negando la responsabilidad de las fechorías. La culpa también es dolorosa, pero se concentra en comportamientos concretos y provoca el deseo de confesar, disculparse y enmendar el mal causado.

Imagínate que derramas un cuenco de salsa de espaguetis en la alfombra nueva de un amigo. Si te dices que eres una persona atroz y tan sólo deseas poder desaparecer, eso es vergüenza. Si te centras en los sentimientos de tu amigo, lamentando el disgusto que has provocado, disculpándote e intentando arreglar el desaguisado y ofreciéndote a pagar la limpieza profesional de la alfombra, entonces es culpa. También es posible que sientas ambas emociones a la vez. Lo más probable es que la autocrítica excesiva y dañina provenga de la vergüenza, y que intensifique ésta, en lo que es un círculo vicioso que dificulta manejar la situación como a uno le gustaría.

La autocrítica feroz es una trampa psicológica

Son varias las razones que provocan que caigamos en la trampa de la autocrítica destructiva. Una es que la aprendemos de niños y creemos que debería mantenernos en el buen camino, lo que a veces sucede, al menos durante un tiempo. Pero muchos somos tan sensibles al fracaso y el rechazo que la utilizamos con demasiada dureza contra nosotros mismos, olvidando que las sugerencias constructivas suelen funcionar mejor cuando se trata de progresar, y que, sea o no necesario dicho progreso, la amabilidad siempre es más útil que la crueldad.

Puede que esta cuestión la veas más clara si te imaginas criticando con dureza a alguien que te importe. Si un buen amigo te dice que ha estado toda la tarde con un trozo de espinaca pegado a los dientes y que se siente un poco ridículo, ¿qué le dirías?

A: Mira que eres idiota. ¿Por qué no te miraste al espejo después de comer? Se han debido de estar riendo de ti toda la tarde.

B: Vaya, menuda vergüenza. Bueno, estas cosas le pasan a todo el mundo de vez en cuando. En una ocasión pronuncié una conferencia con la blusa manchada de mostaza. Y conozco a una abogada que salió del baño y entró en la sala del tribunal con la parte posterior de la falda metida en las bragas.

Ahora imagina que una amiga te cuenta que no consiguió el trabajo que tanto deseaba y que se tiró toda la noche viendo los estúpidos programas de la televisión mientras se atiborraba de galletas. ¿Qué le dirías?

A: Me parece increíble que comieras tantas galletas. ¡Qué asco! No tienes ningún autocontrol. No me extraña que no consiguieras ese trabajo. La verdad es que no te lo mereces.

B: Te llevaste un gran chasco. Realmente estás cualificada para ese trabajo, y es una vergüenza que no lo consiguieras. No pasa nada por comer galletas y ver la televisión alguna vez, aunque es conveniente que te cuides en momentos así. Vayamos a dar un paseo mañana.

Si la opción A te hace sentir vergüenza, probablemente se deba a que nunca serías tan desagradable con alguien que te importa. La mayoría podemos imaginarnos fácilmente decirnos a nosotros mismos algo así, pero no a un ser querido. ¿A qué se debe esto? A que sabemos que no rechazaríamos a nuestros amigos por algo tan nimio, y nos damos cuenta de que eso no les ayudaría; de hecho, lastimará al amigo y dañará la relación. Sin embargo, somos tan sensibles al rechazo y al fracaso que cuando cometemos errores o no alcanzamos el nivel que nos exigimos habitualmente, nos tememos lo peor. Pensamos que nos estamos convirtiendo en unos desastres sin remedio, que seremos objeto de burlas e incluso que nos rechazarán. Estamos atrapados en la trampa de la autocrítica. Y tratarnos de esta manera es perjudicial para nuestra salud mental.

Comprender tus pautas de autocrítica

Si llevas criticándote mucho tiempo, es posible que se haya convertido en un hábito; quizá lo hagas automáticamente, sin darte cuenta de lo que está sucediendo. Para cambiar este hábito, es importante que observes y comprendas tus pautas de autocrítica. La siguiente ficha de actividad te ayudará a ello. Tal vez te resulte doloroso analizar minuciosamente tus pensamientos autocríticos, pero hacerlo conlleva importantes ventajas. Plasmar tus pensamientos en un papel hace que se parezcan menos a una verdad absoluta, y verlos escritos te ayudará a adoptar un punto de vista más equilibrado sobre esos pensamientos autocríticos; te darás cuenta entonces de que son injustos, irracionales, destructivos e incluso crueles.

Mira si puedes echar mano de la misma actitud de curiosidad amistosa e interés para esta tarea que la que utilizaste con las demás trampas psicológicas. No te olvides de que la autocrítica es muy habitual en la sociedad occidental, y que la mayoría hemos sido entrenados para ser autocríticos. Es importante que no te castigues por ello.

Como las restantes fichas de actividades de este libro, ésta será más útil si la utilizas repetidamente. Ten copias de ella a mano, y cumplimenta una lo más pronto posible después de cada episodio de autocrítica. Cuanto más esperes, más difícil te será recordar los pensamientos que te pasaron por la cabeza.

En la página 144 se muestra cómo rellenó esta ficha Isabel. Estudia sus respuestas y luego inténtalo por ti mismo, utilizando la ficha en blanco de la página 145. No te olvides de utilizarla varias veces. Mira si detectas algún patrón. ¿Sobre qué te criticas? ¿Podrías dirigirte a ti de una manera más constructiva?

Cómo ayuda el mindfulness con la autocrítica[48]

La mayor parte de la autocrítica adopta la forma de «pensamientos». «Soy un ———— (perdedor, débil, inmaduro, tonto, horrible, estúpido, etcétera)» son todos pensamientos. Gran parte de las veces, cuando aparecen esta clase de pensamientos, creemos que son completamente ciertos. Los psicólogos llaman a esto «fusión». Cuando nos fundimos con nuestros pensamientos, nos los tomamos en serio porque asumimos que son hechos, que son el reflejo de realidades importantes. Así que, cuando pensamos: «Soy un completo idiota y jamás llegaré a nada», se nos antoja que nos hemos dado cuenta de algo importante sobre cómo son realmente las cosas. La fusión con los pensamientos conduce a las emociones negativas, tales como la decepción, la ira y la tristeza, junto con un comportamiento inútil.

FICHA DE ACTIVIDADES: ENTENDER LA AUTOCRÍTICA

*** No te olvides de mantener una actitud curiosa y amable ***

Día y hora	Desencadenante: ¿qué causó la autocrítica?	¿Qué pensamientos autocríticos tenías en la cabeza?	Secuelas y consecuencias	¿Qué le dirías a un amigo en esta situación?
¿Cuándo se produjo este episodio de autocrítica?	¿Qué situación o circunstancia provocó los pensamientos de autocrítica? • ¿Dónde estabas? • ¿Qué estabas haciendo? • ¿Había otras personas involucradas? ¿Por qué te estabas criticando? • Conducta. • Pensamientos. • Sentimientos. • Impulsos.	¿Qué te estabas diciendo? • Escribe los pensamientos autocríticos tal como aparecían en tu mente. • Si tuviste imágenes mentales, descríbelas.	¿Qué notaste después de criticarte? • Pensamientos. • Emociones. • Sensaciones corporales. • Impulsos. Anota cualquier efecto sobre tu conducta. ¿Hiciste algo en tu propia contra, como evitar personas o situaciones?	Imagina que alguien que te importa experimenta el mismo suceso desencadenante. ¿Qué le dirías a esa persona?

FICHA DE ACTIVIDAD: ENTENDER LA AUTOCRÍTICA

Tu nombre: Isabel

*** No te olvides de mantener una actitud curiosa y amable ***

Día y hora	Desencadenante: ¿qué causó la autocrítica?	¿Qué pensamientos autocríticos tenías en la cabeza?	Secuelas y consecuencias	¿Qué le dirías a un amigo en esta situación?
El jueves por la noche alrededor de las 8.	Estaba trabajando en la ponencia de mi investigación. Me quedé atascada y no supe continuar.	Soy una incompetente. No debería estar haciendo este trabajo. No soy lo bastante inteligente.	Me sentí furiosa y decepcionada conmigo misma, y desanimada por no avanzar. Renuncié a seguir trabajando y me puse a ver la televisión. Luego, no conseguí dormir. Al día siguiente me sentía impotente y desmotivada.	Por supuesto que esto es difícil. Nunca has hecho antes un trabajo de investigación. No te habrían invitado a hacerlo si no fueras capaz de conseguirlo. No te maltrates. Haz una lista de las preguntas que tengas y ve a ver a tu tutor mañana.

FICHA DE ACTIVIDAD: ENTENDER LA AUTOCRÍTICA

Tu nombre: Isabel

*** No te olvides de mantener una actitud curiosa y amable ***

Día y hora	Desencadenante: ¿qué causó la autocrítica?	¿Qué pensamientos autocríticos tenías en la cabeza?	Secuelas y consecuencias	¿Qué le dirías a un amigo en esta situación?

145

La práctica del mindfulness·nos enseña a comprender los pensamientos de una manera distinta. Mediante él, aprendemos que no paramos de pensar, que la multitud de pensamientos que tenemos aparecen y desaparecen y que no son necesariamente realistas, importantes o significativos. O sea que no tenemos por qué creérnoslos ni actuar conforme a ellos. En vez de eso, podemos dejar que vayan y vengan a su aire mientras seguimos comportándonos de manera coherente con nuestras metas. Y podemos «decidir» actuar de acuerdo con nuestros pensamientos cuando sea útil hacerlo, pero no tenemos por qué ser controlados por ellos. Esta actitud hacia los pensamientos se denomina «defusión»

Supón que cometes un error en el trabajo y la idea «Soy un incompetente» surge en tu cabeza. Si estás fundido con este pensamiento, te lo crees ciegamente, ya que parece la verdad y se presenta como un hecho importante. Este pensamiento desencadena unas emociones: te sientes molesto, avergonzado, decepcionado y furioso contigo; y a su vez, las emociones provocan impulsos: de maldecir, de tirar cosas, de dejar tu trabajo, de emborracharte.

Si eres plenamente consciente, reconoces que «Soy un incompetente» es un pensamiento; además, un pensamiento valorativo, desequilibrado y desagradable. Entonces analizas las emociones que provoca y los impulsos subsiguientes. «De acuerdo», te dices. «He cometido un error, y ahora estoy molesto y frustrado, y siento la tentación de renunciar e irme a casa.»

Ahora estás en situación de decidir qué hacer. Podrías maldecir, arrojar tu taza de café contra la pared y salir de ahí hecho una furia, o podrías concederte un breve respiro para darte la ocasión de tranquilizarte. Luego, tal vez pienses de manera constructiva cómo remediar la situación, sin olvidarte de tratarte con respeto mientras lo haces, como harías con un amigo que hubiera cometido el mismo error.

El mindfulness de pensamientos NO implica hacer que los pensamientos desaparezcan. Ya vimos en el capítulo anterior que intentar suprimir nuestros pensamientos suele acabar en fracaso; otro tanto es verdad para los pensamientos autocríticos. El mindfulness consiste simplemente en observar los pensamientos sin juzgarte por tenerlos, y sin que necesariamente te los creas, los tomes en serio o hagas lo que te dicen que hagas. Ésta es una habilidad difícil de aprender, aunque no imposible. Los ejercicios que te proponemos a continuación te ayudarán a fomentar un enfoque plenamente consciente de los pensamientos autocríticos, en lugar de que intentes deshacerte de ellos o de que te controlen.

EJERCICIOS: DEFUSIÓN DE LOS PENSAMIENTOS AUTOCRÍTICOS

1 – Etiqueta tus pensamientos como pensamientos

Cuando percibas un pensamiento autocrítico del tipo «Soy un idiota», repítelo de nuevo precedido de la siguiente frase: «Estoy teniendo el pensamiento de que...» o «Me doy cuenta de que estoy pensando que...» Si tienes muchos pensamientos autocríticos a la vez, etiquétalos en grupo. Y si reparas en un patrón repetitivo de pensamientos, etiquétalos como si fueran una cinta que sonara en tu cabeza. He aquí algunos ejemplos:

Pensamiento	Pensamiento etiquetado
No hago nada como es debido.	Estoy teniendo el pensamiento de que no hago nada como es debido.
Soy un idiota.	Me doy cuenta de que pienso que soy un idiota.
Soy un idiota inútil y desagradable.	En este momento, percibo muchos pensamientos autocríticos.
No le gusto a nadie.	La cinta de «No le gusto a nadie» está sonando otra vez.

2 – Saluda a tus pensamientos como si fueran personas con las que te cruzas

Imagina que los pensamientos autocríticos son huéspedes de tu hostal, pasajeros de tu autobús o personas con las que te cruzas por la calle. Cuando te critiquen, salúdalas educadamente, sin ponerte a discutir lo que están diciendo. Luego continúa tu camino.

Pensamiento	Saludo
Nunca llegarás a nada.	¡Buenos días, señor Criticón, que pase un buen día!
Eres un inútil.	¡Hola, señor Juicios, qué buen tiempo tenemos!

3 – Presta atención a la radio que llevas dentro de la cabeza

Cuando percibas los pensamientos autocríticos destructivos, imagina que salen de una radio que llevas dentro de la cabeza. El aparato está bloqueado en una emisora que sólo emite críticas de ti. Por ejemplo, imagina que el locutor está diciendo:

- Nuestro último boletín informativo: ¡nuevas investigaciones confirman que Ruth es una inútil que no vale para nada! Los expertos informan de que ya lo sospechaban desde el principio. ¡Más detalles a las once!

- ¡Flash informativo! Ruth se vuelve a comportar como una idiota. No se creerán lo que ha hecho esta vez. ¡Permanezcan atentos para conocer el desarrollo de esta historia!

Cuando oigas estas cosas, acuérdate de que salen de la radio que llevas en la cabeza. No puedes apagarla, pero no tienes por qué dejarte atrapar por lo que dice ni creer todo lo que emite.

Un experimento de dos días[49]

¿Te sigue preocupando que si no te tomas tu despiadada autocrítica en serio acabarás siendo un vago? Prueba a realizar este experimento de dos días. Durante el primero, critícate de la manera habitual. Observa todos tus errores, equivocaciones y defectos, y regáñate por ellos. Al segundo día, practica los ejercicios que acabamos de explicar y critícate sólo de manera constructiva.

A lo largo de cada uno de los dos días, observa con atención cómo te sientes. ¿En qué se equipara esto a un día normal? ¿Qué motivación sientes para perseguir tus metas? Observa también tu comportamiento. ¿Estás avanzando más o menos que de costumbre? ¿Tu comportamiento es constructivo y congruente con tus metas?

Observa con atención las diferencias entre los dos días. Hay muchas probabilidades de que descubras que eres más feliz y más eficaz cuando eres amable y constructivo contigo mismo.

Reflexiones finales sobre las trampas psicológicas

En este grupo de capítulos hemos explorado varias trampas psicológicas importantes: la rumiación, la evitación, la conducta inducida por las emociones y la autocrítica. Aunque cada trampa tiene su propio capítulo, tal vez te hayas dado cuenta ya de que no son completamente independientes. Podemos caer con facilidad y rapidez en varias trampas sucesivamente. Los pensamientos y sentimientos desagradables surgen e intentamos evitarlos o suprimirlos, lo que funciona temporalmente, pero, a su debido tiempo, unos y otros empeoran. Luego rumiamos nuestros problemas, confiando en encontrar una manera más eficaz de deshacernos de ellos, pero la rumiación aumenta las dificultades. Llegamos a irritarnos tanto que tenemos reacciones violentas, o nos permitimos abusar de la comida, el alcohol, las compras y otras distracciones. Más tarde, nos criticamos por nuestro comportamiento, llamándonos débiles, inmaduros, estúpidos y cosas peores, lo cual hace que nos sintamos más estresados, angustiados e infelices. Entonces tratamos de suprimir o evitar estos sentimientos, o las situaciones que los provocan, y el círculo vicioso se repite.

¿Por qué son estas trampas tan difíciles de evitar?

Hay varias razones que explican que sea tan difícil no caer en estas trampas.

1 — Cada trampa es una versión improductiva de una estrategia humana útil

Cuando son constructivos, el pensamiento persistente, la evitación de dificultades, la conducta inducida por las emociones y la

autocrítica nos ayudan a aprender, a resolver problemas y a sobrevivir. Por desgracia, todos tenemos una versión improductiva que
no es constructiva; antes bien, es una trampa. A menos que pon-
gamos muchísima atención a nuestra conducta y sus consecuencias, puede ser difícil ver la diferencia entre las versiones útiles e
inútiles de estas estrategias. En el siguiente recuadro se facilita un
resumen.

2 — Las conductas que nos llevan a caer en las trampas parecen razonables a primera vista

A corto plazo, cuando utilizamos las versiones insanas de estas estrategias (evitación, conducta inducida por las emociones), nos
sentimos mejor o creemos que estamos haciendo algo útil, como
reflexionar sobre un problema (rumiación) o prevenir la pereza
(autocrítica). En consecuencia, nos animamos a seguir utilizando
tales estrategias.

3 — Estas conductas crean círculos viciosos a la larga

Con el tiempo, las trampas complican los problemas que tratamos
de resolver, lo que nos lleva a pensar que tenemos que esforzarnos. Pero utilizar las mismas estrategias con esfuerzos renovados
hace que nos quedemos aún más atascados en las trampas. Detectar este patrón es difícil, a menos que adoptemos una observación
plenamente consciente.

Estrategia útil	Versión improductiva de la estrategia
Pensamiento insistente • Resolución de problemas. • Planificación. • Reflexión.	**Rumiación** • Rumiación depresiva. • Rumiación colérica. • Angustia.
Evitación de los auténticos peligros del mundo exterior • Objetos nocivos. • Situaciones peligrosas. • Actividades arriesgadas.	**Evitación/supresión de las experiencias internas** • Pensamientos, recuerdos, imágenes. • Emociones, sensaciones. • Tentaciones, impulsos.
Conducta inducida por emociones constructivas • Protección propia, de los demás (miedo). • Reparación de injusticias (furia). • Logros creativos (consecución). • Cuidado del prójimo (amor).	**Conducta inducida por emociones dañinas** • Arrebatos de furia, reacciones violentas hacia los demás. • Excesos en la comida. • Abuso del alcohol o las drogas. • Consumismo excesivo u otras distracciones.
Autocrítica constructiva • Concreta. • Considerada. • Ecuánime.	**Autocrítica dañina** • Vaga. • Degradante. • No ecuánime.

Mirar al futuro

Si has llegado hasta aquí, te habrás enterado de muchísimas cosas sobre el funcionamiento en general de las trampas psicológicas; si has cumplimentado los autodiagnósticos y las fichas de actividades, tendrás nuevas e importantes ideas sobre cómo funcionan *para ti,* y si has practicado los ejercicios, habrás tenido un comienzo excelente en el aprendizaje de las técnicas mindfulness que te ayudarán a salir de las trampas.

Llegar a esta altura del libro es como escalar hasta el campamento base de una montaña. Date un momento de descanso y felicítate por tus avances. Si no estás plenamente seguro de que te hayas habituado a la altura, retrocede y lee de nuevo los capítulos anteriores, trabaja en las fichas de actividades y practica los ejercicios unas cuantas veces más antes de seguir adelante.

Cuando estés preparado para avanzar, en el resto del libro encontrarás descripciones detalladas de numerosos ejercicios adicionales, con instrucciones sobre su ejecución y aplicación a tu vida.

Sin embargo, primero recordemos el ejercicio de los «pasajeros del autobús» del capítulo 4. El autobús es tu vida, y tratas de conducirlo en la dirección en la que deseas ir. Caer en las trampas psicológicas hace que tu autobús se desvíe de su rumbo, y luchar con el estrés, la angustia y la infelicidad te hacen perder de vista la dirección escogida. ¿Sabes adónde quieres dirigir tu autobús? El siguiente capítulo te ayudará a aclararte las ideas sobre esta importante cuestión.

Síntesis del capítulo

- La autocrítica destructiva es vaga, inconsistente, valorativa y parcial.
- Solemos criticarnos con dureza porque creemos que es necesario para prevenir los errores y la pereza y para mantener nuestra autodisciplina. En realidad, la autocrítica destructiva provoca emociones negativas, disminuye la motivación y la energía y estimula la postergación y la evitación. Puede conducir a la depresión, la ansiedad, el estrés y la conducta insana.

- El mindfulness de nuestros pensamientos autocríticos nos ayuda a detectar esos patrones. Nos enseña a reconocer los pensamientos severamente autocríticos y a permitirles que pasen por nuestra cabeza sin dejarnos atrapar por ellos ni que nos creamos lo que dicen.
- Si hemos cometido errores o tenemos que mejorar nuestra conducta, el mindfulness nos ayuda a reaccionar a la situación con sensatez.

TERCERA PARTE

LAS TÉCNICAS MINDFULNESS

7

La razón de su importancia: valores y objetivos

«Nuestras almas están ávidas de sentido, del sentido de cómo hayamos resuelto vivir para que nuestras vidas importen.»[50]

HAROLD KUSHNER

La historia de Ryan

Ryan es profesor de ciencias en un instituto. Sus padres eran profesionales de la medicina y deseaban que se hiciera médico. Durante la adolescencia y la primera juventud, Ryan no tenía muy claro qué era lo que deseaba de la vida. A instancias de sus padres, empezó un programa universitario de dos años de preparación para la admisión en una facultad de medicina. Le gustaban las materias científicas, así que se esforzó y sacó notas excelentes. En su tiempo libre, se presentó como voluntario para ejercer de tutor en un instituto de un barrio marginal. Disfrutaba ayudando a los alumnos con sus deberes y respaldándoles en sus conflictos de adolescentes. Entonces tomó la decisión de que, cuando fuera médico, se especializaría en medicina de la adolescencia.

En su último año, Ryan fue admitido en la facultad de medicina, momento en el que, para su sorpresa, empezó a deprimirse. La perspectiva de los años de estudio de medicina le resultaba agobiante. Así que acudió a la consulta de un psicólogo del centro de atención médica estudiantil, el cual le animó a que se inscribiera en un grupo de mindfulness. Ryan aprendió a observar sus pensamientos, sentimientos y reacciones emocionales de una manera abierta y no valorativa, y con el tiempo se dio cuenta de que su motivación para acabar sus estudios de preparación para la admisión en la facultad de medicina habían dependido de la aprobación de sus padres y del elogio y el respeto de sus condiscípulos y profesores. Le asaltó la duda de si tales recompensas podrían respaldarle para superar los rigores de la facultad de medicina. Le encantaban los adolescentes y quería ganarse la vida trabajando con ellos, y también le gustaban las ciencias, pero estaba mucho más interesado en la educación que en la medicina.

Así las cosas, Ryan se entrevistó con un asesor para hablar de la posibilidad de convertirse en profesor de ciencias de instituto. Luego le dijo a sus padres que había decidido no estudiar medicina y que iba a sacarse el título de profesor de enseñanza media. Aquello desconcertó a sus decepcionados progenitores. ¿Por qué iba a renunciar a una profesión prestigiosa y lucrativa? Ryan reconoció que ganaría menos dinero, pero les explicó que hacía mucho tiempo que no se sentía tan aliviado y feliz. Por fin, había encontrado una meta que era realmente suya.

¿Hacia dónde quieres conducir tu autobús? ¿Qué es lo que realmente te importa en el fondo? ¿Por qué querrías que se te recordara? ¿Qué camino estás siguiendo? Practicar mindfulness puede ayudarte a responder estas preguntas y construir una vida que sientas positiva, satisfactoria y rica.

La felicidad

Muchas personas dicen que la felicidad es el objetivo primordial de la vida. Pero ¿a qué nos referimos cuando hablamos de felicidad? Una definición equipara la felicidad con el placer o el sentirse bien. Según este punto de vista, una persona feliz experimenta sobre todo emociones positivas y relativamente poco dolor.

Otra definición hace hincapié en la satisfacción que se deriva de ser sincero con uno mismo, de encontrar las virtudes interiores y de utilizarlas de manera que den sentido y orientación a la vida, aunque hacerlo sea difícil y estresante.[51]

Las investigaciones demuestran que ambas maneras de definir la felicidad son útiles.[52] Las personas que tienen emociones más positivas manifiestan tener niveles más altos de satisfacción con la vida en general. De hecho, los estudios demuestran que las emociones positivas no son solamente algo agradable, sino que también nos motivan y estimulan a tener una conducta sana.[53] De la misma manera que el miedo provoca el impulso de escapar, y la cólera el de atacar, los sentimientos como el amor, la alegría, la satisfacción, el interés y el orgullo desencadenan los impulsos de explorar el entorno, recabar nueva información, saborear el momento presente, compartir los sentimientos con los demás, jugar, ser creativo y planear futuros logros. A su vez, estos comportamientos crean lazos sociales, fomentan nuevas habilidades y animan al desarrollo de objetivos y metas a largo plazo,[54] todo lo cual contribuye a la felicidad y el bienestar.

¿Significa esto que deberías perseguir lo que te parezca mejor en cada momento? Probablemente, no. Perseguir los sentimientos positivos por sí mismos puede convertirse en una trampa. Por ejemplo, algunas drogas provocan unas sensaciones intensamente positivas, pero su consumo habitual puede destruir profesiones y relaciones. La televisión, los videojuegos y el navegar por Internet pueden ser actividades muy agradables, incluso casi adictivas, sin que por ello contribuyan a la calidad de vida de una manera significativa. La televisión y los videojuegos no tienen nada de malo usados con moderación, pero si estás considerando seriamente adónde llevar tu autobús, encontrarás más satisfacción identificando tus valores y metas más importantes y utilizándolas como guías de tu conducta.

Valores y objetivos[55]

La palabra «valores» tiene muchos significados. En el contexto del mindfulness y la salud mental, valores son tus elecciones personales sobre lo que más te importa en la vida, esto es, los principios importantes que guían tus acciones. He aquí algunos ejemplos de valores:

- Ser un amigo generoso y atento.
- Ser un padre cariñoso y comprensivo.
- Ser competente, productivo, útil o creativo en tu trabajo.
- Contribuir a tu comunidad o a otras causas meritorias.
- Cuidar tu salud.

Los valores son como los puntos cardinales de una brújula: están ahí para proporcionar orientación, pero no un destino final. La conducta coherente con los valores es un viaje sin fin. Ser un amigo comprensivo, por ejemplo, es un proceso de toda una vida.

Para vivir de una manera coherente con los valores, es útil plantearse metas realistas y concretas. Los objetivos o metas son como mojones a lo largo del camino. Si valoras ser competente y servicial en tu trabajo, quizá deberías marcarte objetivos tales como aprender un nuevo programa de *software*, aplicarlo a tus actividades diarias y enseñar a tus compañeros de trabajo a utilizarlo. Así, podrás cumplir cada una de las metas y tacharla de tu lista, pero los valores subyacentes de la competencia y la disponibilidad permanecerán. Y surgirán nuevas metas que los reflejen.

Los valores nos ayudan a escoger los objetivos que nos parecen valiosos, y también nos hacen más fácil perseverar cuando surgen obstáculos en la consecución de las metas a largo plazo. Si estás escribiendo un libro, diriges una empresa, crías a un hijo o estás aprendiendo a nadar, habrá momentos en el proceso en que te sentirás frustrado, decepcionado, dolido y angustiado. Tus valores subyacentes (creatividad, solidaridad con la comunidad, cuidado de los demás, plantearte retos) te proporcionan la energía para perseverar y la sabiduría para escoger una nueva meta si alguna anterior se vuelve inalcanzable.

La historia de Don

Don es un corredor apasionado que valora estar en buena forma física, la relación con su padre y participar en causas nobles. Cuando a su padre le diagnosticaron leucemia, se hizo miembro de una organización que recolecta fondos para la investigación contra el cáncer entrenando a atletas aficionados para correr maratones. Don solicitó donativos a amigos, colegas y conocidos, asistió a frecuentes sesiones de entrenamiento y poco a poco aumentó la distancia de sus carreras y mejoró sus tiempos. Al cabo de unos meses de entrenamiento, se lesionó un tobillo y tuvo que retirarse del maratón. Aunque tremendamente decepcionado, se consoló con haber recolectado varios cientos de dólares para la investigación contra el cáncer. Asimismo, siguió colaborando con la organización ayudando a coordinar la marcha de la milla anual, otra prueba destinada a recaudar fondos.

La situación de Don ilustra varias cuestiones importantes. Sus metas —correr el maratón y recaudar fondos para la investigación contra el cáncer en honor a su padre— eran realistas aunque ambiciosas y coherentes con sus valores. Entrenarse para un maratón y pedir dinero a la gente puede resultar incómodo: Don perseveró debido a la importancia de los valores a los que servían esas conductas. Cuando el maratón se hizo imposible, sus valores le ayudaron a encontrar una nueva meta que fue satisfactoria de otra manera.

Las trampas en las que caemos cuando vamos en busca de los valores y las metas

Muchos estudios han confirmado que las personas que se esfuerzan sistemáticamente en alcanzar metas valiosas se sienten más felices, realizadas y satisfechas con sus vidas. Pero es importante escoger con cuidado nuestros valores y metas, o de lo contrario podemos caer en algunas trampas mientras las perseguimos.

1 – Adoptar los valores y objetivos de otras personas, en lugar de encontrar los propios

Las investigaciones demuestran que la *autonomía* es una necesidad psicológica básica[56] que contribuye a la felicidad y el bienestar. La autonomía es la capacidad para tomar tus propias decisiones

sobre la manera de pensar y comportarse y no depender excesivamente de las opiniones o aprobación de los demás. Las personas
autónomas rechazan las presiones sociales que son incoherentes
con sus normas o preferencias. Las personas que persiguen metas
libremente escogidas y que valoran a los demás sinceramente[57]
hacen mayores progresos y se sienten más felices que las personas
cuyos objetivos se basan en los deseos de los demás y en la evitación de la desaprobación.

El deseo de evitar la desaprobación es de todo punto comprensible, ya que ésta nos provoca ansiedad, resentimiento e in-
seguridad. Sin embargo, evitar tales sentimientos suele ser una
trampa que empeora las cosas a la larga. Antes de darse cuenta
de que quería ser profesor de ciencias, Ryan había caído en esta
trampa. Primordialmente, su motivación provenía de la aprobación de los demás, y para encontrar sus propios valores y objetivos, tuvo que darse cuenta de sus virtudes e intereses interiores:
la enseñanza, la ciencia y el trabajo con los adolescentes. Entonces, tuvo que seguir esos intereses a pesar de las opiniones de los
demás.

2 – Centrarse en lo que te gustaría evitar, en lugar de en lo que quieres alcanzar[58]

Algunas personas dicen que su meta primordial es no volver a deprimirse jamás, no tener otro ataque de pánico de nuevo, no em-
borracharse ni abusar de la comida una vez más o no decir incon-
veniencias, acabar lastimado, decepcionado o avergonzado como
en otras ocasiones. Por desgracia, es imposible vivir una vida gratificante sin el riesgo del dolor físico y emocional. Cuando las personas tratan de evitar algo que podría hacerles daño, sus vidas se
constriñen gravemente, y la felicidad y la vitalidad se secan. Y esto

produce su propia clase de dolor: la insatisfacción, el aburrimiento y el arrepentimiento por las oportunidades perdidas.

Cuando pienses en lo que realmente quieres de la vida, pregúntate: «¿Está este objetivo centrado en evitar algo?» Si la pregunta es afirmativa, intenta exponer de otra manera tus metas y valores. En lugar de «Mi meta es no volver a deprimirme», considera esto: «Valoro el cuidado de mi mente y mi cuerpo para que pueda afrontar los retos de la vida con más efectividad». Piensa en lo que harías si fueras menos vulnerable a la depresión. ¿Pasar más tiempo con tu familia? ¿Seguir progresando en tu profesión? ¿Adquirir nuevas habilidades? ¿Presentarte voluntario a una causa noble? ¿Disfrutar de tu tiempo libre? Declara todo esto como tus valores y establece unos objetivos que sean congruentes con ellos.

3 — Esperar que el camino siempre esté despejado y sea directo y agradable[59]

Es fácil dar por sentado que, una vez que has encontrado tu verdadero camino, siempre disfrutarás transitándolo. Esto es una falacia. Aunque con frecuencia sea intensamente satisfactoria, la conducta coherente con los valores puede ser terrorífica, dolorosa, irritante, desconcertante o sombría. Nos encontramos con obstáculos, nos desviamos donde no debemos e incluso nos estrellamos de vez en cuando. Ryan encontró algunas de las clases de sus estudios de magisterio excitantes y estimulantes, pero otras fueron frustrantes y tediosas. Suspendió la asignatura de idioma obligatorio en la primera convocatoria, y pasó la segunda por los pelos, así que tuvo que recordarse una y otra vez que aquellas asignaturas eran necesarias para realizar sus planes a largo plazo.

Ryan lleva años dando clases de ciencias en un instituto de un barrio marginal. Es un profesor afectuoso, tolerante y generoso con su tiempo, siempre dispuesto a proporcionar ayuda extra con los problemas académicos y personales. Ha sido un tremendo cambio para las vidas de muchos de sus alumnos y esto le reporta una profunda satisfacción. A pesar de todos sus esfuerzos, unos cuantos alumnos de su curso han abandonado el instituto y ahora están en el paro, consumiendo drogas y alcohol o cometiendo delitos, lo que produce en Ryan un enorme sentimiento de fracaso y pesar. De vez en cuando, le asalta la tentación de buscar un trabajo menos decepcionante y estresante; sin embargo, la mayor parte del tiempo es consciente de que valora trabajar con adolescentes desfavorecidos, por más que en algunos casos no tenga éxito. Encuentra significado y propósito en hacer todo lo que puede.

Identificar tus valores y objetivos

Si identificar tus valores te resulta una labor abrumadora, tal vez te ayude considerar los tipos de valores que proporcionan sentido y satisfacción a los demás, aunque no los compartas todos. Las personas que piensan seriamente sobre lo que más les importa suelen considerar las siguientes esferas de la vida:

1 – Relaciones

La mayoría de las personas sienten la imperiosa necesidad de mantener contactos personales y no serían felices ni estarían satisfechas sin unas relaciones fiables y comprensivas.[60] La naturaleza específica de las relaciones deseadas varía considerablemente. Para muchas personas, una relación conyugal o duradera con una pareja es muy importante; otras prefieren la vida de soltero. Otras muchas ansían educar hijos, mientras que algunas más deciden no tener descendencia. Las personas extrovertidas disfrutan de un gran círculo de amistades y de una vida social activa; los introvertidos prefieren una menor cantidad de amigos y verlos con menos frecuencia. Las hay también que les gusta trabajar estrechamente con los colegas o los compañeros de trabajo, pero otras prefieren mayor independencia en el trabajo.

Para identificar tus valores en la esfera de las relaciones, piensa más allá de las relaciones que te gustaría tener, pues casarse y tener hijos más que valores son objetivos. La cuestión subyacente es cómo te gustaría *ser* en esas relaciones: ¿cariñoso, atento, bondadoso? ¿Abierto, honesto, comunicativo? ¿Enérgico, independiente, fuerte?

2 – Trabajo (incluidas la educación y la administración del hogar)

La mayoría de las personas son más felices si tienen conocimientos, habilidades y competencias y pueden utilizarlos para resolver problemas y realizar tareas que merezcan la pena.[61] El trabajo, el colegio y la administración del hogar proporcionan generosas oportunidades para desarrollar una conducta competente y hábil. Sea tu trabajo complejo o sencillo, interesante o aburrido, agradable o desagradable, en cualquier caso te puede hacer sentir una motivación, una manera de contribuir a algo que te importa.

Para identificar tus valores en esta esfera, ve más allá de los trabajos que te gustaría tener; conseguir un empleo es un objetivo. La cuestión que subyace es aquello que te importa al hacer el trabajo. ¿Qué clase de contribución te gustaría realizar? ¿Qué tipo de empleado, estudiante o ama de casa te gustaría ser?: ¿productivo, competente, fiable? ¿Eficaz resolviendo problemas? ¿Un colega comprensivo? ¿Un útil proveedor de servicios? ¿Un innovador?

3 – Implicación en la comunidad

En esta esfera se incluye la contribución a causas y organizaciones que sean coherentes con tus ideales. Dependiendo de lo que valores, podrías actuar de voluntario en un grupo que luche por el bienestar de los animales, una organización medioambiental, una campaña política, un centro para indigentes o una campaña de alfabetización. La lista de posibilidades es prácticamente inacabable. ¿Qué tipo de contribución te gustaría realizar?

4 – Cuidado personal, crecimiento personal, esparcimiento, actividades de ocio

Son muchas las personas que valoran su salud física y mental, tanto por sí mismas como porque la buena salud les facilita el participar en las demás esferas de la vida. La dieta, el ejercicio y el sueño nutren nuestros cuerpos y mentes. Las actividades de ocio reducen el estrés y nos revitalizan para el trabajo importante. Algunas personas valoran la religión o la espiritualidad como un medio de cuidarse y de cuidar a los demás y de ensanchar su comprensión de la vida. Otros más valoran la belleza de la naturaleza y de las artes, y pasan tiempo al aire libre, tocan un instrumento o cantan, y asisten a conciertos, obras de teatro y exposiciones de arte.

Muchas actividades valoradas entran en más de una categoría. La paternidad es una relación, pero también exige tener muchas habilidades y competencias, como el cambio de pañales, la contribución a las faenas caseras y la comunicación con los adolescentes. Trabajar como voluntario en las organizaciones comunitarias puede ser una manera de hacer amistades y adquirir técnicas, además de contribuir a una causa noble. El compromiso con una iglesia puede ser una forma de cuidado personal o de crecimiento personal, una vía para hacer amistades y una manera de ayudar a los demás.

¿Qué pasa con la riqueza y la fama?

Cuando se les preguntan qué es lo que más desean de la vida, algunas personas responden que ser ricas, famosas o atractivas. Los psicólogos llaman a estos objetivos «extrínsecos», porque dependen de los juicios, actitudes o conductas de otras personas.[62] La riqueza depende de que otros te paguen un salario, te dejen una herencia o te compren algo que vendes. La fama y el atractivo dependen del reconocimiento y admiración de los demás.

No tiene nada de malo aspirar a ser rico, famoso o atractivo ni disfrutar con ello si lo tienes. Sin embargo, las investigaciones demuestran que las personas que destacan estos objetivos son menos felices y están menos satisfechas con sus vidas[63] que quienes se centran en valores «intrínsecos», tales como las relaciones, la salud, un trabajo positivo o el compromiso comunitario. Si los objetivos extrínsecos son importantes para ti, busca los valores subyacentes preguntándote qué es lo que hacen posible. Por ejemplo, la riqueza puede proporcionarte seguridad económica y proporcionársela a tu familia o contribuir a causas en las que creas. En este caso, adquirir riqueza es un objetivo, mientras que cuidarte y cuidar a tu familia y a la comunidad son valores.

Ejercicio para aclarar tus valores

La ficha de actividad de la página 171 te ayudará a pensar en tus valores más importantes. Mientras cumplimentas la ficha, ten presente las siguientes cuestiones:

1. Si estás pensando en algo que se puede completar u obtener y tachar de una lista (como «sacar un posgrado»), eso es un objetivo, no un valor. Escribe el valor al que sirve dicho objetivo, como «perfeccionar mis habilidades profesionales».

2. Si en lo que piensas es en algo que te gustaría sentir (por ejemplo, «seguridad»), recuerda que los sentimientos no están completamente bajo tu control y que la conducta coherente con los valores a veces parece desagradable. ¿Qué harías si te sintieras más seguro? ¿Invitar gente a tu casa a cenar? ¿Dar a conocer tu poesía a los demás? Entonces tus valores podrían ser «cultivar las relaciones» o «compartir los frutos de mi creatividad».

3. Si no estás seguro de tus valores en ciertas esferas, déjalos en blanco por el momento. Empieza prestando atención a cómo te sientes en diferentes situaciones, y puede que tus valores acaben aclarándose. Algunas esferas quizá carezcan de importancia para ti; no todo el mundo valora lo mismo. No obstante, piensa en si te estás engañando debido a que ciertas áreas te resultan dolorosas y preferirías

no pensar en ellas. ¿Realmente valoras pasar los fines de semana solo, o es que estás evitando la molestia de tener que buscar formas de socializarte?

4. Los valores pueden estar reñidos unos con otros, las más de las veces a causa del tiempo necesario para perseguirlos. Si valoras esforzarte en tu trabajo y dedicarle tiempo a tus hijos, quizá te resulte difícil hacer ambas cosas a tu entera satisfacción. A menudo no hay una solución fácil para este problema, así que tendrás que alcanzar una fórmula de compromiso.

5. Reflexionar sobre los valores puede ser doloroso. Puede que te des cuenta de que tu conducta no ha sido coherente con tus auténticas prioridades. Pueden aparecer sentimientos de decepción, resentimiento y tristeza, junto con pensamientos autocríticos, pesimistas y de desesperanza («Acabaré desencantado», «Nunca alcanzaré mis objetivos»). Tales pensamientos y emociones son naturales, son los pasajeros de tu autobús. No tienes que dejar que rijan tu conducta. Recuerda que la conducta coherente con los valores puede empezar en cualquier momento, con independencia de los pensamientos y sentimientos que pueda haber en ese instante.

La historia de Samantha

En la página siguiente se inserta una copia de la ficha de actividad completada por Samantha, una escritora de unos treinta y tantos años, interesada en el medio ambiente y que escribe artículos para periódicos y revistas sobre el cambio climático, la conservación de la naturaleza y el ecoturismo. Tiene una relación feliz y estable con un novio, aunque no tiene muy claro si desea casarse y está segura de que no quiere tener hijos. Le encantan los animales, tiene dos perros y es voluntaria de Humane Society. Vive en una casa pequeña y económica, así que se puede permitir viajar. Visita otros países una o dos veces al año para enterarse de los problemas medioambientales y presentarse voluntaria para colaborar con los planes de conservación y las reservas naturales. Luego escribe sus experiencias en los artículos.

Samantha tiene una relación difícil con sus padres, que quieren que se case con su novio y funde una familia antes de que sea demasiado tarde, y que participe en el negocio familiar, una próspera tienda de pinturas y papeles pintados. Les gustaría que su hija se hiciera cargo de la tienda cuando se retiren al cabo de cinco años. Samantha no tiene ningún interés en hacer semejante cosa, pero no se lo ha dicho a sus padres y les ayuda en la tienda siempre que un empleado está enfermo o está de baja. Ella preferiría limitar el tiempo que dedica al negocio familiar para centrarse en sus artículos y los viajes, pero no ha encontrado la manera de decir que «no» a las frecuentes demandas de sus padres. Samantha es su única hija, y teme darles un disgusto.

FICHA DE ACTIVIDAD: DESCRIPCIÓN DE TUS VALORES[64]

Tu nombre: Samantha

En esta esfera	Yo valoro
Cónyuge, pareja	Ser sincera y honesta con mi novio.
Paternidad	No procede, no planeo tener hijos.
Demás familia	Ser firme con mis padres, defenderme y también ser cariñosa, atenta y respetuosa.
Amigos	Sentirme unida, hacerles partícipes de mis cosas, y también escucharles.

Trabajo	Invertir mi tiempo en proyectos importantes, ser productiva, disfrutar de mi trabajo.
Educación, formación	Talleres de escritura ocasionales, seminarios sobre medio ambiente y cambio climático, aprender viajando (conservación de la naturaleza).
Cuidado del hogar	Ser lo bastante limpia y organizada para ser productiva y estar cómoda, evitando el perfeccionismo en cuanto al aspecto y el orden.
Compromiso con la comunidad	Trabajar de voluntaria en Humane Society (ayudando a perros y gatos callejeros), dando clases de escritura ocasionales, hacer voluntariado en los viajes.
Bienestar personal	Comer, dormir y hacer ejercicio para estar sana y fuerte.
Crecimiento personal	Viajar a otros países para trabajar en proyectos medioambientales.
Esparcimiento, ocio	Sacar los perros a pasear, ir al cine con mi novio, quedar con amigos.
Espiritualidad	No muy religiosa, pero viajar me ayuda a mantenerme en contacto con el mundo y unida a otras personas de culturas diferentes.
Valoración de la belleza	Viajar (sobre todo paisajes y fauna salvaje), fotografía y pintura, pasear con los perros por el arboreto.
Otros	Mantener el contacto con las personas que conozco en mis viajes, cuidar de mis perros.

A continuación, una versión en blanco de la ficha para que la utilices siempre que quieras. Haz varias copias, de manera que, con el tiempo, puedas aclararte las ideas mientras trabajas en ella. No hay respuestas correctas ni equivocadas.

FICHA DE ACTIVIDAD: DESCRIPCIÓN DE TUS VALORES

Tu nombre:

En esta esfera	Yo valoro
Cónyuge, pareja	
Paternidad	
Demás familia	
Amigos	
Trabajo	
Educación, formación	
Cuidado del hogar	
Compromiso con la comunidad	
Bienestar personal	
Crecimiento personal	
Esparcimiento, ocio	
Espiritualidad	
Valoración de la belleza	
Otros	

La siguiente ficha de actividad te proporciona un medio para examinar si tu comportamiento es coherente con lo que más te importa. Comparar las discrepancias que haya entre los valores y la conducta puede resultar incómodo, aunque aclara las prioridades y ayuda a establecer objetivos a los que serles fiel. La de Samantha está en la página siguiente.

FICHA DE ACTIVIDAD: CALIFICACIÓN DE TUS VALORES Y COMPORTAMIENTO[65]

Tu nombre: Samantha

Utiliza la escala de 1 a 10 que se indica debajo para calificar tus valores y conducta.

IMPORTANCIA: ¿Qué importancia tiene esta esfera en este momento de tu vida?

1: Ninguna   5: Moderada   10: Muchísima

ACCIÓN: ¿Cuánta actividad has tenido en esta esfera en las últimas semanas?

1: Ninguna   5: Moderada   10: Muchísima

SATISFACCIÓN CON LA ACCIÓN: ¿Qué satisfacción has obtenido de tu reciente actividad en esta área?

1: Ninguna   5: Moderada   10: Muchísima

Esfera	Importancia (1-10)	Acción (1-10)	Satisfacción con acción (1-10)	Notas
Cónyuge/pareja	9	7	5	Discusiones con mi novio por el tiempo que paso en la tienda de mis padres.
Paternidad	1	1	10	Ningún problema.
Demás familia	8	4	4	Mis padres no paran de pedirme que trabaje en la tienda, cedo demasiado.
Amigos	9	8	8	Aquí me va bien (ellos también creen que debería plantarme con mis padres).

Categoría				
Trabajo	9	5	2	Demasiado poco tiempo para escribir, demasiado en la tienda de mis padres.
Educación, formación	5	4	9	Talleres de escritura que se celebrarán este verano.
Cuidado del hogar	5	3	9	Ninguna preocupación a este respecto.
Compromiso con la comunidad	7	6	9	Voluntaria con Humane Society, clases en un centro de escritura.
Bienestar personal	6	6	8	Ninguna preocupación especial en este apartado.
Crecimiento personal	8	5	2	Acepté trabajar en la tienda durante la baja por maternidad de una empleada, tuve que cancelar un viaje.
Esparcimiento, ocio	7	5	6	Aquí me va bien.
Espiritualidad	5	5	4	Los viajes a parajes naturales son espirituales para mí, cancelé uno para ayudar en la tienda.
Valoración de la belleza	7	5	5	Disfruto paseando a los perros, pero lamento haberme perdido un viaje a un paraje natural.
Otros (perros, contacto con los amigos alejados)	9	8	8	Aquí me va bien.

La ficha de actividad de Samantha muestra que su conducta es coherente con sus valores en muchas esferas. Sin embargo, está insatisfecha con su respuesta a las peticiones de sus padres para que ayude en la tienda y sus repetidas sugerencias de que se haga cargo del negocio cuando ellos se jubilen. Samantha se arrepiente de haber aceptado trabajar a jornada completa durante tres meses mientras una empleada fija estaba de baja por maternidad, y lamenta no haber sido más firme y haber dicho «no». Este tema le está afectando en su relación con su novio, que la anima a ser más clara con sus padres al respecto. Tiene problemas para terminar los artículos que tiene encargados y canceló una semana de estancia en una reserva natural de Costa Rica.

Si encuentras contradicciones entre tus valores y tu conducta, es importante que te marques objetivos para cambiar. Samantha se percató de que tenía que hablar seriamente con sus padres acerca de sus objetivos para el futuro y su implicación en el negocio familiar. Aunque inquieta por la idea, se lo explicó con todo el cariño y respeto posibles. Se ofreció para ayudarles a encontrar nuevos empleados y a analizar las alternativas para la venta del negocio cuando llegue el momento de que se jubilen. Aunque no les pilló por sorpresa, la noticia entristeció y decepcionó a sus padres, quienes por otro lado animaron a Samantha para que siguiera sus valores y objetivos, y aceptaron no pedirle tan a menudo que trabaje en la tienda.

En las páginas 178-179 encontrarás una copia en blanco de esta ficha de actividad para tu uso.

Cómo ayuda el mindfulness con los valores y los objetivos

Practicar mindfulness ayuda con los valores y objetivos de varias maneras importantes. Por un lado, nos permite reconocer nuestros valores e insistir en la conducta coherente con ellos cuando es difícil y estresante hacerlo. También nos ayuda a encontrar el equilibrio entre trabajar para el futuro y vivir el presente.

Mindfulness y el reconocimiento de tus valores

Si sufres ansiedad, estás deprimido, furioso, te sientes culpable o pasas por otras dificultades, puede que creas que realmente no te importa nada que no sea sentirte mejor. Esta reacción es totalmente comprensible, ya que el estrés y la infelicidad suelen reclamarnos toda nuestra atención. Sin embargo, todos tenemos valores que van más allá del sentirse mejor, aunque no seamos plenamente conscientes de ellos. Si no estás seguro de lo que verdaderamente te importa, practicar mindfulness te ayudará a reconocer tus valores. Si prestas atención a tus experiencias cotidianas con amplitud de miras y de una manera amistosa y curiosa, empezarás a darte cuenta de cosas. Aparecerán pequeños momentos de sentido y satisfacción, quizá mientras estás hablando con alguien, resolviendo un problema o labor determinada o leyendo algo. Estos momentos son indicadores importantes de lo que más te importa.

Practicar el mindfulness también te ayudará a observar cuándo estás actuando de acuerdo con las exigencias y valores de otras personas antes que con los tuyos. Es posible que empieces a experimentar sentimientos de incomodidad al respecto, así que es importante que estés abierto a tales instantes sin juzgarte con dureza. En su lugar, piensa en lo que te gustaría estar haciendo y plantéate objetivos para realizar pequeños cambios en tu conducta que te conduzcan en esa dirección. Con el tiempo, tu autonomía y conocimiento de ti mismo aumentarán.

FICHA DE ACTIVIDAD: CALIFICACIÓN DE TUS VALORES Y COMPORTAMIENTO[65]

Tu nombre:

Utiliza la escala de 1 a 10 que se indica debajo para calificar tus valores y conducta.

IMPORTANCIA: ¿Qué importancia tiene esta esfera en este momento de tu vida?

1: Ninguna   5: Moderada   10: Muchísima

ACCIÓN: ¿Cuánta actividad has tenido en esta esfera en las últimas semanas?

1: Ninguna   5: Moderada   10: Muchísima

SATISFACCIÓN CON LA ACCIÓN: ¿Qué satisfacción has obtenido de tu reciente actividad en esta área?

1: Ninguna   5: Moderada   10: Muchísima

Esfera	Importancia (1-10)	Acción (1-10)	Satisfacción con acción (1-10)	Notas
Cónyuge/pareja	9	7	5	
Paternidad	1	1	10	
Demás familia	8	4	4	
Amigos	9	8	8	

Trabajo	9	5	2
Educación, formación	5	4	9
Cuidado del hogar	5	3	9
Compromiso con la comunidad	7	6	9
Bienestar personal	6	6	8
Crecimiento personal	8	5	2
Esparcimiento, ocio	7	5	6
Espiritualidad	5	5	4
Valoración de la belleza	7	5	5
Otros	9	8	8

Mindfulness y la insistencia en la conducta coherente con los valores

Aunque sepamos lo que nos gustaría hacer y por qué es importante hacerlo, las emociones y pensamientos desagradables («Nunca lo lograré», «Esto es una pérdida de tiempo», «La gente lo rechazará») pueden socavar nuestra motivación. En lugar de tomar medidas constructivas, caemos entonces en las trampas de las que se hablaron en los capítulos precedentes. Por consiguiente, tratamos de evitar los pensamientos y emociones desagradables o las situaciones que los provocan. Rumiamos nuestros problemas, lo que dificulta su resolución; actuamos impulsivamente, haciendo cosas de las que más tarde nos arrepentimos, y nos criticamos, lo que genera más emociones negativas y reduce nuestra motivación para actuar.

Las investigaciones demuestran que el mindfulness nos ayuda a insistir con las tareas difíciles o estresantes. En un estudio, unos estudiantes cumplimentaron un cuestionario mindfulness y a continuación se les pidió que resolvieran unas sopas de letras difíciles.[66] Aquellos que normalmente eran más plenamente conscientes (según el cuestionario) insistieron más en intentar resolver las sopas de letras. En otro estudio, a unas personas con problemas emocionales que estaban furiosas[67] se les pidió que rumiaran sobre su estado de ánimo o que practicaran mindfulness durante unos minutos. Luego se les pidió resolver unos vertiginosos problemas matemáticos en un ordenador. Los que habían practicado mindfulness estaban menos iracundos e invirtieron mucho más tiempo en la resolución de la tarea.

Esta clase de estudios son un poco artificiales, porque para la mayoría de las personas resolver problemas aritméticos o sopas de letras no es un valor importante en sus vidas. Aun así, los estudios sugieren que el mindfulness mejora la conducta dirigida a objetivos.

Mindfulness y la valoración del viaje

Imagínate que tienes un hijo pequeño. Un día, para tu sorpresa, aparece un mago en la puerta de tu casa.

—Te puedo conceder un deseo —dice—. ¿Cuál es tu deseo más profundo para el futuro?

—Quiero que mi hijo se convierta en un adulto feliz, sano e independiente —respondes.

—¡Concedido! —dice el mago, agitando la mano. Tu hijo se transforma inmediatamente en un alegre adulto de treinta años con una familia encantadora, una profesión gratificante y una preciosa casa a pocos kilómetros de donde tú vives.

¿Era esto lo que querías? Puede que no, ya que se te ha privado de la oportunidad de vivir el presente con tu hijo y de verle crecer hasta convertirse en adulto. La mayoría de las personas que valoran el cuidado de un hijo quieren hacer ese viaje, aunque a veces sea aterrador y doloroso y no acabe siendo exactamente como habían imaginado. Desean las experiencias compartidas, los recuerdos y el conocimiento exhaustivo del desarrollo de su hijo a lo largo de los años. Quieren tener el sentimiento de logro que conlleva ese compromiso a largo plazo.

Tus objetivos para el futuro guían tu conducta en el presente, pero el verdadero objetivo es participar del viaje. La práctica del mindfulness contribuye a que aprecies los innumerables momentos de los que consta el viaje. Cuando éste es alegre, fascinante, apacible o emocionante, lo experimentas plenamente; cuando es terrorífico, doloroso, exasperante o sombrío, también lo experimentas. En los momentos difíciles, quizás anhelas que aparezca el mago para hacerte avanzar en el camino hacia tu objetivo, y es completamente comprensible. Si el mago no aparece, la observación plenamente consciente de los momentos presentes te ayuda a comprender lo que está sucediendo y a escoger una conducta congruente con tus valores. También te recuerda la duradera sensación de bienestar que se deriva de hacer todo lo que puedas por algo que te importa, aunque sea agotador.

El mindfulness impide que te pasen desapercibidas grandes partes de tu vida. En los capítulos siguientes analizaremos detalladamente su naturaleza y la manera de cultivarlo practicando técnicas y ejercicios. La esencia del mindfulness es la «observación», el ver lo que está sucediendo en el momento presente. En el siguiente capítulo, se tratará la manera de desarrollar las habilidades de la observación plenamente consciente.

Síntesis del capítulo

- A la mayoría de las personas les resulta la vida más feliz y satisfactoria si son conscientes de lo que más les importa y se comportan coherentemente con sus valores y objetivos.

- Aunque perseguir nuestros valores y objetivos más profundos puede ser muy gratificante, a veces también es estresante e incómodo. Los pensamientos y emociones difíciles pueden presentarse cuando estamos ocupados en búsquedas importantes.

- El mindfulness nos ayuda a identificar nuestros valores y objetivos, a insistir cuando su búsqueda es ingrata y hasta dolorosa, y a apreciar el viaje.

8

La observación plenamente consciente

«Mindfulness significa prestar atención de una manera concreta: deliberadamente, en el momento presente y sin prejuicios.»

JON KABAT-ZINN[68]

A cada momento, disponemos de muchas alternativas en las que centrar nuestra atención. El mundo exterior está plagado de vistas y sonidos, y el mundo interior rebosa de pensamientos y emociones. Cuando estamos plenamente conscientes, percibimos mayor cantidad de unos y otros.

La observación plenamente consciente tiene varias características:

1 – Podemos escoger a qué prestar atención

Imagina que estás en un aula escuchando una conferencia, y entonces oyes cantar a un pájaro por una ventana abierta. Durante un instante, tu atención se ve atraída hacia el canto del pájaro. Si eres plenamente consciente de ese momento, percibirás que tu atención se ha desplazado. Si así lo decides, puedes volver a dirigirla hacia la conferencia.

2 – *La observación plenamente consciente se centra en el presente*

Imagina que la conferencia te desconcierta, lo que hace que te desanimes y te frustres. Entonces empiezas a pensar: «Menudo idiota que soy, jamás entenderé esto. Suspenderé este curso y luego no podré conseguir la clase de trabajo que quiero. Y eso será terrible». Si eres plenamente consciente del momento, te darás cuenta de que has acabado absorto en un futuro imaginario, y que si lo decides, puedes regresar al presente.

3 – *La observación plenamente consciente no es valorativa*

Si eres plenamente consciente del momento, te darás cuenta de que «Soy un idiota» y «Eso será terrible» son pensamientos sentenciosos, y te recordarás que has de dejar de juzgar y simplemente observar.

La observación plenamente consciente te ayuda a ver lo que está sucediendo de verdad ahora mismo. Si tu situación actual es difícil y estresante, tomarás decisiones más prudentes sobre lo que has de hacer; si es agradable y divertida, la apreciarás más. La observación plenamente consciente es la clave para escapar de las trampas psicológicas descritas en los capítulos anteriores: la rumiación, la evitación, la conducta inducida por las emociones y la autocrítica. Las personas plenamente conscientes del momento presente,[69] sea éste agradable, molesto o neutral, son menos vulnerables a la depresión, la angustia, el estrés, la cólera, los excesos en la comida, el alcoholismo y muchos otros problemas. Asimismo, están más capacitadas para responder a las exigencias cotidianas, son más autónomas y decididas, más felices y están más satisfechas con la vida.

Recuerda que ser plenamente consciente del momento presente NO significa que no te distraigas nunca, ni que jamás te quedes absorto en el futuro o en el pasado ni que no tengas pensamientos sentenciosos en ningún momento. Tales experiencias son frecuentes y normales, incluso en las personas que llevan muchos años practicando el mindfulness. La observación plenamente consciente significa que, cuando ocurren esas cosas, reparas en ellas sin juzgarte. Entonces, puedes volver tu atención a lo que está pasando en el presente, si eso es lo que decides.

En este capítulo, nos centraremos en los ejercicios que cultivan las habilidades de la observación plenamente consciente. Pero, antes, tomemos en cuenta un ejemplo de observación no plenamente consciente.

La historia de Jill (1.ª parte)

Jill tiene veintidós años y le tiene pavor a las tormentas desde que tenía cinco, cuando estaba en un parque con sus padres y se desató una repentinamente. Mientras corrían hacia su coche, un rayo alcanzó a un viejo árbol y lo derribó; al caer, se llevó por delante el columpio donde Jill había estado jugando un instante antes.

Desde entonces, el tiempo tormentoso le provoca ansiedad. Incluso una lluvia ligera la asusta, porque teme que pueda acabar en tormenta. Si está en casa, permanece en el sótano cuando llueve; si está en otra parte cuando empieza a llover, se va a casa lo más deprisa posible, conduciendo a una velocidad temeraria y haciendo caso omiso de los semáforos y las señales de stop. Cuando se predicen tormentas, cancela sus citas y demás actividades sociales. Pero su mayor preocupación son las ferias de artesanía donde vende su cerámica: si el tiempo parece amenazante, se marcha antes o simplemente no aparece.

Jill está pendiente de los cambios meteorológicos la mayor parte del tiempo. Observa la forma y tamaño de las nubes, el color del cielo, la temperatura y la humedad del aire, la velocidad y dirección del viento. Pero ésta no es una observación plenamente consciente; en muchos aspectos, es una observación distraída:

1. **Su atención está controlada por la meteorología.** Cuando está preocupada por las tormentas, tiene problemas para pensar en otra cosa. En el trabajo, rinde poco porque está permanentemente mirando por la ventana, consultando la previsión del tiempo en su ordenador e ideando excusas para marcharse antes. En las ferias de artesanía, le resulta difícil conversar con los clientes porque está preocupada por irse a casa.

2. **Trata de escapar y no de estar presente.** Las amenazas de mal tiempo le provocan reacciones vehementes. El corazón se le acelera, empieza a sudar, tiene dificultades respiratorias y le entran temblores. En lugar de observar plenamente consciente la tormenta y cómo reacciona ante ella, se ensimisma pensando en llegar a casa lo más deprisa posible. Su deseo de escapar es comprensible: la enorme angustia es desagradable. Pero su comportamiento no hace más que empeorar las cosas.

3. **Emite juicios.** Jill juzga el clima como «bueno» o «malo», basándose exclusivamente en cómo la hace sentir; juzga sus reacciones como «buenas» (estar tranquila) o «malas» (angustiarse); se juzga a sí misma como idiota, loca y débil por trastornarse por unas condiciones climatológicas que suelen ser inocuas. Esto la altera aún más y la hace menos apta para pensar con claridad.

Jill ha caído en todas las trampas psicológicas descritas en los capítulos precedentes. «Rumia» sobre el tiempo y cómo lo afrontará; «evita» las actividades y las responsabilidades cuando el tiempo parece amenazador; su forma de conducir frenética durante las tormentas es una «conducta inducida por las emociones», y «se critica» con dureza por sus emociones, pensamientos y actos.

Jill está trabajando en las técnicas de observación plenamente consciente que se describen en este capítulo. Con la práctica, aprenderá a observar los fenómenos metereológicos de forma plenamente consciente y empezará a apreciar las vistas, sonidos, olores y sensaciones interesantes que provocan. Cuando sea necesario, tomara las precauciones razonables durante el tiempo lluvioso, como pueda ser cerrar las ventanas y meter al gato dentro de casa. Aprenderá a estar presente con sus reacciones emocionales, observándolas mientras ocurren sin tomar medidas drásticas para esquivarlas. Verá que las sensaciones de angustia son desagradables, pero no peligrosas, que pasan con el tiempo y que ella puede comportarse positivamente, aunque esté angustiada. Con el tiempo, la intensidad de su miedo disminuirá e, incluso, cuando esté asustada, podrá controlar su conducta.

Observación plenamente consciente. Ejercicios introductorios[70]

La observación plenamente consciente es más fácil cuando el momento presente es agradable o neutro que cuando es intimidatorio, doloroso o estresante. Los siguientes ejercicios te ayudarán a practicar la observación plenamente consciente de las experiencias ordinarias no amenazantes. Algunos ya fueron presentados en un capítulo anterior; ahora tendrás la oportunidad de pulir tus habilidades. Según avancemos en este capítulo, iremos viendo cómo aplicar las técnicas a situaciones más difíciles.

1 – Mano sobre una superficie

Coloca una de tus manos en una superficie próxima (una mesa, un mostrador o el brazo de un sofá), y observa qué es lo que sientes en la mano mientras descansa sobre esa superficie. Dedica unos segundos a cada uno de tus dedos, el pulgar, el dorso de la mano, la palma... Percibe el tacto del aire sobre la piel y de los puntos de contacto con la superficie. Sigue así durante un minuto. Experimenta con mantener los ojos abiertos o cerrados, las dos formas son buenas.

En algún momento tu mente perderá la concentración. Cuando te percates de que estás pensando en otra cosa, vuelve lentamente la atención a las sensaciones de tu mano. Si te criticas por dejar vagar la mente, recuerda que es algo normal; le pasa a todo el mundo. Mira si puedes dejar a un lado la crítica y vuelve a observar las sensaciones de tu mano con interés y curiosidad.

2 – Mano sobre tu cabeza

Ponte una mano encima de la cabeza y observa lo que sientes durante un minuto más o menos. A ver si eres capaz de observar tanto las sensaciones de tu mano como las de tu cabeza. Reconoce la textura, la temperatura, los puntos de contacto, y luego desplaza la atención al brazo mientras mantienes la mano encima de la cabeza. Observa lo que sientes en el brazo. Si empiezas a pensar, analizar o juzgar («Tengo tan poco pelo...», «¿Por qué me duele el hombro?», «Esto es una tontería»), repara en la naturaleza de estos pensamientos. En la medida que te sea posible, y sin criticarte, vuelve tu atención a la observación de las sensaciones de tu mano, cabeza o brazo.

3 – Observación plenamente consciente de los sonidos

Centra tu atención en cualquier sonido que te llegue y escucha con detenimiento durante uno o dos minutos. Muéstrate abierto a todos los sonidos, cualquiera que sea su fuente, y examina sus características. ¿Cuánto duran? ¿Son fuertes o suaves? ¿Son graves o agudos? Percibe los períodos de silencio entre sonidos. Si te percatas de tu inclinación a pensar en los sonidos o a analizarlos («Eso es un pájaro», «Ése es el zumbido del frigorífico», «¿Qué puede estar haciendo ese ruido?»), reconduce lentamente tu atención a la escucha de los sonidos.

¿Alguno de los sonidos te impulsa a hacer algo, como investigar cuál es su fuente? Si es así, ten presente el impulso y decide de forma plenamente consciente si actúas en consecuencia. Luego vuelve a centrar tu atención en la observación de los sonidos. Cuando notes que te distraes, vuelve a centrar la atención lentamente.

4 – Observación plenamente consciente de las vistas

Ahora centra la atención en cualquier cosa que te rodee, y observa los colores, formas, texturas o movimiento de lo que estés viendo. Estate atento a cualquier inclinación por tu parte a etiquetar («Esto es un interruptor de la luz», «Eso es un reloj», «Veo un árbol por la ventana»). Si es posible, deja que el etiquetado se desvanezca y céntrate en la mera experiencia visual. Mira detenidamente. Repara en si juzgas lo que ves como bueno o malo, bonito u horrible, deseable o despreciable. En la medida de lo posible, líbrate de los juicios y concéntrate en ver lo que realmente haya allí.

Si te asaltan otros pensamientos («Se hace tarde», «Debería preparar», «Esa ventana necesita una buena limpieza»), repara en su naturaleza y vuelve a centrarte en la visión. Si sientes una emocion, como pueda ser el placer de ver un pájaro, o del asco al ver un insecto, estúdiala un instante y deja que la emoción sea lo que es, tras lo cual centra de nuevo tu atención en ver.

5 – Observación plenamente consciente de las actividades cotidianas

La observación plenamente consciente se puede practicar con muchas de las cosas que experimentamos en la vida diaria. Janet, una madre primeriza, la practicó al dar de comer a su bebé, y escribió un breve relato de lo observado:

«Mi marido y yo somos estudiantes a tiempo completo y siempre andamos preocupados por terminar nuestro trabajo y que nos llegue el dinero. Tenemos una hija de tres meses, Abby. Siempre que estoy lejos de ella, me preocupa que esté bien y me siento culpable por el tiempo que no paso con ella. Pero luego, cuando estoy con ella, me preocupa todo el trabajo que tengo que hacer.

»Esta semana decidí practicar la observación plenamente consciente mientras le daba de comer. Al principio, no podía evitar obsesionarme por lo retrasada que voy en los estudios y el dinero que tuvimos que gastarnos la semana pasada en reparar las goteras del techo. Pero un día por fin pude centrar poco a poco la atención en la experiencia de dar de comer y empecé a darme cuenta de algunas cosas increíbles: el dulce y suave tacto de la diminuta mano de Abby en mi estómago; la curvatura de la punta de sus largas pestañas; la venita estrecha que le discurre desde la oreja hasta la nuca; el cambio de su respiración y cómo relaja el cuerpo cuando se aparta para dormir. Todo eso podría haberme pasado desapercibido si hubiera estado pensando en otras cosas.

»Entonces descubrí que mi ansiedad por estar lejos de ella la mayor parte del día había sido sustituida rápidamente por un sentimiento de tranquilidad, felicidad y serenidad. Me sentaba con ella un ratito después de que se quedara dormida, disfrutando de la experiencia de observarla detenidamente. Y cuando surgían los pensamientos sobre el trabajo y el dinero, podía prescindir de ellos y limitarme a observar a Abby».

Para Janet, practicar la observación plenamente consciente mientras daba de comer a su hija la hizo más consciente de una actividad placentera. Aunque al principio le resultaba difícil desengancharse de la rumiación y las preocupaciones, en cuanto ponía su atención en Abby, disfrutaba observándola.

La observación plenamente consciente es menos placentera, aunque muy útil, si el momento presente es desagradable y estresante. Wendy, otra madre primeriza, también la practicó con su bebé, aunque su experiencia fue radicalmente diferente.

«Mi hijo Kevin es muy sensible, y tiene episodios de llanto permanentemente. Su aparente desesperación le impide tomarse el biberón, y nada lo calma; yo hago todo lo que puedo para consolarlo, aunque nada parece funcionar, excepto esperar a que se le pase. Normalmente, me cuesta muchísimo mantener la calma, pero me digo una y otra vez que si me irrito sólo empeoraré las cosas. Cuando Kevin por fin se calma, estoy agotada y exhausta.

»Un día de esta semana practiqué la observación plenamente consciente, procurando no realizar ningún juicio. Observé las sacudidas de los brazos y piernas de mi hijo y su carita roja y ceñuda; escuché su llanto, y percibí el tacto de su brazo cuando trataba de sostenerlo de diferentes maneras y ponerlo en la cuna. También observé mis pensamientos y emociones. Toda la experiencia fue sumamente dura. Me invadió una sensación de frustración y de inquietud, de tristeza y de resentimiento por tener un bebé tan irritable. Pero no me peleé con mis emociones. Me limité a observarlas y a seguir estudiando a Kevin. Intenté que las cosas siguieran su curso natural y me mantuve atenta al presente sin criticar nada.

»Después de que Kevin se calmara, estaba mucho menos agotada que de costumbre, y pensé que la causa estaba en que no había tratado de reprimir mis emociones. Me sentí más receptiva al hecho de tener un niño llorón y me compadecí de ambos por tener que pasar por esta difícil etapa».

Para Wendy, la observación plenamente consciente de las rabietas de Kevin fue un proceso difícil, pero menos estresante que su enfoque habitual de tratar de suprimir sus pensamientos y emociones. La observación plenamente consciente no convirtió al bebé en un niño tranquilo, pero ayudó a su madre a enfrentarse a sus episodios de llanto y a sentir compasión por ambos.

Observación plenamente consciente de la respiración

La respiración plenamente consciente es una herramienta excelente para centrar la atención en el presente, sobre todo en los momentos difíciles y estresantes. Durante siglos, las formas seculares de meditación han utilizado la respiración plenamente consciente para cultivar la conciencia, la propia percepción y la sabiduría. ¿Y esto a qué se debe?

- La respiración es continua. Uno no tiene que recordar la última vez que respiró ni anticipar las siguientes respiraciones. Ahora estás respirando; si te centras en ello, estás en el presente. Con la práctica, puedes aprender a prestar atención a tu respiración en el momento que así lo decidas.
- Respirar provoca sensaciones y movimientos: sensaciones en la nariz y la garganta cuando el aire circula; la subida y bajada y la expansión y contracción del pecho o el abdomen. Siempre sucede algo observable.
- No tenemos control sobre nuestra respiración; el cuerpo respira a su aire. Podemos utilizar la respiración plenamente consciente para practicar la observación de algo mientras permitimos que sea lo que es, en lugar de tratar de cambiarlo. Como es natural, puedes modificar tu respiración hasta cierto punto si lo decides; los cantantes, los actores, los nadadores y los músicos de instrumentos de viento aprenden a controlar su respiración de formas determinadas. Pero la mayor parte del tiempo la respiración es automática.
- La respiración es sensible a los pensamientos, emociones y estados físicos. Cuando nos encolerizamos, angustiamos, estamos cansados, interesados o excitados, la respiración se ralentiza o se acelera, se hace más profunda o más superficial, uniforme o desigual. Si observamos sistemáticamente nuestra respiración, aprenderemos cosas sobre nuestros patrones internos de pensamiento, sentimientos y reacciones, y la comprensión y conocimiento de uno mismo mejorarán.

La respiración plenamente consciente como ejercicio de meditación[71]

La respiración plenamente consciente puede ser practicada de dos formas: como ejercicio de meditación y en la vida cotidiana normal. Practicar primero el ejercicio de la meditación es útil. Siéntate en un lugar en silencio, con pocas distracciones para que te sea más fácil concentrar la atención en tu respiración. Una vez que te familiarices con la conciencia de respirar, puedes utilizar esta técnica en la vida cotidiana. A continuación se detallan las instrucciones para la meditación de la respiración plenamente consciente. Más adelante, analizaremos la respiración plenamente consciente en la vida diaria.

Cómo sentarse para la meditación de la respiración plenamente consciente

Busca una postura que te resulte cómoda y te permita relajarte y estar alerta. Si te sientas en un sillón, apoya los pies cómodamente en el suelo, separados a la altura de las caderas. No cruces las piernas y siéntate recto (ni encorvado ni hundido en el asiento), pero recuerda que la columna vertebral tiene una curvatura natural. No intentes erguirte completamente, puesto que esto te provocará rigidez y tensión. Si es posible, siéntate un poco echado hacia delante, sin apoyar la espalda en el respaldo del sillón, y alinea la cabeza y el cuello con la columna. Apoya las manos en los muslos.

Si prefieres sentarte en el suelo con las piernas cruzadas, utiliza un cojín de meditación o una almohada, de manera que tengas las caderas un poco más altas que los tobillos. Apoya suavemente las manos en los muslos o entrelázalas en el regazo, lo que te resulte más cómodo.

¿Dónde sientes la respiración?

A continuación, analiza dónde sientes más fácilmente la respiración al entrar y salir de tu cuerpo. Algunas personas centran la atención en las fosas nasales; a menudo el aire se siente más frío cuando entra por ellas, y más caliente cuando sale. Otras prefieren centrarse en el pecho o en el abdomen y en las sensaciones de subida y bajada, expansión y contracción o estiramiento y descenso. Escoge un lugar para la primera vez; en las demás ocasiones puedes ir probando sitios diferentes.

Cuánto practicar

Empieza con cinco minutos; ponte una alarma para no tener que estar pendiente. A la semana siguiente, procura practicar cinco minutos cada día, aunque dos veces al día es aún mejor. Si estás dispuesto, aumenta el tiempo a diez minutos, y al final experimenta con veinte o incluso más tiempo.

Ya estás listo para empezar. El resto de las instrucciones se enumeran a continuación. Léelas con atención, aparta luego el libro, pon la alarma para cinco minutos y empieza.

• •

MEDITACIÓN DE LA RESPIRACIÓN PLENAMENTE CONSCIENTE

1. Adopta una postura sedente. Cierra los ojos despacio o mira fijamente al suelo por delante de ti.
2. Centra tu atención en el lugar que escojas para observar la respiración (fosas nasales, pecho o abdomen).
3. Observa las sensaciones y movimientos mientras el aire entra

y sale de tu cuerpo. En la medida que puedas, sigue de principio a fin la aspiración y la espiración.

4. Permite que la respiración vaya a su ritmo y frecuencia sin pretender modificarla.

5. Perderás la concentración. Cuando suceda, fíjate brevemente adónde ha ido. Entonces podrías decirte: «Ah, estoy pensando...», y luego poco a poco podrías devolver de nuevo tu atención lentamente a la respiración, observando si está entrando el aire o saliendo cuando vuelves a observarla.

6. No intentes despejar la mente: ése no es el objetivo. En vez de eso, estate atento cuando tu imaginación se desvíe hacia pensamientos, imágenes, recuerdos, fantasías, planes o cualquier otra cosa. Devuelve lentamente la atención a tu respiración, sin hacerte pasar un mal rato.

7. Tu mente seguirá vagando. Esto es normal y es posible que ocurra una y otra vez. Observa si te criticas y procura deshacerte de la crítica. En vez de eso, felicítate por volver a observar la respiración. Ejercita la paciencia y la generosidad.

8. Sigue centrando tu atención en la respiración, lenta y amablemente, cada vez que se te vaya la cabeza a otra parte.

9. Cuando suene la alarma, observa dónde está tu mente. Si no está en la respiración, vuelve a ella un instante antes de dejar el ejercicio.

• •

¿Qué has notado?

Aquí la experiencia de cada uno es distinta. Algunas personas se relajan y divierten con el ejercicio, mientras que para otras es difícil y desagradable; de todas formas, las experiencias pueden variar de un día a otro. He aquí algunas de las preocupaciones típicas sobre el ejercicio de la respiración plenamente consciente:

1 – La forma de respirar

Puede que te hayas sorprendido de que tu respiración fuera demasiado lenta o rápida, demasiado superficial o profunda o demasiado irregular, y es posible también que observaras cierta tendencia a controlar o modificar tu patrón de respiración. Ambas son reacciones habituales. Sin embargo, no existe la manera correcta o equivocada de respirar mientras se hace este ejercicio, pues el objetivo es únicamente observar lo que hace la respiración. La siguiente vez que practiques, procura centrarte en las sensaciones de la respiración sin intentar cambiar su frecuencia, profundidad o ritmo. Practica un interés amistoso y no crítico.

2 – Lo que se experimenta

Si no estás acostumbrado a observar tu respiración, puede que te hayas sentido raro o incómodo, o quizá nervioso, impaciente, aburrido, inquieto o adormecido. Puede que cinco minutos se te hayan antojado una eternidad, y que hayas sentido el impulso de controlar el tiempo. O a lo mejor se te han pasado volando. ¿Te has criticado por tener tales sentimientos? Son algo normal y frecuente, y no significan que lo estés haciendo mal o que el ejercicio no esté funcionando. La próxima vez que practiques, mira si puedes librarte de la crítica; el objetivo es observar exclusivamente lo que está sucediendo.

3 – La pérdida de concentración

Son muchos los que suponen que, si hacen bien el ejercicio, se les despejará la mente y no divagarán. Se trata de un error muy extendido, pues lo normal es que nuestras mentes divaguen. El objetivo de la práctica del mindfulness no es que cierres tu mente, sino que la observes cuando deambula, estés atento adónde va y luego la hagas volver lentamente a observar tu respiración. Cuantas más veces la haces volver, más fortaleces las habilidades mindfulness.

4 – Los pensamientos sobre el ejercicio

Mucha gente tiene pensamientos tales como: «Esto es una tontería», «No le veo ningún sentido a esto», «No da resultado» o «No me va a servir de nada». No pasa nada por tener semejantes pensamientos. En la medida de tus posibilidades, observa los pensamientos cuando te pasen por la cabeza y sigue con el ejercicio, y recuérdate que sólo son pensamientos. Como en los capítulos precedentes, imagina que son personas con las que cruzas por la calle, o huéspedes de tu hostal o pasajeros que suben y bajan de tu autobús. Así que di para tus adentros: «Ah, aquí hay otro más», y entonces lleva de nuevo tu atención a la respiración.

Lo mismo sirve para los pensamientos positivos como: «Esto es fantástico», «Justo lo que necesitaba» o «Me será de gran ayuda». Con el tiempo, relacionarnos así con nuestros pensamientos, ya sean positivos o negativos, nos ayudará a recordar que no tenemos que dejarnos controlar por ninguno de ellos, a menos que decidamos lo contrario.

La respiración plenamente consciente con otras sensaciones[72]

Ahora que te has familiarizado con la respiración plenamente consciente, puedes combinarla con la atención plena en otras sensaciones. Volvamos a los ejercicios introductorios y añadamos la respiración plenamente consciente. Esto genera un ejercicio denominado «respirar con». Llevas respirando con el resto de tus experiencia toda tu vida, pero quizá nunca has sido plenamente consciente de ello.

Estos ejercicios pueden antojarse extraños y artificiales al principio, pero, por favor, ten paciencia. «Respirar con» es una técnica que requiere práctica, y con la experiencia comprobarás que vale la pena el esfuerzo.

1 — Respirar con las sensaciones de tu mano

Pon la mano en una superficie y observa las sensaciones, tal como hiciste antes. Examina lo que sientes en cada uno de los dedos, la palma y el dorso de la mano. Tómate tu tiempo.

Ahora expande tu conciencia de manera que abarque tu mano y tu respiración. Tu atención puede ir y venir de tu mano a la respiración una y otra vez; no pasa nada. Si te resulta útil, considera tu atención como un foco, que puede restringirse a tu mano o a tu respiración, o puede expandirse para abarcar ambas. Experimenta y observa lo que sucede. Si pierdes la concentración, vuelve a centrar la atención lentamente. Practica la paciencia y la comprensión.

Una vez que hayas practicado esto varias veces, intenta poner la mano en otros sitios y respirar con las sensaciones: sobre tu cabeza, en el abdomen, bajo el agua del grifo, dentro de un guante...

2 – Respirar con los sonidos y las vistas

Dedica unos instantes a tomar conciencia de los sonidos. En la medida que te sea posible, adopta una actitud curiosa y no valorativa de los sonidos y observa sus características. Observa también los silencios entre los sonidos.

Ahora expande tu conciencia para abarcar tu respiración. Practica la respiración con los sonidos. Tu atención puede moverse de una a los otros, y viceversa, y no pasa nada por ello. Si restringes tu atención exclusivamente a los sonidos o sólo a la respiración, procura ver si puedes expandirla para abarcarlo todo.

Ahora intenta respirar con las vistas. Escoge algo a lo que mirar, quizás un árbol que ves por la ventana. Observa las hojas y las ramas; repara en los colores, formas y movimientos provocados por la brisa. Expande tu atención para que abarque tu respiración. A continuación, observa el árbol mientras también haces lo propio con tu respiración.

3 – Respirar con las experiencias rutinarias de tu vida cotidiana

Intenta respirar con tus sensaciones mientras estás sentado a tu mesa, esperando al teléfono, subiendo en un ascensor o caminando por el pasillo. En las reuniones, conversaciones o haciendo las faenas caseras, mira si eres capaz de observar tu respiración sin desconectarte o ignorar lo que estés haciendo.

4 – Respirar con circunstancias estresantes

La respiración plenamente consciente es especialmente útil para manejar las situaciones estresantes de la vida diaria. Ethan es un contable que pasa muchas horas trabajando delante de un ordenador y es proclive a padecer cefaleas tensionales. He aquí su descripción de la respiración plenamente consciente mientras tiene un dolor de cabeza:

«Esta semana tuve una cefalea tensional mientras estaba sentado en mi despacho del trabajo. Cabeza, cuello y hombros me dolían de veras. Estaba irritado y no paraba de pensar en las posibles causas de mis dolores de cabeza y en lo mucho que me afectaban en todos los aspectos de mi vida.

»Entonces me di cuenta de que esto no me estaba ayudando. Cerré la puerta, apagué la luz, puse la alarma de mi teléfono para que sonara a los diez minutos, y me senté en silencio. Empecé centrándome en mi respiración y traté de ignorar la cefalea. No dio resultado; el dolor de cabeza era demasiado fuerte para ser ignorado.

»Luego intenté centrarme directamente en el dolor de cabeza, pero eso pareció empeorarlo. Acabé atrapado en mis pensamientos sobre lo desagradable que era. Así que pasé a centrarme en mi respiración sin intentar ignorar la cefalea. Era consciente de ambos. Cuando aparecieron los pensamientos, reparé en ellos, pero no me obsesioné tanto.

»Me di cuenta de que mi respiración era más rápida al principio y que al cabo de un rato se hizo más lenta. Sentí que me iba relajando aunque me seguía doliendo la cabeza. Tener un dolor de cabeza me estaba fastidiando menos.

»Transcurridos diez minutos, el dolor de cabeza había mejorado un poco. Hice unos estiramientos que me había enseñado mi médico, tomé un analgésico y seguí con mi trabajo. El dolor de cabeza fue desapareciendo gradualmente».

Al principio, Ethan tuvo dificultades en equilibrar su atención. Centrarse exclusivamente en la cefalea no fue de ninguna utilidad; tampoco lo fue tratar de ignorarla. Expandir su atención para abarcar su respiración y el dolor de cabeza le ayudó a dejar de rumiar y a escoger un comportamiento constructivo (estiramiento, analgésico) para tratar su mal.

La experiencia de Ethan ilustra importantes aspectos sobre el ejercicio «respirar con». Éste no es un método para suprimir o evitar una experiencia desagradable, y nos ayuda a permanecer presentes en las circunstancias difíciles de una manera constructiva.

La historia de Jill (2.ª parte)

Volvamos a Jill, la joven con fobia a las tormentas. Jill puso en práctica los ejercicios de observación plenamente consciente descritos en este capítulo, empezando con una respiración plenamente consciente de cinco minutos diarios sentada en un sillón. Al principio, esto la ponía nerviosa y estaba incómoda, y tenía la extraña sensación de quedarse sin aliento, como si le faltara el aire. Lo redujo a dos minutos diarios.

En el transcurso de dos semanas se acostumbró a observar su respiración y a alargar el tiempo a diez minutos al día. Cuando llovía, practicaba en el sofá de su sótano. Cuando el corazón se le aceleraba y sentía un nudo en el estómago, practicaba respirando con esas sensaciones. Su respiración empezó a hacérsele familiar y reconfortante.

Entonces inició la observación del tiempo lluvioso a través de la ventana cerrada. Observaba caer la lluvia y los charcos que formaba, contemplaba los árboles azotados por el viento y escuchaba cómo éste soplaba. Cuando reparaba en que el corazón se le aceleraba, respiraba con esas sensaciones unos instantes, y luego volvía a mirar por la ventana. Con el tiempo, pudo mirar con la ventana abierta, percibiendo el tacto y el olor del aire y oyendo las gotas de lluvia golpear el suelo. Más adelante, se atrevió a salir al porche delantero a observar la lluvia.

Pasaron varias semanas sin tormentas. Entonces estalló una sin previo aviso en plena noche. Jill se despertó aterrorizada y bajó corriendo al sótano. Como era su costumbre, encendió la televisión, se envolvió en una manta y se acurrucó en el sofá. Al cabo de unos minutos, se dio cuenta de que esa noche era una buena oportunidad para practicar la observación plenamente consciente. «No», se dijo. «Sería demasiado difícil.»

Entonces se percató de que «Sería demasiado difícil» es un pensamiento, y se acordó de su objetivo a largo plazo: participar en las ferias de artesanía lloviera o brillara el sol. Bajó el volumen de la televisión lo suficiente para oír los truenos. El corazón le latía con fuerza. Observó las sensaciones y respiró con ellas.

Minutos más tarde apagó la televisión y se dedicó a escuchar los truenos. Aunque angustiada y temblorosa, se dio cuenta de que era capaz de observar las sensaciones de su cuerpo mientras seguía escuchando y respirando. Unos minutos después, subió lentamente la escalera, manteniéndose, eso sí, envuelta en la manta. Al llegar a lo alto de la escalera, vio un relámpago por la ventana, tras lo cual se oyó un estampido. Se dio la vuelta a toda prisa y empezó a bajar de nuevo, aunque se paró en el quinto o sexto escalón. Se sentó en uno durante unos minutos, observando su respiración y sus sensaciones corporales con la mirada fija en el sótano.

Mientras la tormenta seguía, Jill se dirigió muy despacio al salón y miró por una ventana. Se controló regularmente junto con su respiración. En diferentes ocasiones, sintió el impulso de regresar al sótano, pero le hizo caso omiso, aunque varias veces se puso la manta encima de la cabeza durante un rato. Cuando la tormenta remitió, salió al porche delantero y prestó atención a los truenos cada vez más lejanos y a la ligera llovizna. Se sentía débil y cansada, y sin embargo estaba entusiasmada por sus avances. Entró en la casa y se recompensó con un aperitivo antes de irse de nuevo a la cama.

Jill se dio cuenta de que respirar con los síntomas de su ansiedad (pulso acelerado, temblores) la había ayudado a comprender que era capaz de tolerarlos mientras se esforzaba en alcanzar su objetivo de no huir de la tormenta. Saber que su conducta no tenía que estar controlada por el clima le dio fuerzas y la ayudó a librarse de la autocrítica.

Jill continúa practicando la observación plenamente consciente durante las tormentas. Por la noche, se tumba en la cama y escucha, y durante el día, mira por una ventana o sigue con lo que está haciendo. También empezó a practicar la observación plenamente consciente de los fenómenos meteorológicos mientras conduce, y ya no acelera durante las tormentas.

Controla los avances de tu práctica

La siguiente ficha de actividad te facilitará mantener un registro de tu práctica de la observación plenamente consciente. Primero se incluye la de Jill, seguida de una en blanco para tu uso. Recuerda hacer copias para que puedas practicar durante varias semanas. Luego mira si puedes incorporar el mindfulness de respiración y sensaciones corporales a tu vida cotidiana habitual.

REGISTRO DE PRÁCTICAS: OBSERVACIÓN PLENAMENTE CONSCIENTE

Tu nombre: Jill

Día/fecha	Ejercicios realizados	Comentarios
Jueves	10 minutos de respiración plenamente consciente con registro.	Me he sentido relajada, me voy acostumbrando.
Viernes	Observé el cielo azul y el sol.	Me he sentido bien, hoy ha hecho un buen día.
Sábado	Observé la lluvia desde la ventana del salón, respirando con el nerviosismo.	Me he puesto nerviosa, pero no he bajado al sótano.
Domingo	Observé a los dos perritos del vecino jugar en el jardín trasero.	Muy divertido.
Lunes	10 minutos de respiración plenamente consciente, observé el cielo encapotado mientras conducía.	Conducir ha sido duro, me he sentido tentada de acelerar para ir a casa, pero no lo he hecho.
Martes	Observé la lluvia por la ventana abierta durante 20 minutos, practicando la respiración plenamente consciente al mismo tiempo.	Respirar mientras observo la lluvia se va haciendo más fácil. El pulso no se me acelera tanto.
Miércoles	Respiración plenamente consciente en una reunión de personal, nerviosa por la posibilidad de tormenta esa tarde.	Preocupada por llegar a casa antes de que empiece la tormenta. Respirar me ha ayudado a concentrarme en la reunión.

REGISTRO DE PRÁCTICAS: OBSERVACIÓN
PLENAMENTE CONSCIENTE

Tu nombre:

Día/fecha	Ejercicios realizados	Comentarios

Síntesis del capítulo

- La observación plenamente consciente te ayudará a librarte de las trampas psicológicas descritas en los capítulos anteriores: la rumiación, la evitación, la conducta inducida por las emociones y la autocrítica.

- La observación plenamente consciente significa observar detenidamente las experiencias del momento presente, tanto las internas del cuerpo y la mente (pensamientos, emociones, sensaciones) como las del mundo exterior.

- La observación plenamente consciente implica librarte de los juicios y la crítica en la medida que te sea posible y permanecer presente con lo que estés observando.

- La respiración plenamente consciente es una herramienta útil para que mantengas centrada la atención en el momento presente. Impide la rumiación y la evitación y ayuda en la elección de la conducta constructiva en circunstancias estresantes.

9

La observación plenamente consciente con etiquetado

Imagínate que una mañana te despiertas moqueando, con dolor de garganta, dolor de cabeza y fatiga. «¡Vaya, no!», piensas. «He cogido un catarro. Y parece de los malos. Ahora no tengo tiempo para ponerme enfermo. Tengo mucho trabajo pendiente. ¡Esto es terrible!» Te sientes tentado de quedarte en la cama, pero temes las consecuencias de tomarte el día libre: las reuniones que te perderás, el dinero que no ganarás, las personas a las que causarás molestias... Te dices que tendrás que seguir trabajando igual que siempre, pero entonces caes en la cuenta de lo agotado que estarás al final del día. Te preocupa ponerte aún peor. Tu estrés y angustia van en aumento. Todos esos pensamientos y emociones se suceden en el lapso de un minuto o dos después de haberte despertado.

El mundo interior de los pensamientos y las emociones es un lugar muy concurrido. Todos tenemos oleadas permanentes de sensaciones, emociones, pensamientos e impulsos que cruzan por nuestra cabeza y recorren nuestros cuerpos. Si no somos plenamente conscientes de su presencia, es posible que actuemos conforme a ellos de forma insana. Así las cosas, rumiamos y criticamos: «¿Por qué siempre me pongo enfermo en los peores momentos? Debe de ser el estrés. Debería ser capaz de manejar mejor las cosas». O ignoramos nuestros síntomas y seguimos adelante a toda velocidad, provocando el empeoramiento de nuestra salud y extendiendo los gérmenes entre la familia, los amigos y los compañeros de trabajo. Evitamos las acciones constructivas, tales como ir al médico o reprogramar algunos de nuestros compromisos. Y la enfermedad y el estrés nos vuelven irascibles, y luego lo lamentamos.

La observación plenamente consciente es la clave para manejar situaciones como ésta, pero es muy difícil practicarla cuando el mundo interior es un hervidero de pensamientos, emociones, sensaciones e impulsos desagradables. Aprender una nueva habilidad, el «etiquetado plenamente consciente» puede ser útil. Etiquetar es el sencillo acto de nombrar lo que estás observando. En este capítulo, analizaremos la utilización del etiquetado para fortalecer la capacidad de ser plenamente consciente del momento presente y reaccionar a él de manera constructiva.

Etiquetado de una palabra

Pensemos en cuatro etiquetas para cosas que suceden en el cuerpo y en la mente: sensación, pensamiento, impulso y emoción.

- Una **sensación** es una impresión física en el cuerpo, como puede ser un dolor, un hormigueo, tensión o los latidos del corazón.

- Un **pensamiento** es una sucesión de palabras que le pasa a uno por la cabeza, como por ejemplo: «No doy una a derechas», «Eso fue bien», «Va a suceder algo malo» o «¿Qué tal tiempo hace hoy?» (Para este ejercicio, también incluiremos imágenes mentales y recuerdos en la categoría de los «pensamientos».)

- Un **impulso** es un deseo, tentación o ganas de hacer algo, como puede ser rascarse la nariz, tomarse una copa o pegarle un grito a alguien.

- Una **emoción**, como descubrimos anteriormente, es una combinación de sensaciones, pensamientos e impulsos. Las emociones son complejas, pero se pueden etiquetar con una simple palabra, como «cólera», «felicidad» o «tristeza».

Utiliza la ficha de actividad de la página siguiente para practicar la utilización de estas etiquetas. Las cuatro primeras de la primera columna están rellenadas a modo de ejemplo.

ETIQUETADO DE UNA PALABRA: SENSACIONES, PENSAMIENTOS, EMOCIONES E IMPULSOS[74]

En cada espacio en blanco, escribe si el contenido es una **sensación** (S), un **pensamiento (P)**, una **emoción (E)** o un **impulso (I)**. Los primeros cuatro sirven como ejemplo. Las respuestas se proporcionan al final de este capítulo.

1. ¿Por qué es tan grosero? __P__	9. Tristeza ____	17. Tengo demasiado trabajo pendiente ____
2. Furia __E__	10. Tentación de quedarse en cama ____	18. Tentación de abandonar ____
3. Latidos fuertes __S__	11. Pesadez en el pecho ____	19. Ardor de estómago ____
4. Tentación de gritar __I__	12. No debería sentirme así ____	20. Ansiedad
5. Espero que nadie me viera ____	13. Temblores en las piernas ____	21. Frustración ____
6. Calor en la cara ____	14. Lo estoy estropeando todo ____	22. ¿Por qué no ha llamado? ____
7. Vergüenza ____	15. Deseo de marcharme ____	23. Deseo de ver los mensajes ____
8. Deseo de esconderse ____	16. Temor ____	24. Decepción ____

Ahora que ya estás familiarizado con las etiquetas, probemos a utilizarlas en un ejercicio de meditación. Éste es una variación de la meditación de respiración plenamente consciente del capítulo anterior. Al igual que antes, siéntate en una postura relajada, pero alerta; si lo prefieres, túmbate en una superficie cómoda. Las instrucciones se detallan en el siguiente recuadro. Léelas detenidamente, pon una alarma para que suene en cinco o diez minutos y empieza.

• •

MEDITACIÓN DE RESPIRACIÓN PLENAMENTE CONSCIENTE CON ETIQUETADO DE UNA PALABRA

1. Adopta una postura que sea relajada y que te permita estar presente a la vez. Cierra los ojos con suavidad o mira fijamente un lugar neutro. Centra la atención en los movimientos y sensaciones de tu respiración. Déjala que siga su propio ritmo sin intentar modificarla.

2. Cuando estés preparado, expande tu atención para abarcar lo que estés percibiendo en tu mente y en tu cuerpo. Utiliza estas palabras para etiquetar lo que observes: pensamiento, emoción, sensación o impulso. Di la palabra para tus adentros. He aquí algunos ejemplos:

Qué observas	Qué te dices
• Picor, dolor, calor, frío, presión, tensión...	Sensación
• Ganas de rascarte, estirarte, moverte, irte...	Impulso
• Aburrimiento, irritación, tristeza, satisfacción...	Emoción

• «Menuda tontería», «No lo puedo hacer, qué sentido tiene»	Pensamiento
• «Es fantástico, muy interesante, me encantan estos ejercicios»	Pensamiento
• «¿Qué hay para comer?», «¿Qué hora es?», «Necesito echar una siesta»	Pensamiento
• Recuerdo, imagen, ensoñación, fantasía...	Pensamiento
• Algo del mundo exterior, como un sonido o un olor...	Sonido/olor
• Algo difícil de etiquetar	Mmm...

3. No intentes forzar nada, limítate a etiquetar lo que aparezca. Utiliza el tono más suave que puedas para tu etiquetado mental.

4. Usa el plural (sensaciones, pensamientos) si percibes varios a la vez.

5. Después de que hayas nombrado mentalmente la etiqueta, sigue con la observación plenamente consciente. Respira con lo que observes.

6. Si no sabes bien qué es lo que tienes que hacer, concéntrate en tu respiración. Etiquétala diciendo «dentro» y «fuera» cuando inhales y exhales. Cuando te sientas preparado, reanuda el etiquetado de tus pensamientos, emociones, etcétera.

7. Recuerda la actitud de amistosa curiosidad. Ejercita la paciencia, la amabilidad y el interés. Líbrate de los juicios y la crítica en la medida de tus posibilidades.

* *

¿Qué observaste?

Al igual que en todos los ejercicios de meditación, éste puede ser relajante y divertido, difícil y desagradable o relativamente sencillo. El objetivo no es sentirse de una determinada manera; la meta consiste en observar y etiquetar los sucesos del mundo interior, ya sean agradables, desagradables o indiferentes. He aquí algunas preocupaciones habituales que surgen durante el ejercicio:

1 – ¿Qué hacer con los impulsos?

Muchas personas se sienten inhibidas acerca de actuar de acuerdo con los impulsos que surgen, como si rascarse o estirar un músculo dolorido fuera no estar plenamente consciente; antes bien, actuar siguiendo los impulsos puede formar parte del ejercicio. Una vez que hayas etiquetado el impulso, obsérvalo con atención e interés. Si no puedes hacerlo y actúas, observa qué sientes. Estudia las sensaciones a posteriori.

Si sientes el impulso de dejar el ejercicio, quizá porque lo encuentres aburrido, tonto o una pérdida de tiempo, recuerda que el aburrimiento es una emoción, y que: «Esto es una tontería» (o «una pérdida de tiempo») es un pensamiento. El propósito del ejercicio es observar las emociones y pensamientos mientras van y vienen. Mira si puedes abstenerte de seguir el impulso de dejar el ejercicio hasta que suene la alarma, y observa el impulso de abandonar. Analiza lo que sientes, dónde lo sientes en tu cuerpo y si cambia con el tiempo. En la medida que te sea posible, abstente de juzgarte por tener ese impulso.

Si te encontraras muy incómodo o angustiado, y te resultara desagradable continuar, deja el ejercicio y haz lo que tengas que hacer para cuidarte. Pero no te rindas; retoma el ejercicio en otra ocasión.

2 – Inseguridad sobre las etiquetas

Es fácil, pero inútil, involucrarse demasiado en pensar en las etiquetas en sí mismas. Puede que hayas dudado sobre la etiqueta que debes utilizar; quizás observaste algo que no parecía encajar en ninguna de las etiquetas. La próxima vez que practiques, di sin más para tus adentros «Mmm...» cuando esto ocurra y vuelve a la observación. «Mmm...» es la abreviatura de «No sé qué es esto» o «No parece encajar». Si te atascas en consideraciones sobre las etiquetas, ten en cuenta que estás teniendo pensamientos, así que di en voz baja: «Pensamientos...», y vuelve lentamente a la observación.

3 – Necesidad de diferentes etiquetas

Las cuatro palabras utilizadas aquí son útiles, aunque no obligatorias. Si observas imágenes o fotografías mentales, intenta utilizar «Imagen» como etiqueta. Si prefirieses distinguir los recuerdos de otras experiencias, utiliza «Recuerdo» como una de tus etiquetas. Podrías utilizar más de cuatro etiquetas, aunque más de cinco o seis podría complicar demasiado la labor. Experimenta con diferentes etiquetas hasta encontrar las que mejor te funcionen.

Etiquetado de una frase

Las más de las veces suponemos que nuestros pensamientos y emociones son ciertos e importantes; pensamos que deberíamos tomarlos en serio y actuar conforme a ellos. Esto a veces es útil. Si te despiertas ansioso, pensando: «Tengo una reunión importante a las dos de la tarde y no estoy preparado. Debería dedicar la mañana a organizarme», tales pensamientos y emociones pueden guiar tu conducta de una manera útil. Por otro lado, si te despiertas con ansiedad y pensando: «La reunión va a ser un desastre. No vale la pena intentarlo», estos pensamientos y emociones pueden llevarte a hacer algo de lo que más tarde te arrepientas, como pueda ser llamar diciendo que estás enfermo o evitar una preparación constructiva.

El propósito de etiquetar de modo plenamente consciente los pensamientos y emociones es reconocer que son algo distinto de la persona que los está teniendo.[75] Tú no eres tus pensamientos y emociones. Ellos son los huéspedes de tu hostal o los pasajeros de tu autobús, y vienen y van mientras tú sigues siendo tú mismo. No tienes que creértelos ni hacer lo que dicen, a menos que decidas lo contrario.

Una frase corta es a veces más efectiva que una simple palabra para recordarnos que adoptemos este punto de vista. Una clase determinada de frase es la que mejor funciona. A continuación encontrarás algunos ejemplos:

∙ ∙

ETIQUETADO DE UNA FRASE: EJEMPLOS

- «Tengo sentimientos de ansiedad».
- «Esto es un recuerdo».
- «Ha surgido un sentimiento de tristeza».
- «Estoy teniendo pensamientos sobre mi incompetencia».
- «Esto es una sensación».
- «Siento el impulso de comer».
- «Esto es un sentimiento de furia».
- «Noto un cosquilleo en el estómago».
- «Tengo una sensación de temblor en las piernas».
- «En mi cabeza hay pensamientos alarmantes».

- «Un sentimiento de vergüenza ha surgido en mi interior».
- «Observo preocupaciones sobre mi salud».
- «Siento la tentación de marcharme del trabajo pronto».
- «Siento el impulso de gritarle a mi cónyuge».

Estas frases te pueden parecer extrañas o forzadas, pero hay una buena razón para construirlas de esta manera. Esto nos ayuda a recordar que «tenemos» pensamientos, emociones, sensaciones e impulsos que vienen y van, que son visitas; visitantes que no tienen que definirnos ni controlarnos, y que podemos decidir qué hacer mientras revolotean en nuestras cabezas. Así que cuando te sorprendas utilizando frases como: «Soy un idiota... No aguanto esto», intenta reformularlas de esta manera: «El pensamiento de que soy un idiota me ha venido a la cabeza... Siento un impulso irrefrenable de salir de aquí». Con la práctica, hacer esto te resultará cada vez más fácil.

* *

Meditación con etiquetado de una frase

Para practicar utilizando frases como éstas para etiquetar tu experiencia, repite el ejercicio de meditación de la página 213. En esta ocasión, etiqueta lo que estés observando con frases de contenido plenamente consciente:

«Noto un dolor en la rodilla».
«Siento el impulso de estirar el cuello».
«Tengo pensamientos acerca de mañana».
«Ha surgido un sentimiento de aburrimiento».

No te olvides de utilizar un tono amable, amistoso y no valorativo. Haz este ejercicio varias veces a lo largo de una o dos semanas, empezando la próxima.

Etiquetado plenamente consciente en la vida cotidiana

Cuando te sientas a gusto con el etiquetado plenamente consciente utilizando palabras o frases, prueba a practicarlo en la vida cotidiana. He aquí dos ejemplos:

La experiencia de Dan con el etiquetado plenamente consciente

A Dan le encanta practicar la escalada en interior en un gimnasio que dispone de rocódromo. Después de aprender la técnica del etiquetado plenamente consciente, escribió este relato de una sesión:

«Ayer, durante mi sesión de escalada, decidí intentar una ruta más difícil de lo normal. Lo intenté dos veces y me caí. Mientras me preparaba para intentarlo de nuevo, en mi cabeza surgió el pensamiento: "No puedo hacerlo". Desanimado, estuve a punto de rendirme. Entonces me acordé del ejercicio de etiquetado y me dije: "Me ha surgido un sentimiento de duda". Le eché un vistazo a la ruta y me planteé si no estaría muy por encima de mis posibilidades. Decidí volver a probar, aunque me sentía un poquito inseguro. Me caí un par de veces más, pero al final fui capaz de culminar la ruta. Fue una sensación fantástica.

»Así aprendí que si permito a los pensamientos que sean pensamientos y no les dejo que me impidan perseverar, las tareas difíciles se hacen más fáciles. Utilizar la técnica del etiquetado me ayudó a darme cuenta de que no tenía que rendirme, aunque tuviera dudas».

La experiencia de Michelle con el etiquetado plenamente consciente

«Estaba haciendo mis deberes de clase de estadística y pensé: "Jamás entenderé esto", y sentí ansiedad pensando que iba a suspender la asignatura. Mis amigas iban a salir, y me sentí realmente tentada de acompañarlas. Entonces me acordé de etiquetar todo esto: "pensamiento", "emoción", "impulso", y seguí trabajando hasta terminar los deberes, aunque sin acabar de estar realmente segura de haberlos entendido.

»Cuando estaba a punto de salir y unirme a mis amigas, me empecé a sentir intranquila. Observé esta emoción, y plasmarla en palabras me fue muy útil. En voz bien alta dije: "Me sigue preocupando la estadística". Así que le puse un correo electrónico al ayudante de cátedra para pedirle una cita. Una vez hecho esto, me sentí mucho mejor y me fui a buscar a mis amigas».

Tanto Dan como Michelle descubrieron que el etiquetado plenamente consciente los ayudó a ser más conscientes de sus pensamientos y emociones y a tomar medidas constructivas. Sin el etiquetado plenamente consciente, Dan habría seguido su impulso de rendirse ante la difícil pared de escalada, y Michelle no habría dado los pasos necesarios para aclarar su confusión sobre la estadística.

Más sobre el etiquetado de emociones[76]

Las emociones pueden resultar especialmente difíciles de etiquetar, ya que son experiencias complejas compuestas de varios elementos (pensamientos, sensaciones, impulsos). Todos somos capaces de sentir una amplia diversidad de emociones distintas, y en ocasiones sentimos varias al mismo tiempo. Si alguna vez no estás seguro sobre qué emoción estás sintiendo, la buena noticia es que no estás solo.

El siguiente recuadro proporciona información general sobre las categorías más habituales de emociones y los pensamientos, sensaciones e impulsos típicos que las acompañan. Puede que tus emociones encajen en esas descripciones, pero recuerda que cada uno tiene su propio estilo emocional. Tu genética, biografía y experiencias de aprendizaje han influido en la forma de tus emociones.

Si te parece difícil etiquetar tus emociones, empieza haciendo tuyas las categorías generales (feliz, triste, furioso, asustado o angustiado, avergonzado o culpable). Céntrate en los pensamientos, sensaciones e impulsos concretos que estés sintiendo. Con el tiempo, acabarás familiarizándote con las etiquetas de las emociones.

Categoría emoción	Emociones concretas	Pensamientos típicos	Sensaciones típicas	Impulsos típicos
Tristeza	Depresión. Decepción. Pesar. Sufrimiento. Tristeza.	Es horrible. Qué triste estoy. Extraño mucho… No hay nada que hacer. Nunca me sale nada.	Pesadez. Fatiga. Vacuidad. Futilidad. Nudo en la garganta.	Retirarse. Aislarse. Renunciar. Tumbarse. Rumiar.

Furia	Enfado. Frustración. Irritación. Rabia. Resentimiento.	Odio... No lo aguanto... ¿Cómo se atreven...? No debería ser así. No es justo.	Cara enrojecida. Mandíbula apretada. Puños cerrados. Martilleo en el pecho. Tensión en el cuello.	Gritar, maldecir. Atacar. Dar puñetazos. Dar portazos. Arrojar cosas.
Miedo	Ansiedad. Temor. Nerviosismo. Pánico. Espanto.	Esto va a salir fatal. Voy a salir perjudicado. No lo lograré. Estoy en peligro. Me rechazarán, criticarán.	Taquicardia. Manos sudorosas. Temblores. Tensión. Nerviosismo.	Huir. Esquivar. Inmovilizarse. Dar vueltas. Suplicar ayuda.
Vergüenza, culpa	Bochorno. Humillación. Arrepentimiento. Remordimiento. Autorrechazo.	Soy inferior, un fracasado. Cometí un fallo imperdonable. No debería haber... Soy un idiota, un cretino, un insensato. Les he decepcionado.	Rubor. Angustia. Dolor de estómago. Tensión. Pesadez.	Esconderse, huir. Criticarse. Evitar. Disculparse. Enmendarse.
Felicidad	Buen humor. Satisfacción. Placer. Euforia. Alegría.	Esto es maravilloso. Estoy tan emocionado. Amo... Estoy muy contento. Mejor, imposible.	Ligereza. Energía. Rubor. Sensación de alegría. Vivacidad.	Saltar de alegría. Gritar, reír. Hablar, dar abrazos. Levantar los brazos. Dar palmadas.

La historia de Tina

Tina, de veintiocho años, está aprendiendo las técnicas del mindfulness para que la ayuden con los problemas derivados de su agresividad. Cuando era pequeña, sus padres se pasaban la mayoría de las noches bebiendo en los bares, así que por las mañanas eran incapaces de hacer nada por culpa de la resaca. Cuando cumplió los nueve años, Tina procuraba dejar hecha la comida y la colada antes de salir a tiempo para el colegio con su hermano pequeño. Sus padres, lejos de agradecerle sus esfuerzos, la criticaban con dureza por cualquier fallo insignificante, como el que se dejara los platos sucios en el fregadero. Cuando la niña mostraba su aflicción, sus progenitores le decían que dejara de quejarse.

Así las cosas, Tina aprendió a criticarse y a esperar la crítica de los demás. Jamás aprendió a etiquetar sus emociones, y siempre que algo la molesta dice sin más que está «furiosa». Ya de adulta, cree que debería poder controlar sus emociones, pero se enfada con facilidad, pierde los estribos y luego se lo reprocha. Trabaja de camarera y le irrita que el restaurante esté hasta los topes. Ha perdido dos trabajos a causa de sus estallidos de furia con los clientes y los compañeros de trabajo.

Tina se ha esforzado mucho en la observación plenamente consciente y el etiquetado de los pensamientos, sensaciones, emociones e impulsos. Ha acabado por darse cuenta de que, ante cualquier situación en la que pudiera ser criticada, la emoción más fuerte que siente es el miedo. Por ejemplo, si en la cocina del restaurante van muy despacio, teme que los clientes se enfurezcan con ella por darles un mal servicio. Entonces empieza a darle vueltas a lo injusto de la situación; no es culpa suya que los cocineros sean lentos. La rumiación lleva a que surjan los sentimientos de ira y los impulsos de descargar su furia con los demás. Si los clientes le preguntan cuándo llegará su comida, les suelta una fresca y luego se indigna con ella misma.

La observación plenamente consciente con etiquetado está ayudando a Tina a comprender lo que piensa y siente. Las etiquetas que más utiliza son:

«Me estoy poniendo nerviosa».
«Me preocupa que ese cliente se esté enfadando».
«Me estoy enfadando con los de la cocina».
«Temo que me echen las culpas».
«Tengo ganas de gritarle a alguien».

La consecuencia de aprender a reconocer cuándo está esperando a que la critiquen, cuándo está preocupada por que los demás se enfaden con ella y cuándo siente impulsos de explotar con la gente es que ahora es capaz de dominarse. La observación plenamente consciente con etiquetado le da un instante para decidir qué hacer. No hace mucho su jefe la felicitó por tratar con mano izquierda a un cliente contrariado por la tardanza de su comida.

Las emociones de Tina son perfectamente comprensibles, dadas sus experiencias infantiles, pero es demasiado crítica con ella misma. Se reprocha lo inconveniente, desagradable e impropio de sus pensamientos y emociones, y su debilidad e inmadurez por tenerlos. Volveremos a la historia de Tina después de que analicemos de qué manera debemos actuar con los juicios de nuestros pensamientos y emociones.

Trabajar con los juicios[77]

¿Te dices cosas como éstas?

- Es una estupidez por mi parte estar tan ansioso.
- Es ridículo que siga triste; ya debería haberlo superado.
- Soy idiota por enfadarme tanto.
- El martilleo de mi corazón es una locura.
- Es una tontería que me preocupe por semejante nimiedad.
- Soy un fiasco; no puedo hablar en una reunión sin temblar.
- Es un error por mi parte sentirme así.
- No me puedo creer que esté tan celoso. Qué inmaduro que soy.
- No debería pensar en esto, es un síntoma de flaqueza.
- Soy demasiado sensiblero. No debería atormentarme tanto.

Si estas afirmaciones te resultan familiares, estás observando y etiquetando tus pensamientos y emociones, pero en cierta manera también los estás juzgando —y a ti mismo—, lo cual es perjudicial por dos motivos:

1 – El juicio de los pensamientos y las emociones aumenta el sufrimiento emocional

Es tan doloroso como pesado que te sientas asustado, triste o avergonzado, que te ronden por la cabeza problemas o recuerdos desagradables o que sientas impulsos de hacer cosas que sabes que lamentarás. Si te dices que no deberías estar teniendo esos pensamientos y emociones —que es desagradable, impropio, tonto, insensato o inmaduro—, estás generando más emoción negativa.

2 – El juicio de los pensamientos y emociones hace más difícil actuar con prudencia

Como descubrimos en el capítulo anterior, hay razones para que se produzcan las emociones, y éstas sirven a unos propósitos prácticos. Nos proporcionan una información valiosa y nos estimulan a tomar medidas para resolver problemas. Si te dices que tus emociones son un síntoma de debilidad o fracaso, estarás pasando por alto los mensajes que intentan enviarte y tendrás menos capacidad para responder con eficacia.

El etiquetado plenamente consciente de los juicios

Es imposible deshacerse por completo de los pensamientos valorativos; siempre surgirán en nuestras cabezas. Como averiguamos en el capítulo precedente, la supresión de los pensamientos indeseados suele acabar en fracaso. Pero podemos aprender a trabajar eficazmente con los juicios. Si practicas las siguientes técnicas, puede que consigas tener menos juicios valorativos, y que, cuando surjan, te los tomes menos en serio y ejerzan menos poder sobre ti.

1 – Observar los juicios durante el ejercicio de la respiración plenamente consciente

Continúa practicando la respiración plenamente consciente con el etiquetado de una palabra, e incluye «juicio» como una de tus etiquetas. Cada vez que adviertas que criticas o desapruebas tus pensamientos o emociones, etiquétalo diciendo: «Juicio». Acuérdate de utilizar un tono amistoso.

2 – Observar los juicios de la vida cotidiana

Ten cuidado con los juicios que aparecen durante las actividades ordinarias y, cuando localices uno, etiquétalo diciendo: «Eh, juicio» o «Hay un pensamiento valorativo». Si detectas muchos juicios en un breve período de tiempo, di: «Estoy percibiendo muchos juicios» o «Tengo pensamientos valorativos en la cabeza», siempre en un tono amable.

3 – Ten cuidado con juzgar tus juicios

En cuanto empiezas a prestar atención a los juicios, es fácil que te critiques por tener pensamientos valorativos. En el lapso de unos segundos, podrías detectar una emoción, juzgar la emoción, juzgar el juicio y juzgarte a ti mismo por hacer juicios, como en la siguiente secuencia:

«Percibo un sentimiento de cólera.
»¡Bueno, menuda ridiculez! Soy un idiota por enfadarme por semejante pequeñez.
»¡Huy, eso fue un juicio! No debería hacer juicios.
»¡Es terrible! No tengo remedio. Jamás aprenderé.»

Si detectas una secuencia de pensamientos así, adopta una actitud paciente hacia ti. Respira de modo consciente varias veces y luego practica la observación plenamente consciente y etiqueta el juicio cualquiera que fuera su objeto. Si estabas juzgando una emoción, pensamiento, sensación o impulso, obsérvalo y etiquétalo, como hiciste antes.

«Muy bien, montones de pensamientos valorativos…
»Deja que respire unas cuantas veces (inspira, espira, inspira, espira…)
»¿Qué percibo ahora?
»La cara caliente, las manos tensas…
»Sigo observando y respirando.»

4 – Etiquetado creativo de los juicios

En los capítulos anteriores, ya nos hemos referido a las maneras fantasiosas de etiquetar los pensamientos valorativos. A continuación hacemos un repaso.

• •

ETIQUETADO CREATIVO DE LOS JUICIOS

Etiqueta tus juicios como:

1. **Gente que pasa por tu lado**

   «Eh, aquí está la señora Juicio».

   «El señor Criticón está haciendo sus rondas diarias».

2. **Canciones que suenan en tu cabeza**

   «La canción "Soy demasiado sensible" está sonando de nuevo».

   «Ésta es la canción "No doy una a derechas"».

3. **Una radio que suena en tu cabeza**

   «Ah, he vuelto a sintonizar con la emisora "Soy un fracasado"».

4. **Huéspedes de tu hostal**

   «Los huéspedes críticos han vuelto de visita».

5. **Pasajeros de tu autobús**

   «Parece que hoy he recogido a algunos pasajeros muy amantes de los juicios».

6. **Otros**

   Piensa en tus propios modos creativos de etiquetar tus pensamientos valorativos.

• •

5 — No confundas los juicios con las preferencias

Cuando observamos nuestros mecanismos internos, a veces percibimos sentimientos de aversión y desagrado. Tales sentimientos no son juicios, sino preferencias. Adoptar una actitud no valorativa NO significa que tengas que dejar de detestar las cosas; no pasa nada por tener preferencias, aunque sean fuertes. NO trates de deshacerte de tus gustos y aversiones; antes al contrario, obsérvalos.

Cuando leas, comas o hagas cualquier otra cosa, fíjate en lo que te resulta agradable o desagradable, y observa cualquier inclinación por tu parte a juzgar tus reacciones. Practica la aceptación de las preferencias librándote de los juicios.

Preferencia: «Me gustan más las novelas de misterio que las biografías».
Juicio: «Tengo mal gusto para los libros».

Preferencias: «Detesto el sushi».
Juicio: «Debo de estar loco; la gente se desvive por comerlo».

Preferencia: «No me gustan las películas de terror. Me ponen en tensión y me producen insomnio».
Juicio: «No debería ser tan gallina».

A veces, las preferencias son difíciles de manejar. Si prefieres los alimentos dulces altos en calorías antes que las frutas y las verduras, pero te gustaría adelgazar, quizá tengas que comer siguiendo unas pautas incoherentes con tus preferencias. Juzgarte por tus gustos y aversiones probablemente no te ayude en nada. En vez de eso, reconoce la dificultad (forma parte del ser humano), sé amable contigo mismo y come conscientemente (en el capítulo siguiente hablamos sobre los hábitos de comer de manera consciente). Con el tiempo, quizá te vuelvas más tolerante con las frutas y las verduras, y puede que hasta acaben gustándote más. Aunque si no es así, tu capacidad para escoger los alimentos que sean coherentes con tus objetivos es probable que mejore.

La experiencia de Tina: trabajar con los juicios

Tina practicó la no valoración con el ejercicio de la respiración plenamente consciente. Aprendió a decir «Juicio» o «Eso es un pensamiento valorativo» siempre que se criticaba por tener miedo o encolerizarse. Utilizó una ficha de actividad, que se muestra en la página siguiente, para practicar la reelaboración de sus juicios. Cuando empezó a librarse de éstos, estuvo más capacitada para discurrir maneras prácticas de manejar las situaciones del restaurante, como, por ejemplo, consultar educadamente con la cocina sobre un plato que debería estar listo, transmitir al cliente lo que el personal de la cocina ha dicho y ofrecer un postre gratis a aquellos cuyas comidas han tardado mucho en llegar.

FICHA DE ACTIVIDAD: REFORMULAR LOS JUICIOS MEDIANTE ETIQUETAS PLENAMENTE CONSCIENTES

No te olvides de mantener una actitud curiosa y amable

Día y hora	¿Cuál fue la situación?	¿Qué pensamientos, emociones, sensaciones o impulsos notaste?	¿Cuál fue tu pensamiento valorativo?	Reformula tu juicio mediante una etiqueta plenamente consciente de tres maneras distintas
¿Cuándo se produjeron los pensamientos valorativos?	¿Dónde estabas? ¿Qué estabas haciendo? ¿Estaban otras personas implicadas?	Apunta brevemente lo que observaste en tu cuerpo y tu mente.	Escríbelo tal como apareció en tu cabeza, o lo más aproximadamente que seas capaz de recordar.	Ejemplos: 1. «Eso es un juicio». 2. «Estoy teniendo pensamientos autocríticos». 3. «La canción "Estoy fuera de control" está sonando de nuevo».

FICHA DE ACTIVIDAD: REFORMULAR LOS JUICIOS MEDIANTE ETIQUETAS PLENAMENTE CONSCIENTES

Tu nombre: Tina

*** No te olvides de mantener una actitud curiosa y amable ***

Día y hora	¿Cuál fue la situación?	¿Qué pensamientos, emociones, sensaciones o impulsos notaste?	¿Cuál fue tu pensamiento valorativo?	Reformula tu juicio mediante una etiqueta plenamente consciente de tres maneras distintas
Sábado, a las 9 de la noche.	El restaurante estaba hasta los topes. Le hablé mal a mi compañero de la cocina porque la comida de mis clientes estaba tardando mucho en salir, y éstos se estaban impacientando por su cena.	Pensamientos: No es justo, no es culpa mía que en la cocina sean lentos. Emoción: Tengo miedo de que los clientes se enfaden y se marchen. Sensaciones: Tensión en el cuello y hombros. Impulso: Dejar este trabajo.	Es ridículo que me ponga tan nerviosa. Debería ser capaz de mantener la calma.	1. «Eso es un juicio». 2. «Estoy teniendo pensamientos autocríticos». 3. «La canción "Estoy fuera de control" está sonando de nuevo».

En la página siguiente se facilita una copia en blanco de esta ficha de actividad. Haz múltiples copias para que puedas practicar todas las veces que quieras.

Dejar de etiquetar cuando no sea necesario

Como ya hemos visto, el etiquetado plenamente consciente tiene muchos beneficios: ayuda a que aprendamos a identificar los pensamientos, las sensaciones, las emociones y los impulsos; nos anima a recordar que son visitantes de la mente, y nos recuerda que nos detengamos a observarlos antes de decidir si actuamos, y cómo, de acuerdo con ellos.

Con el tiempo, a medida que perfecciones las técnicas mindfulness, te darás cuenta de que etiquetar no siempre es necesario. Se parece un poco a aprender a tocar el piano. Al principio, puede ser útil etiquetar las notas, los acordes y los compases, pero al final el etiquetado puede abandonarse. A los pianistas consumados el etiquetado les interrumpe el flujo de la música, lo que no quiere decir que toquen distraídamente, con la atención puesta en otra parte. Antes bien, están participando con plena consciencia de la actividad en curso de tocar el piano.

En la vida cotidiana, a menudo es agradable o práctico centrar toda la atención en algo que estemos haciendo sin etiquetar. Jugar a un juego o practicar un deporte, trabajar en un proyecto, cantar una canción o tener una conversación pueden resultar actividades satisfactorias cuando nos metemos de lleno en ellas, sin distraernos ni cohibirnos. El etiquetado puede interponerse. En el siguiente capítulo, analizaremos algunos ejercicios que fomentan la capacidad para participar con plena conciencia en las actividades de nuestras vidas.

FICHA DE ACTIVIDAD: REFORMULAR LOS JUICIOS MEDIANTE ETIQUETAS PLENAMENTE CONSCIENTES

Tu nombre:

*** No te olvides de mantener una actitud curiosa y amable ***

Día y hora	¿Cuál fue la situación?	¿Qué pensamientos, emociones, sensaciones o impulsos notaste?	¿Cuál fue tu pensamiento valorativo?	Reformula tu juicio mediante una etiqueta plenamente consciente de tres maneras distintas

Síntesis del capítulo

- La observación plenamente consciente con etiquetado de una palabra es útil para mantener la atención centrada en el momento presente, sobre todo cuando el momento se compone de multitud de sensaciones, pensamientos, emociones e impulsos que se arremolinan en la cabeza.

- El etiquetado con frases no valorativas nos ayuda a tener presente que los pensamientos y emociones son experiencias pasajeras que cruzan por nuestra cabeza. No siempre tenemos que creérnoslas, tomárnoslas en serio o actuar conforme a ellas, aunque podemos hacerlo si ésa es nuestra decisión.

- El etiquetado valorativo aumenta el sufrimiento emocional y dificulta que actuemos con prudencia en las situaciones difíciles. Aunque es imposible deshacerse por completo de los pensamientos valorativos, existen muchas maneras de reformularlos para que sean menos dañinos.

- El etiquetado no siempre es necesario. Practica hasta que te familiarices con el etiquetado y sus ventajas. Entonces recuerda que la observación plenamente consciente se puede practicar con o sin etiquetado.

RESPUESTAS A LA FICHA DE ACTIVIDAD
DEL ETIQUETADO DE UNA PALABRA

SENSACIONES (S), PENSAMIENTOS (P),
EMOCIONES (E) E IMPULSOS (I)

1. ¿Por qué es tan grosero? T	9. Tristeza E	17. Tengo demasiado trabajo pendiente P
2. Furia E	10. Tentación de quedarse en cama I	18. Tentación de abandonar I
3. Latidos fuertes S	11. Pesadez en el pecho S	19. Ardor de estómago S
4. Tentación de gritar I	12. No debería sentirme así P	20. Ansiedad E
5. Espero que nadie me viera P	13. Temblores en las piernas S	21. Frustración E
6. Calor en la cara S	14. Lo estoy estropeando todo P	22. ¿Por qué no ha llamado? P
7. Vergüenza E	15. Deseo de marcharme I	23. Deseo de ver los mensajes I
8. Deseo de esconderse I	16. Temor E	24. Decepción E

10

Actuar con plena conciencia

«Cuando lavas los platos, sólo deberías estar lavando los platos.»

THICH NHAT HANH[78]

Thich Nhat Hanh es un famoso maestro de zen, profesor de mindfulness, pacifista y escritor. Nació en Vietnam en 1926, vive en Francia y enseña mindfulness en todo el mundo. En uno de sus famosos libros, describe dos maneras de lavar los platos: con conciencia plena, que es aquella en la que se es completamente consciente del proceso y se observan el agua, el detergente, los olores, los sonidos, las sensaciones y el movimiento del cuerpo mientras se trabaja. La otra manera es lavarlos sin prestar atención, mientras se piensa en otras cosas.

Los profesores de mindfulness denominan a la segunda manera «el piloto automático». De la misma forma que un avión puede volar solo mientras el piloto hace otra cosa, nuestros cuerpos pueden hacer muchas cosas mientras nuestras mentes están en otra parte. Comemos mientras leemos o vemos la televisión; caminamos o conducimos mientras planificamos el día o nos enfrascamos en ensoñaciones; cocinamos, lavamos, preparamos a los hijos para acostarlos... y todo mientras andamos preocupados por el futuro o el pasado.

Las más de las veces, esto no provoca ningún perjuicio grave. La capacidad para funcionar automáticamente suele ser algo provechoso. Así, podemos buscar la señalización de la carretera o hablar con los pasajeros mientras conducimos automáticamente; planificar el día mientras nos dirigimos andando al trabajo podría ser un uso constructivo del tiempo, y los platos pueden quedar perfectamente limpios, aunque estemos fantaseando, escuchando música o hablando con alguien mientras los lavamos.

Por otra parte, es verdad que podemos cometer errores actuando con el piloto automático. Nos olvidamos de cosas que teníamos intención de llevar a cabo, tales como hacer la compra de camino a casa desde el trabajo. Actuamos por costumbre, como el dirigirnos caminando hacia la antigua oficina después de habernos trasladado a otra. A veces, provocamos daños graves o incluso mortales: son numerosos los accidentes de tráfico causados por personas que conducían con el piloto automático mientras hablaban por teléfono. Y podemos perdernos innumerables momentos de nuestras vidas que, cada uno a su manera, podrían haber sido interesantes, hermosos, agradables, importantes o significativos: la puesta de sol cuando sacamos la basura; el sabor de un plato interesante o la risa de un hijo mientras chapotea en la bañera.

Las investigaciones demuestran que las personas que pasan menos tiempo con el piloto automático puesto son más felices y se sienten más satisfechas con la vida.[79] En un estudio famoso, varios miles de adultos de todas las edades fueron llamados por teléfono a intervalos aleatorios para hacerles tres preguntas: (1) ¿Qué está haciendo ahora mismo?, (2) ¿Estaba concentrado en lo que hacía o en otra cosa? y (3) ¿En qué medida se sentía feliz?

Los participantes eran sistemáticamente más felices cuando estaban concentrados en lo que estaban haciendo, con independencia de qué se tratara. Hay tres probables razones para esto. Primero, la conciencia del momento presente nos impide caer en las trampas psicológicas de las que se ha hablado anteriormente: la rumiación, la evitación, la conducta inducida por las emociones y la autocrítica. Segundo, hacerlo nos permite tomar decisiones prudentes en las situaciones difíciles. Y tercero, nos ayuda a apreciar los pequeños aunque preciosos momentos de la vida.

Tal cosa no implica que no debamos actuar nunca con el piloto automático; sería un objetivo irreal. Sin embargo, con la práctica podemos aprender a ser más conscientes de lo que estamos haciendo en el presente. El esfuerzo bien merece la pena. Una vez que hayamos perfeccionado la capacidad para actuar con conciencia plena, podremos decidir cuándo prestar atención, y cuándo actuar con el piloto automático.

Los siguientes ejercicios fomentan esta capacidad. Empezaremos con un ejercicio de comer con plena conciencia de ello y otro de pasear. Luego analizaremos dos maneras habituales de actuar en la vida moderna: la multitarea y las prisas.

El ejercicio de la uva pasa

Este famoso ejercicio es utilizado por muchos profesores de mindfulness, y su propósito es convertir el acto de comer (una actividad rutinaria que hacemos cada día sin que con frecuencia reparemos demasiado en ella) en un acto plenamente consciente.

Necesitarás unas cuantas pasas. Mientras te preparas para hacer este ejercicio, imagina que eres un explorador del espacio exterior que visita la Tierra. Al igual que todos los exploradores, todo lo que te encuentras despierta en ti un profundo interés. En este momento, te has encontrado con estos pequeños y arrugados elementos. Muestra el mayor interés y curiosidad posibles.

El resto de las instrucciones se enumeran a continuación.

EJERCICIO DE LAS PASAS[80]

1. Coloca suavemente una pasa en la palma de tu mano y mírala con atención. Observa su forma, tamaño y color, así como los reflejos luminosos que despide. Mira atentamente las arrugas y las variaciones de color; hazla rodar para mirarla desde diferentes lados. Cógela entre el pulgar y el índice y dale vueltas lentamente, estudiándola desde todos los ángulos. Levántala hacia la luz y observa todo lo que haya que ver.

2. Vuelve a ponerla en la palma de la mano y observa lo que sientes. Percibe su peso y las sensaciones allí donde entra en contacto con tu palma. Frótala suavemente con un dedo y reconoce la textura. Cógela de nuevo y observa qué notas teniéndola entre el pulgar y el índice.

3. Sujétala debajo de tu nariz e inhala suavemente para percibir su olor. Si el olerla te provoca sensaciones en la boca del estómago, obsérvalas.

4. Es posible que surjan asociaciones, recuerdos y pensamientos; si fuera así, en la medida que puedas obsérvalo todo sin juzgar. Si prefieres, utiliza etiquetas, tales como «pensamientos», «recuerdos», o «imágenes». Vuelve lentamente tu atención a la observación de la pasa.

5. Sujeta la pasa junto a tu oreja y estrújala ligeramente mientras la haces rodar entre el pulgar y el índice, atento a los sonidos que haga.

6. Vuelve a examinar la pasa durante unos segundos. Si te vienen

ideas o sensaciones a la cabeza sobre la pasa o el ejercicio, préstales atención y vuelve a centrarte en la pasa.

7. Llévate lentamente la pasa a la boca, pendiente de lo que sientes en tu brazo al hacerlo.

8. Rózate suavemente los labios con la pasa y observa las sensaciones. Repara en todo lo que sucede en tu boca cuando lo haces.

9. Métete la pasa en la boca y pósatela en la lengua. Observa lo que suceda.

10. Experimenta moviendo la pasa por la boca, colocándotela primero en un carrillo y luego en el otro. Percibe las sensaciones y la textura.

11. Ponte la pasa entre los dientes de arriba y los de abajo. Muérdela lentamente, y observa lo que le sucede a su textura. Presta atención al gusto y a lo que sientes en la boca.

12. Mastica despacio la pasa, atento a los movimientos, sabores, texturas y sensaciones, así como a los cambios del fruto mientras lo masticas.

13. Permanece atento a cuando sientas el primer impulso de tragar. Detente y estudia el impulso.

14. Observa los movimientos y sensaciones cuando tragues.

15. Presta atención a lo que ocurre a continuación. Observa mientras se desvanecen los trozos que queden.

16. Cuando la pasa haya desaparecido, fíjate en las secuelas: sabores, sensaciones, pensamientos, imágenes, recuerdos o emociones.

17. Repite todo el proceso con otra pasa.

* *

El ejercicio de la pasa ilustra los aspectos importantes de ejecutar de modo plenamente consciente las actividades rutinarias.

1 – Observamos detalles que generalmente pasamos por alto

Cuando prestamos atención a algo que normalmente hacemos de manera automática, percibimos muchas cosas que no hemos observado con anterioridad, aunque siempre hayan estado presentes. He aquí algunos comentarios de los alumnos de un curso de reducción del estrés basado en el mindfulness (MBSR):

«Nunca había prestado atención a una pasa. No es algo demasiado atractivo, con su aspecto seco y arrugado y más bien desagradable. Si fuera un marciano, puede que no se me ocurriera comerme una.»

«La primera vez que me la metí en la boca me pareció bastante insípida. Pero después de morderla, la boca se me llenó de su sabor. Me sorprendió lo sabrosa que podía ser una pasa. Por lo general, las como a puñados, y no aprecio tanto el sabor.»

«¡Nunca había intentado escuchar a una pasa! Al principio me pareció algo ridículo, pero luego oí realmente unos ruiditos.»

2 – La mente tiene vida propia

Es normal que durante este ejercicio la mente se distraiga y surjan recuerdos, planes, ideas y emociones. Las cadenas de asociaciones pueden hacernos viajar por el tiempo. He aquí más observaciones del curso de MBSR:

«Me acordé de cuando hacía galletas de avena con pasas con mi hermana, siendo niños. Fue un recuerdo agradable y decidí hacer galletas ese fin de semana. De ahí pasé a pensar en lo que tenía que comprar: pasas, avena y no estaba segura de qué más. Intenté recordar la vieja receta de mi madre, preguntándome si la tendría escrita en alguna parte. De pronto, recordé que tenía que centrarme en la pasa.»

«Me vino la imagen a la cabeza de un viñedo que había visitado el verano anterior. Me puse a pensar en lo jugosas que están las uvas en la parra y en lo secas y arrugadas que se quedan cuando se convierten en pasas.»

«Comer la pasa me recordó que no había tenido tiempo para comer porque mi jefe quiso que me quedara hasta tarde. Casi no llego a tiempo al curso, y estaba hambriento e irritado. Empecé a pensar en todos mis problemas en el trabajo y me costó centrarme en la pasa.»

«Nunca me habían gustado las pasas y no quería comérmela. Aun así, lo hice. Siguen sin gustarme, aunque no estaba tan mala. No fue tan desagradable como pensé que sería.»

«Nos pasamos tanto tiempo mirando las pasas que acabé cogiéndole cariño a la mía. Luego me pareció una crueldad comérmela. Me dije que era una ridiculez.»

3 — Prestar atención intensifica las experiencias agradables y las desagradables por igual

Si te gustan las pasas, tal vez te hayas dado cuenta de que comerlas con plena conciencia convierte la experiencia en algo más agradable de lo normal. Lo mismo ocurre con otras experiencias agradables de la vida cotidiana, que se hacen más vívidas, ricas e intensas si les prestamos toda nuestra atención.

¿Y si no te gustan las pasas? Los beneficios de la atención plena de las experiencias desagradables son menos evidentes, aunque igual de importantes. Nuestras reacciones habituales a lo desagradable suelen conducirnos a las trampas psicológicas, como en el caso del participante del MBSR que acabó enganchado a las cavilaciones sobre su trabajo, o el del que se recriminó cogerle cariño a su pasa. Si somos plenamente conscientes de lo desagradable, en lugar de intentar evitarlo, las más de las veces podremos tolerarlo con más facilidad de lo que creemos, y así seremos capaces de decidir con prudencia la manera de reaccionar.

Variaciones del ejercicio de la pasa

- Come plenamente consciente de ello un alimento que te guste muchísimo, como puede ser el chocolate o un helado. Practica paladeando los sabores, texturas y sensaciones agradables.
- Come plenamente consciente de ello algo que no te guste nada, algo que lleves tiempo evitando comer. En la medida que te sea posible, practica sin juzgar la observación del sabor, la textura y tus sentimientos de aversión. No olvides que el propósito no es torturarte, sino practicar el mindfulness de una experiencia desagradable, aunque inocua.
- Come plenamente consciente de ello algo que comas a menudo, pero que no sea muy saludable, algo que lleve sustancias químicas, ingredientes artificiales o altos contenidos de grasa, azúcar o sal.
- Come plenamente consciente de ello tus comidas y tentempiés habituales.

He aquí algunos relatos de los alumnos de un curso de mindfulness sobre actos de comer siendo plenamente conscientes de ello: Scott trabaja para una empresa de paisajismo; Alison es auxiliar administrativa de un hospital; Jason es estudiante universitario, y Judy es profesora jubilada.

La experiencia de Scott con un burrito

«Después de una larga mañana plantando y podando árboles, paré para comerme un burrito de carne. Como muchos burritos, pero nunca soy plenamente consciente de que estoy comiendo; por lo general, como y al mismo tiempo repaso mis tareas vespertinas. Lo primero que observé es lo largo que era el burrito, y las ganas que tenía de comérmelo. Luego lo olí. La boca se me hizo agua, las tripas me hicieron ruido y sentí un hambre atroz. Entonces le di un mordisco, y reparé en todos los deliciosos sabores y texturas: el arroz blando y gomoso y un poco dulce; el gusto fuerte de la cebolla y el pepinillo, cuya textura suave y resbaladiza noté en la boca; la salsa era fría, húmeda y suave; los trozos de carne, ásperos y duros por fuera, eran excepcionalmente jugosos por dentro. También percibí el picante de las especias. La nariz empezó a gotearme y la frente se me perló de sudor.

»Lo disfruté tanto que mi mente apenas se distrajo. Sólo en una ocasión pensé en el trabajo que tenía que hacer después de comer. Lo más sorprendente es que me llené más rápidamente de lo normal y no me terminé el burrito. Por lo general, me lo como entero.»

La experiencia de Alison con las galletas de la máquina expendedora

«Tengo la mala costumbre de comer los tentempiés insanos de la máquina expendedora del trabajo. Un día de esta semana compré un paquete de galletas. Las había comido muchas veces y creía que me gustaban. Pero en esta ocasión, decidí comerlas de una manera plenamente consciente, y fue una verdadera sorpresa: no me gustaron nada. La primera me supo a productos químicos y tenía una textura desagradable. Al principio, estaba seca y arenosa, y luego, a medida que iba masticando, la noté viscosa. Me pareció increíble. Comí otra para asegurarme y me resultó igual de mala. Las examiné detenidamente para ver si estaban mohosas, pero tenían un aspecto normal. Tiré el resto a la basura.

»La experiencia me resultó muy interesante, así que probé a comer plenamente consciente de ello otras cosas de la máquina expendedora, y me di cuenta de que la mayoría sabía a sustancias químicas y que no tenían nada de agradable. Ahora me siento mucho más inclinada a llevarme tentempiés más sanos al trabajo.»

La experiencia de Judy con el desayuno y el periódico

«Habitualmente leía el periódico mientras desayunaba, pero esta semana probé a comer siendo plenamente consciente al hacerlo y a leer el periódico después. Al principio, fue interesante saborear de verdad mis cereales y mi tostada, pero al cabo de un par de días decidí volver a comer mientras leía el periódico. No creo que me esté perdiendo tanto; como lo mismo todas las mañanas, y la verdad es que disfruto leyendo la prensa mientras lo hago.

»Aunque sí que he advertido un efecto del acto de comer plenamente consciente de ello. Ahora mi atención parece desviarse hacia los alimentos más a menudo, aunque sólo por unos instantes, durante los que aprecio el sabor de la tostada, que es de un pan muy bueno de una panadería local. Así que la disfruto un poco más, aunque sigo leyendo la prensa mientras como.»

La experiencia de Jason con una gominola con sabor a barro

«Mi amigo Thomas tenía unas gominola Harry Potter e hicimos la prueba de comer con atención plena los asquerosos sabores. Cuando me metí a la boca una con sabor a barro, me preparé para afrontar una experiencia desagradable, aunque al principio no fue tan mala, pues era insípida. Entonces la mordí y su sabor inundó mi boca. Sentí una reacción de asco y un irrefrenable impulso de escupirla. Con una mueca, intenté apartar la lengua de aquello. En ese momento pensé que debía esperar, que aquello no me iba a matar y que debía prestarle más atención. La mastiqué plenamente consciente de ello y la tragué, aunque mucho más deprisa que la pasa. Sin duda, era una gominola asquerosa, aunque a su manera un tanto extraña, fue una experiencia muy interesante.

»Al final, decidí que aquélla era una buena manera de practicar la observación de las cosas que no me gustan. En otras situaciones, cuando me encuentro con algo desagradable, existe el riesgo de que haga cosas de las que luego me arrepienta. Aquello me enseñó que puedo pararme y pensar en lo que debo hacer. No tengo por qué reaccionar de inmediato, por más fuerte que sea el impulso de evitar algo.»

La experiencia de Scott ilustra dos importantes consecuencias de comer con conciencia plena: la de apreciar los sabores y texturas agradables y la de advertir cuándo se había llenado. La de Alison es también bastante frecuente: darse cuenta de que solemos comer cosas que, si les prestásemos atención, no nos gustarían. La vivencia de Judy demuestra que podemos elegir cuándo comer mientras realizamos otra actividad, y Jason nos enseña que comer atentamente cosas que no nos gustan es una manera útil de enfrentarnos a lo desagradable.

Caminar con atención plena[81]

Caminar siendo plenamente consciente de ello es otra manera de ser conscientes de nuestro comportamiento en el momento presente. A continuación te facilitamos las instrucciones para un ejercicio de paseo meditativo. Necesitarás un lugar donde puedas caminar lentamente de un lado a otro sin ningún destino: una habitación, un patio o un jardín. Escoge un lugar donde no tengas que preocuparte por ser observado.

Al igual que en el ejercicio de la pasa, imagina que eres un explorador de otro planeta. Durante tu visita a la Tierra, has adoptado la forma humana. Ésta es tu primera experiencia de caminar dentro de un cuerpo humano, así que tienes una gran curiosidad por saber lo que se siente.

MEDITACIÓN AMBULANTE

1. Empieza quedándote quieto. Deja que tus brazos cuelguen relajadamente a los costados o entrelaza las manos con suavidad por delante del abdomen. Respira varias veces con atención plena. Observa las sensaciones de tu cuerpo.

2. Todavía sin moverte, mira si puedes dirigir la atención a tus pies. No tienes necesidad de mirarlos; mira hacia delante en la dirección hacia la que te dirigirás. Observa lo que sientes en los pies mientras estás parado. Siente el peso mientras te soportan y presta atención al contacto con los zapatos, los calcetines, la tierra o el suelo.

3. Cambia el peso a una pierna lentamente. Deja que la otra rodilla se doble y que el talón se separe del suelo. Mueve este pie despacio hacia delante por el aire y planta el talón a poca distancia de donde te encuentras.

4. Echa lentamente el peso de tu cuerpo hacia delante, mientras observas cómo el pie delantero baja hasta el suelo y el talón del pie retrasado se levanta. Detente aquí. Observa cómo se equilibra tu peso y percibe las sensaciones que sientes en los pies y las piernas.

5. Levanta el pie más retrasado y adelántalo por el aire lentamente hasta colocar el talón delante de ti.

6. Sigue andando muy despacio por la habitación. En la medida de lo posible, percibe lo que sientes en los pies y en las pantorrillas mientras caminas.

7. Experimenta con un etiquetado silencioso: «levantar», «moverse», «colocar», «cambiar». El etiquetado ayuda a la concentración; algunas personas lo encuentran una molestia. Prueba con y sin etiquetas.

8. Cuando llegues al otro lado de la habitación o el jardín, vuelve a pararte. Repara en tu respiración y en lo que sientes por todo tu cuerpo.

9. Date la vuelta lentamente. Presta atención a los complejos movimientos que conlleva darse la vuelta. Regresa muy despacio al otro lado.

10. Cuando tu mente se desvíe, haz que vuelva a centrarse lentamente en el acto de caminar.

11. Si observas que surgen pensamientos críticos sobre el ejercicio, te parece extraño o tonto, pierdes el equilibrio, te desconcentras o cualquier otra cosa, etiqueta lo que sea brevemente y vuelve a concentrarte en el paseo.

* *

Varía el ejercicio caminando a un paso normal o rápido. Experimenta con la observación de tus brazos y manos, de tu cuerpo como un todo o de tu respiración. Intenta desviar tu atención hacia las vistas y sonidos de tu entorno exterior.

Ésta es una forma de meditación, así que practícala permitiendo que el momento presente sea tal cual es y limitándote a observarlo. No tienes que ir a ninguna parte, así que no tienes más objetivos que observar la experiencia.

Caminar con conciencia plena en la vida diaria

En la vida cotidiana solemos tener un destino y preferimos caminar a un paso normal. Aun así, podemos hacerlo de modo plenamente consciente. He aquí algunos comentarios sobre un paseo de modo plenamente consciente de unos alumnos de un curso de mindfulness:

«Habitualmente, cuando voy caminando a una reunión en otro edificio, llevo el teléfono en la mano para consultar los correos y enviar mensajes de texto. Decidí caminar con conciencia plena sin el teléfono, y me di cuenta de la cantidad de cosas que pasan en ese paseo de cinco minutos. Percibí olores que jamás había notado antes, como el hormigón asfáltico caliente, los humos de los coches y ese vago aunque fresco olor del exterior.

»También me di cuenta de lo rápido que tiendo a caminar, a toda prisa y absorto en mi mundo. En esa ocasión, caminé más lentamente y me percaté de que tanto mis hombros y mi cuello como mi respiración estaban mucho más relajados. Me costó un poco dejar que los pensamientos pasaran de largo, pero centrarme en mis sentidos me ayudó a volver al momento presente.»

«Intenté caminar de modo plenamente consciente hasta el coche después del trabajo. Me costó. No era capaz de dar tres pasos siendo plenamente consciente de ello sin que desconectara y me metiera en algún otro mundo, preocupándome por mi jornada laboral. Me sentí muy frustrado conmigo mismo y pensé que lo estaba haciendo fatal. Entonces me di cuenta de que me estaba juzgando. Mi mente seguía deambulando y yo venga a hacerla volver a centrarse en mis pasos. Traté de librarme de la crítica y volver a centrarme sólo en el paseo.»

«Practiqué el mindfulness mientras sacaba a pasear a mi perro. Sentía el movimiento de mis pies y oía los chasquidos de las uñas del perro contra el pavimento. Había mucho que observar, así que me costó decidirme en qué concentrarme. Me di cuenta de que era mejor escoger una cosa, como la sensación de la brisa en mi cara. Al cabo de un rato, cambié a los sonidos, y más tarde volví a centrarme en las sensaciones de mi cuerpo en movimiento.»

Como cualquier ejercicio de meditación, el caminar de modo plenamente consciente puede ser agradable o molesto, fácil o difícil, y pueden surgir tanto los pensamientos valorativos como las emociones negativas. No pasa nada; el objetivo no es sentirse de una manera concreta, sino observar lo que está sucediendo.

Más ejercicios: actuar con plena conciencia

Uno puede hacer casi cualquier cosa siendo plenamente consciente de ello. Ya has visto que puede hacerse al comer, pasear y lavar los platos. Lo que viene a continuación es una lista de otras posibilidades. Empieza con una cada día, y poco a poco ve añadiendo más. Con el tiempo, te volverás diestro en reconocer cuándo estás con el piloto automático y redirigir la atención al momento presente, *siempre que decidas hacerlo.*

- Cepillarse los dientes.
- Bañarse o ducharse.
- Acariciar o cepillar a tu perro o gato.
- Cargar o vaciar el lavavajillas.
- Cargar o vaciar la lavadora o la secadora.
- Doblar la colada o planchar.
- Cortar el césped o arrancar las malas hierbas del jardín.
- Cocinar.
- Cantar, tocar un instrumento, bailar o hacer ejercicio.
- Cualquier manualidad o afición (coser, pintar, carpintería, etcétera).

Conciencia plena de la multitarea

Piensa en este ejemplo:

«Anoche lavé los platos plenamente consciente de ello al hacerlo. Sentí el agua caliente arremolinándose en torno a mis manos y oí el repiqueteo de los platos. Oí incluso el estallido de las burbujas, algo que jamás había percibido. Fue una experiencia agradable y apacible, y disfruté de estar en el momento. Pero dan un programa de radio que me gusta escuchar cuando lavo los platos de la cena. Forma parte de mi rutina nocturna. ¿Significa esto que no estoy practicando la atención plena?»

No necesariamente. A veces es posible practicar la atención plena mientras haces dos tareas al mismo tiempo. La próxima vez que laves los platos escuchando la radio, observa lo que está sucediendo con tu atención; probablemente repares en que va de un lado a otro. A veces, estarás absorto en la radio y lavando los platos automáticamente; en otras ocasiones, atenderás a los platos y le perderás la pista a la radio; aun habrá momentos en que estarás atento a ambas cosas, y otros en que no prestarás atención a ninguna, porque estarás pensando o perdido en las ensoñaciones.

Acuérdate de no juzgar ninguna de estas experiencias. Tal vez descubras que lavar los platos con el piloto automático puesto mientras escuchas la radio es agradable e inocuo; o puede que seas capaz de ensanchar tu atención para incluir lo uno y lo otro. Cuanto más practiques el mindfulness, más capacitado estarás para reconocer adónde se dirige tu atención. Entonces, si así lo decides, podrás redirigirla.

La historia de Anna

Anna, de treinta y seis años, está casada y tiene dos gemelas de nueve. Ella y su marido, John, tienen sendos empleos a jornada completa: ella es trabajadora social y él, abogado. Aunque su matrimonio y su vida familiar son felices, a Anna le resulta difícil arreglarse con las exigencias de un trabajo a jornada completa y la participación en las actividades de sus hijas. Sigue un curso de mindfulness para reducir sus niveles de estrés.

Después de aprender el ejercicio de las pasas, Anna manifestó su deseo de hacer menos multitareas y centrarse en una cosa cada vez, pero no consigue ver la manera de cumplir con sus responsabilidades sin hacer varias cosas al mismo tiempo. Su profesor la anima a que practique la observación no valorativa de las tareas múltiples a lo largo de la semana, utilizando la ficha de actividad de la siguiente página.

Hacer varias cosas al mismo tiempo es muy frecuente; Anna cumplimentó dos fichas en un solo día. Se facilita una copia en blanco para tu uso. No te olvides de hacer copias.

FICHA DE ACTIVIDAD: CONCIENCIA PLENA DE LA MULTITAREA

*** No te olvides de mantener una actitud curiosa y amable ***

Día y hora	¿Qué cosas estabas haciendo al mismo tiempo?	Valoración de la complacencia de 1 a 5	Ventajas	Inconvenientes
¿Cuándo tuvo lugar este ejemplo de multitarea?	Anota dos o más conductas o actividades que intentabas hacer simultáneamente.	¿Fue gratificante hacer esas cosas al mismo tiempo? 1: muy desagradable. 2: un poco desagradable. 3: ni lo uno ni lo otro. 4: ligeramente agradable. 5: muy agradable.	¿Cuáles fueron las ventajas de hacer esas cosas al mismo tiempo?	¿Cuáles fueron los inconvenientes de hacer esas cosas al mismo tiempo?

FICHA DE ACTIVIDAD: CONCIENCIA PLENA DE LA MULTITAREA

Tu nombre: Anna

*** No te olvides de mantener una actitud curiosa y amable ***

Día y hora	¿Qué cosas estabas haciendo al mismo tiempo?	Valoración de la complacencia de 1 a 5 (1: muy desagradable – 5: muy agradable)	Ventajas	Inconvenientes
Martes, 07.00	Di el desayuno a las niñas y hablé con John sobre los planes para esa noche.	3. Ni lo uno ni lo otro.	Había que hacer las dos cosas, no hay demasiado tiempo por la mañana.	Un poco acelerada, aunque ningún auténtico problema.
Martes, 07.45	Mientras llevaba a las niñas al colegio repasé con ellas la ortografía de las palabras del examen de hoy.	5. Fue divertido, las tres disfrutamos.	Las niñas querían repasar, eso les hizo ir seguras al examen.	Tener que prestar atención al conducir.
Martes, 08.15	Mientras hacía el trayecto en coche a la oficina consulté los correos electrónicos en el teléfono.	2. El nivel de estrés aumenta cuando empiezo a pensar en lo que me espera a lo largo del día.	Adelantar el trabajo que tengo que hacer cuando llegue a la oficina.	No fijarme por dónde voy. Realmente no consigo mucho.
Martes, 10.30	Contestar una llamada telefónica mientras voy en coche a visitar a un cliente a su casa.	3. Ni lo uno ni lo otro.	La llamada era importante, algo que tenía que saber para la visita domiciliaria.	Casi me salto un semáforo en rojo. Sé que es peligroso hablar por teléfono mientras se conduce.
Martes, mediodía	En el trabajo, comer un bocadillo mientras escribo un informe.	1. Muy irritante, dejando constantemente de escribir para coger el bocadillo, difícil concentrarse.	Había que hacer el informe y tenía que comer.	Me hizo sentir malhumorada, ir atropellada y desorganizarme.

FICHA DE ACTIVIDAD: CONCIENCIA PLENA DE LA MULTITAREA

Tu nombre: Anna (continuación)

*** No te olvides de mantener una actitud curiosa y amable ***

Día y hora	¿Qué cosas estabas haciendo al mismo tiempo?	Valoración de la complacencia de 1 a 5 (1: muy desagradable – 5: muy agradable)	Ventajas	Inconvenientes
Martes, 13.30	En el trabajo, escribí un informe mientras ayudaba a una empleada nueva. No paró de entrar en mi despacho a hacer preguntas.	1. Me molestaba cada vez que me interrumpía, pero es mi cometido formarla, sus preguntas eran buenas.	Había que hacer ambas cosas.	No paré de perder el hilo de lo que intentaba escribir, me sentí dispersa e ineficaz.
Martes, 18.30	Hice la cena con John, hablando del día.	5. Es agradable pasar el tiempo juntos.	Hicimos la cena y hablamos.	No se me ocurre ninguno.
Martes, 19.30	Lavé los platos mientras escuchaba la radio.	5. Me sentí relajada y me gustó el programa de radio.	Una manera agradable de lavar los platos.	Supongo que no estuve totalmente presente con los platos, pero quedaron limpios.
Martes, 20.00	En casa, traté de ponerme al día con el papeleo del trabajo y estar disponible para las preguntas de las niñas sobre sus deberes.	2. Frustrante. Me gusta ayudar a mis hijas con los deberes, pero sentí que tiraban de mí en dos direcciones.	Había que hacer ambas cosas.	No conseguí concentrarme en ningún momento, sin parar de perder el hilo de lo que estaba haciendo con el papeleo.
Martes, 22.00	John y yo doblamos la ropa limpia mientras veíamos la tele. (Las niñas acostadas.)	4. Agradable y apacible.	Había que doblar la ropa, John y yo necesitábamos un rato para relajarnos juntos.	Ojalá tuviera tiempo para ver la tele sin tener que hacer una tarea casera al mismo tiempo.

FICHA DE ACTIVIDAD: CONCIENCIA PLENA DE LA MULTITAREA

Tu nombre:

*** *No te olvides de mantener una actitud curiosa y amable*** *

Día y hora	¿Qué cosas estabas haciendo al mismo tiempo?	Valoración de la complacencia de 1 a 5 (1: muy desagradable – 5: muy agradable)	Ventajas	Inconvenientes

Anna aprendió que algunas formas de multitarea son agradables o útiles, otras neutras o inocuas y otras desagradables o peligrosas.[82] Las observaciones de Anna son coherentes con las investigaciones sobre la multitarea. Las actividades que no exigen mucho esfuerzo mental, tales como caminar, comer, escuchar música, ver la televisión y las faenas caseras sencillas, a menudo se pueden combinar.

Cuando dos tareas requieren concentración, como escribir un informe o responder a las preguntas de un subordinado, es imposible hacerlas simultáneamente, ya que tu atención va y viene. Cada vez que cambias de actividad, pierdes el hilo de los pensamientos y es difícil volver a recuperarlo. Hacer las cosas así es ineficaz y puede hacernos sentir estresados y caóticos.

Algunas formas de multitarea son peligrosas. Los estudios demuestran que conducir mientras se usa el teléfono es tan peligroso como hacerlo embriagado, y los teléfonos manos libres no mejoran la situación. Mientras experimentas con la conciencia plena el efectuar una multitarea en tu vida diaria, por favor, no conduzcas mientras utilizas el teléfono. No vale la pena poner en peligro tu vida o la de otro.

Después de observar sus experiencias con la multitarea durante una semana, Anna decidió cambiar parte de su comportamiento, empezando con lo de trabajar durante la comida. Descubrió que tomarse aunque fueran sólo quince minutos para comer era más productivo que tratar de comer y trabajar al mismo tiempo. Por un lado, disfrutaba de su comida, y luego podía concentrarse más eficientemente en el trabajo. También dejó de utilizar el teléfono durante el corto trayecto a pie desde el coche al despacho; en su lugar, practicó la observación plenamente consciente de su entorno y se sentía más descansada cuando entraba en el edificio.

A continuación, reflexionó sobre el tiempo de los deberes de sus hijas. La prioridad absoluta sería animarlas a que trabajaran con independencia, pero estar disponible cuando tuvieran preguntas que hacer. Así que, en lugar de realizar actividades que requiriesen una concentración absoluta, para esos momentos se decidió por otras que le exigieran menos esfuerzo mental, como las tareas del hogar o una lectura ligera. Esto hizo que las interrupciones de sus hijas fueran menos agotadoras.

La multitarea en el trabajo es una cuestión más espinosa. Anna programó unas reuniones regulares con sus supervisados y les pidió que en la medida de lo posible guardaran sus preguntas para tales encuentros. Esto le permitió disponer de un tiempo sin interrupciones para otras tareas como la redacción de los informes, que exigen una concentración constante.

Consideraciones finales sobre la multitarea

«Multitarea» es un término procedente de la informática, y hace referencia a los trabajos realizados por las unidades centrales de procesamiento. En la vida cotidiana, la multitarea es difícil de definir. ¿Qué se considera tarea? Cuando lavas los platos, de pie delante del fregadero manteniendo el equilibrio, y sujetas un plato con una mano mientras lo friegas con la otra, al tiempo que controlas la desaparición de los restos de comida y disciernes cuándo está limpio, ¿es esto multitarea o sólo estás lavando los platos?

Desde la perspectiva de la conciencia plena, da lo mismo. La cuestión es practicar la observación imparcial de tu comportamiento en ese momento. Sabemos que se pueden combinar algunos comportamientos, pero que intentar hacer demasiadas cosas a la vez puede resultar desagradable, estresante, ineficaz e incluso pe-

ligroso. Observa tu propia experiencia con franqueza y curiosidad
y compruébalo personalmente.

Una vez que comprendas lo que es actuar con plena conciencia, puedes decidir cómo dirigir tu atención. Si «escoges» desayunar de manera automática mientras lees el periódico, no pasa
absolutamente nada. Prueba a hacerlo de ambas maneras. Desayunar con tu atención centrada en ello y leer el periódico después
podría ser más satisfactorio. O no. O podría variar de un día a
otro. Presta atención, y comprobarás qué es lo que más te con-
viene.

Prisas plenamente conscientes

Por buenas razones, muchos de los ejercicios de mindfulness se
hacen lentamente; es más fácil observar el momento presente con
imparcialidad e interés cuando no actuamos con prisa. Por otro
lado, esto provoca la impresión errónea de que tenemos que ser
lentos para practicar la conciencia plena. En las clases de mindfulness, la gente suele decir que no tienen tiempo para ser plenamente conscientes porque tienen prisa.

De hecho, podemos practicar el mindfulness haciendo las cosas rápidamente. Si sólo dispones de unos minutos para acudir
andando a una reunión que se celebra en un edificio alejado, procura caminar lo más deprisa que puedas y con plena atención. Date
cuenta de los movimientos de tu cuerpo mientras avanzas a grandes zancadas; observa tu respiración y el aire que sopla con fuerza;
fíjate en tu entorno y observa tus pensamientos: ¿te estás criticando por llegar tarde? ¿Le das vueltas al hecho de que siempre
llegas tarde? ¿Te preocupa lo que sucederá si llegas tarde? Acepta
rápidamente los pensamientos etiquetándolos («Ah, ya están aquí

los pensamientos y las preocupaciones») y vuelve a centrar tu atención en caminar rápida y plenamente consciente.

Prueba a hacer esto siempre que tengas prisa. Si tienes diez minutos para comer, come con plena conciencia de ello y rápidamente. Fíjate en las sensaciones, los gustos y los movimientos, reconoce los pensamientos y las emociones, y vuelve a centrar tu atención en comer.

Hay muchos estudios que demuestran que sumergirte en lo que sea que estés haciendo, de manera que te centres completamente en ello, origina un estado denominado «fluir».[83] Cuando fluimos, nos sentimos fuertes, despiertos, implicados, con el control de la situación. Algunas actividades son tan agradables y apasionantes que conducen de forma natural a ese estado de fluir. Pero podemos experimentarlo en cualquier cosa que hagamos, con independencia de lo tediosa que sea, si le prestamos toda nuestra atención. He aquí una descripción de Jon Kabat-Zinn, un destacado maestro del mindfulness, de la limpieza con atención plena de la estufa mientras escuchaba jazz:

«La limpieza se convirtió en baile, en el que los sonidos, los ritmos y los movimientos de mi cuerpo se fusionaron, se mezclaron, y los sonidos cobraron forma con los movimientos…

»[…] todo subiendo y bajando compenetrado con la conciencia plena de la música. Un gran baile del presente, una celebración del ahora. Y al final, una estufa limpia».[84]

El mensaje es evidente: actuar con plena conciencia proporciona mayor felicidad y satisfacción que obrar con el piloto automático puesto, por más que lo que tengamos que hacer sea algo potencialmente aburrido o desagradable, como limpiar una estufa. Y hacer atentamente dos cosas a la vez, como escuchar música mientras se limpia, puede engrandecer la experiencia.

Pero ¿y si tienes que hacer algo que sea más exigente, estresante, espantoso o doloroso que limpiar la estufa? Actuar con plena conciencia ayudará. También es importante practicar otra útil técnica: la *aceptación* del hecho de que sea difícil. La «aceptación» es un término engañoso y fácil de malinterpretar. En el siguiente capítulo, exploraremos la naturaleza de la aceptación consciente y las formas que tiene de ayudarnos con las experiencias difíciles.

Síntesis del capítulo

- Actuar con conciencia o prestando atención a lo que estamos haciendo mientras lo hacemos es una importante técnica del mindfulness que nos hace más felices y nos ayuda a esquivar las trampas psicológicas.
- Comer y caminar de modo plenamente consciente fomenta la capacidad de prestar atención a lo que hacemos en el momento presente. También podemos practicar la atención plena con la mayoría de las actividades rutinarias de la vida cotidiana.
- A veces es útil o agradable hacer dos cosas a la vez de modo plenamente consciente, como lavar los platos y escuchar música.
- Sin embargo, si las actividades exigen esfuerzo y concentración mentales, la multitarea puede ser estresante, ineficaz e incluso peligrosa. Practicar la observación plenamente consciente de tu tendencia a la multitarea te ayudará a tomar decisiones prudentes al respecto.

- Las prisas suelen ser estresantes. Actuar con plena conciencia mientras se hacen las cosas rápidamente puede reducir el nivel de estrés.

11

La aceptación y la disposición

*«Se requiere muchísima fortaleza y motivación para aceptar
lo que sea —sobre todo cuando no te gusta—, y luego actuar
con toda la sensatez y eficacia de la que seas capaz
en las circunstancias en las que te encuentres.»*

JON KABAT-ZINN[85]

Un nutrido grupo de fumadores que deseaban dejar de fumar se presentaron voluntarios para un experimento sobre la superación de su adicción.[86] Después de abstenerse de fumar durante al menos doce horas, comparecieron en el aula de una universidad. Mientras estaban sentados a un pupitre, todos y cada uno abrieron un paquete de cigarrillos, sacaron uno, se lo pusieron entre los labios y le acercaron un mechero sin encenderlo. Este proceder provocó unos irrefrenables impulsos de fumar.

Dependiendo del grupo en el que estuvieran, los participantes pusieron en práctica una de dos estrategias para superar el deseo de fumar. Durante unos veinte minutos, la mitad practicó la aceptación consciente de sus impulsos: observaron atentamente sus sensaciones, pensamientos y emociones sin intentar cambiarlas ni deshacerse de ellas; sintieron los impulsos sin juicios ni autocrítica, y observaron las fluctuaciones de los impulsos como si fueran olas, sin oponerse ni ceder a ellas. Los demás participantes hicieron lo que normalmente hacían cuando se resistían a los impulsos: trataron de ignorarlos o se distrajeron con otra cosa.

A lo largo de los siete días siguientes, todos hicieron un seguimiento de sus estados de ánimo, ganas de fumar y número de cigarrillos que fumaron. Los grupos no mostraron ninguna diferencia en cuanto a sus estados de ánimo; todos pasaron por los altibajos normales de la vida cotidiana. Tampoco se diferenciaron en cuanto a las ansias de fumar; todos siguieron teniendo ganas de hacerlo. Pero aquellos que habían practicado la aceptación consciente durante el experimento, fumaron menos: habían aprendido a experimentar sus estados de ánimo y sus ansias sin ceder a ellas encendiendo un cigarrillo.

Varios estudios más han mostrado un patrón de comportamiento parecido:

- Se pidió a un grupo de adictos al chocolate que llevaran encima una caja transparente de chocolatinas durante cuarenta y ocho horas y no comieran ninguna. Aquellos que practicaron la aceptación consciente de los impulsos comieron menos chocolate que los que simplemente intentaron distraerse.[87]
- Los pacientes de una clínica para el tratamiento de los dolores crónicos de espalda intentaron realizar unos difíciles ejercicios de estiramiento y flexiones. Algunos practicaron la aceptación consciente del dolor; otros intentaron controlar o prevenir el dolor. Ambos grupos encontraron igualmente dolorosos los ejercicios, pero el que practicaba la atención plena realizó un mayor número de ellos.[88]
- Un grupo de personas con ansiedad y depresión vieron la

inquietante escena de la película de Cimino *El cazador* en la que unos soldados, prisioneros en Vietnam, son obligados a jugar a la ruleta rusa. Todos la encontraron angustiosa, pero aquellos que practicaron la aceptación consciente de sus emociones durante la proyección, después se recuperaron más rápidamente que los que trataron de suprimirlas o controlarlas.[89]

La aceptación de los sentimientos desagradables implica observarlos sin realizar juicios y permitirles que sigan su curso natural, en vez de tratar de cambiarlos o librarse de ellos. De entrada, esto no parece una buena idea. En la sociedad occidental, se nos ha educado para creer que sentirse mal es innecesario y que deberíamos poder evitarlo si utilizamos las estrategias adecuadas. Pero las investigaciones demuestran que tratar de controlar o de librarse de los pensamientos y emociones las más de las veces provoca más problemas que permitirles que vayan y vengan cuando y como quieran. Aunque parezca paradójico, aceptar los pensamientos y emociones desagradables tiene dos ventajas importantes sobre intentar evitarlos o rehuirlos:

1. No empeora las cosas, al contrario que la rumiación, la evitación, actuar de forma airada y la autocrítica (como hemos averiguado en los capítulos precedentes). De hecho, nos podemos recuperar más deprisa después de una experiencia emocional si aceptamos los sentimientos cuando aparecen.
2. La aceptación de los pensamientos y las emociones nos ayuda a llevar a cabo conductas importantes aunque difíciles, tales como abstenerse de fumar y hacer ejercicios difíciles, pero necesarios.

La implicación consciente en una conducta coherente con los objetivos, aunque sea estresante e incómoda, se denomina «disposición».[90] Para perseguir nuestros valores más íntimos, como el amor y la amistad, un trabajo satisfactorio, cuidar nuestra salud o contribuir a la comunidad, a menudo tenemos que hacer cosas molestas, tales como expresar opiniones controvertidas, permitir que nuestro trabajo sea evaluado, aprender nuevas habilidades que al principio podemos ejecutar torpemente, decirle a la gente lo que opinamos de ella o resistir las tentaciones. Si aceptamos la realidad que nos va a resultar embarazosa, incómoda o tensa, y permitimos que tales sentimientos vayan y vengan mientras nos centramos en nuestros objetivos, estaremos más dispuestos a hacer las cosas que más nos importan.

La disposición no significa que te fuerces a hacer cosas mientras tratas de suprimir o negar la incomodidad y te criticas con dureza. «Soy un cobarde, tengo que hacer estos ejercicios, así que ignora el dolor...» no es estar dispuesto; «No se puede negar que estos ejercicios son dolorosos. Es una desgracia que tenga que hacerlos. Deja que haga todo lo que pueda, teniendo presente que al final habrá valido la pena», sí que lo es.

En este capítulo analizaremos la manera de fomentar la aceptación consciente de los pensamientos y emociones, sobre todo de las desagradables y no deseadas, de manera que nos causen menos sufrimiento e interfieran menos en nuestra disposición a hacer lo que importa.

La historia de Susan

Susan es una mujer casada de cuarenta y seis años, con dos hijos adolescentes y un empleo de contable a jornada completa. Lleva teniendo problemas con una depresión intermitente desde que tenía veinte años, y en los últimos meses tiene dificultades para conciliar el sueño. Se acuesta rumiando su malestar y su escasa contribución al mantenimiento de la casa. Por las mañanas se levanta agotada, pero se obliga a ir al trabajo. Terminada la jornada laboral, se siente exhausta y aletargada y se tira las noches viendo la televisión. Su marido hace la cena y lava los platos. Antes, asistía a las pruebas de atletismo y los conciertos musicales de sus hijos llena de orgullo y entusiasmo, pero ahora ha perdido el interés y se inventa excusas para no ir. Luego se siente culpable por no ser una buena madre.

Susan sabe que se sentiría mejor si hiciera ejercicio con asiduidad, pero cada vez que piensa en salir a dar un paseo, se siente cansada, gorda, desmoralizada y avergonzada. «Hoy no», se dice. «La verdad es que no tengo fuerzas.»

Todas las noches, a medida que se acerca la hora de acostarse, se siente arrepentida y culpable. «Mañana tengo que mejorar», piensa, pero todos los días se repite la historia.

Su médico la deriva a un curso semanal de mindfulness para personas deprimidas. Durante la primera sesión, el profesor dirige un ejercicio denominado el «recorrido del cuerpo».

Práctica de la aceptación con el recorrido del cuerpo[91]

El recorrido del cuerpo es un ejercicio de meditación que fomenta la conciencia no valorativa de las sensaciones corporales. Se utiliza en muchos programas de mindfulness y consiste en tumbarse cómodamente o sentarse en un sillón, centrar la atención en diferentes partes del cuerpo y observar las sensaciones. La respiración ayuda a mantenerse en el presente y a aceptar el momento como uno lo encuentra.

Las instrucciones para el recorrido del cuerpo se detallan en las páginas 272-274; léelas detenidamente antes de intentar realizar el ejercicio. A la mayoría de las personas les resulta más fácil practicar mientras escuchan una grabación. Es importante realizar la práctica del recorrido corporal de forma regular; no obtendrás un gran beneficio de este ejercicio si lo haces una o dos veces, así que piensa en cómo podrías hacerlo todos los días durante una o dos semanas. Algunas personas prefieren practicarlo por la mañana temprano, antes de que empiecen las exigencias del día; otras se decantan por la noche. No hay un momento adecuado o inadecuado; cualquiera que te funcione es el bueno.

Preparación para el recorrido del cuerpo[92]

Busca un lugar en el que te puedas tumbar con la espalda apoyada en una superficie cómoda, como puede ser una cama o una esterilla, pero si lo prefieres, puedes practicarlo sentado en un sillón.

Siéntate con las plantas de los pies sobre el suelo, la espalda apoyada y las manos sobre el regazo. Ponte una ropa holgada y confortable, y si lo prefieres, utiliza un jersey o una manta.

Es mejor reducir al mínimo las interrupciones, así que si vives con otras personas pídeles que no te molesten. Apaga tu teléfono.

Aspectos que considerar antes de empezar

1. Con el recorrido del cuerpo no estás intentando alcanzar ningún estado en particular. Puede que te relaje, y puede que no; puede que lo disfrutes, y puede que no; puedes sentir muchas sensaciones en el cuerpo o sólo unas pocas. Todas estas experiencias son perfectamente aceptables. Tu objetivo es centrar la atención en cada una de las partes

del cuerpo por turnos, concienciándote de lo que esté sucediendo en cada momento y aceptándolo como quiera que sea.

2. Procura abstenerte de emitir juicios sobre si tu cuerpo y sus sensaciones son buenas o malas, adecuadas o inadecuadas. No estás tratando de cambiar tu cuerpo ni lo que siente, ni de crear o deshacerte de las sensaciones. Antes bien, permite que tu cuerpo sienta lo que siente en cada momento, y en la medida que puedas, adopta una actitud de curiosidad amistosa e interés sobre las sensaciones corporales, como si fueras un explorador en un nuevo territorio. Si adviertes la aparición de pensamientos valorativos, limítate a señalarlos y etiquetarlos («Ah, estoy pensando») y vuelve lentamente tu atención a la observación de las sensaciones.

3. Tu mente vagará, lo cual es algo normal; NO se trata de librar a tu mente de pensamientos. Cuando adviertas que tu atención se ha desviado, haz que vuelva de nuevo a la observación de las sensaciones corporales sin criticarte.

4. Puede que sientas el impulso de cambiar de posición, de estirar un músculo, de rascarte donde te pique o de frotarte donde te duela. Observa el impulso detenidamente durante unos segundos, y trata de adoptar una actitud curiosa y abierta sobre su naturaleza. ¿Dónde lo sientes exactamente? ¿Cómo es? ¿Las sensaciones están cambiando o permanecen iguales? Si decides actuar siguiendo el impulso, hazlo con una atención deliberada. Observa qué sientes al moverte, estirarte, rascarte o frotarte, y toma nota de las sensaciones de tu cuerpo a continuación.

5. Es posible que te aburras, inquietes, impacientes o cualquier otra cosa. Es normal. Eso no significa que no estés haciendo

bien el ejercicio ni que éste no esté dando resultado. En la medida que puedas, observa esos sentimientos sin juzgarlos, ni juzgarte a ti, como buenos o malos. Sin brusquedad, vuelve de nuevo tu atención a las sensaciones corporales.

6. También es posible que te sientas relajado, tranquilo y sereno. De ser así, practica la observación plenamente consciente de los sentimientos y recuerda que éstos no son el objetivo. El objetivo consiste simplemente en observar lo que surja. Los sentimientos vienen y van, y ninguno es bueno ni malo.

INSTRUCCIONES PARA EL RECORRIDO DEL CUERPO

Adopta tu posición. Si estás tumbado sobre la espalda, deja que tus brazos descansen a lo largo de tu cuerpo con las palmas hacia arriba y los pies separados uno del otro. Si estás sentado en un sillón, apoya los pies cómodamente en el suelo y coloca las manos en el regazo. Cierra los ojos suavemente y deja el cuerpo inmóvil.

Ahora centra la atención en la respiración que entra y sale de tu cuerpo; realmente es lo que está sucediendo ahora mismo en tu cuerpo. Observa las sensaciones en tu abdomen mientras respiras; subida y bajada, expansión y contracción. No es necesario que cambies tu respiración en absoluto; limítate a observar lo que sucede, una inspiración tras otra. Sigue así unos minutos, y cuando tu atención se desvíe, hazla volver suavemente a la observación de la respiración.

Pies

Ahora desplaza la atención a tus pies, y obsérvalos primero uno y después el otro, juntos, o lo que prefieras. Observa las sensaciones.

Estén calientes, fríos, te piquen o te suden, observa lo que sientes. Percibe el contacto con los zapatos, los calcetines o el suelo. Recorre los pies con atención: los dedos, los talones, las suelas, la piel y los músculos. Si no notas nada, observa la ausencia de sensaciones. No intentes hacer que tus pies sientan algo diferente; sólo observa cómo se sienten ahora. Procura evitar juzgar las sensaciones como buenas o malas, adecuadas o inconvenientes.

Piernas

Ahora cambia la atención a tus piernas, desplazándola lentamente por los tobillos, las pantorrillas, las rodillas y los muslos. Observa las sensaciones producidas por el contacto con tu ropa, el suelo o el sillón; presta atención a las sensaciones sobre la piel y dentro de los músculos. Si estás pensando en tus piernas (demasiado gordas, demasiado delgadas, demasiado cortas) en lugar de observarlas, líbrate de esos pensamientos y en la medida que puedas vuelve a experimentar las sensaciones.

Ahora expande tu conciencia hasta incluir las piernas, los pies y la respiración. Puede que tu atención vaya de aquí para allá un poco; no pasa nada. Observa lo que sucede. Si te apetece, imagina que la respiración fluye por tus piernas cuando inspiras y llega hasta tus pies. Luego imagínala fluyendo hacia arriba cuando expulsas el aire.

Torso

Ahora centra tu atención en el torso, desplazándola lentamente por las caderas, la pelvis, la región lumbar y el vientre. Sube gradualmente por la espalda, el pecho y los hombros. Tómate tu tiempo y repara en todas las sensaciones, tanto superficiales como profundas. Si te sorprendes pensando en esa parte del cuerpo o juzgándola (poco atractiva, fofa), vuelve a concentrarte en sentir las sensaciones presentes en este momento.

Expande tu conciencia hasta incluir el torso y la respiración. Observa las sensaciones en tu torso mientras sigues atento a tu respiración en un segundo plano. Si lo prefieres, imagina que tu respiración fluye al interior de las diferentes partes del torso: las caderas, la espalda o los hombros.

Brazos y manos

Lleva lentamente la atención hacia los brazos y las manos, percibiendo todas las sensaciones que estén presentes. Si no sientes nada en un punto concreto, repara en la ausencia de sensaciones ahí. Líbrate de los pensamientos valorativos y limítate a observar las sensaciones. Si tu mente se desvía, hazla volver lentamente.

Expande tu conciencia para incluir la respiración. Procura observar las sensaciones en tus brazos y manos mientras sigues atento a la respiración en un segundo plano. Si te apetece, imagina que cuando inspiras la respiración se desplaza por tus brazos y se mete en tus manos, y que cuando espiras recorre el camino inverso.

Cuello, cabeza y cara

Desplaza tu atención lentamente hasta tu cuello y siente todas las sensaciones. Ahora lleva tu atención al interior de tu cabeza, y explora todas las regiones de tu cara, interesándote por cualquier sensación que descubras. Permite que tu atención incluya tanto tu respiración como tu cabeza.

Cuerpo

Expande tu conciencia y presta atención a tu respiración y a todo tu cuerpo. Líbrate de las expectativas sobre cómo deberían ser tu cuerpo y tu respiración. Acéptalos como son ahora mismo. Cuando estés listo, reanuda tus actividades normales, y comprueba si puedes mantener parte de esta atención plena a lo largo de la jornada.

Cómo el reconocimiento del cuerpo fomenta la aceptación consciente

El reconocimiento de cuerpo proporciona una práctica intensiva de la aceptación consciente del momento presente tal cual es. Piensa en la multitud de cosas que se pueden aceptar mientras se hace el reconocimiento del cuerpo:

1 – Molestias, dolores, picores, calor o frío excesivos

El malestar físico brinda una oportunidad excelente para practicar un interés amistoso y la aceptación de las sensaciones corporales, respirando con ellas y permitiéndoles que sean lo que son. Esto NO significa que tengas que resignarte impotente y pasivamente a sentir malestar. Antes bien, estás practicando la predisposición a abrirte a cualquier cosa que aparezca. Si sientes el impulso de hacer algo acerca del malestar (cambiar de posición, ponerte un jersey), observa el impulso y acepta su presencia, como si fuera un pasajero que ha subido a tu autobús. Si decides actuar de acuerdo con el impulso, hazlo con una atención no valorativa.

2 – Somnolencia

Es frecuente quedarse dormido durante el reconocimiento corporal. Si te quedaste dormido, no sería una práctica fallida; probablemente «advertirías» que has pasado parte del tiempo durmiendo. No obstante, obtendrás más beneficios si permaneces despierto. Cuando aparezca la somnolencia, procura observar las sensaciones de somnolencia con aceptación e interés. Si te quedas dormido sistemáticamente mientras practicas, intenta hacer el reconocimiento corporal de pie o con los ojos abiertos. Experimenta con diferentes horas del día. Puede que el reconocimiento corporal te esté indicando que estás falto de sueño.

3 – Ruidos molestos

Muchas personas creen erróneamente que los ejercicios de meditación requieren paz y silencio. Pero, de hecho, el ruido forma parte del ejercicio. Si hay sonidos desagradables, practica aceptándolos como lo que son, no con los puños cerrados y los dientes apretados, sino con el interés más amistoso del que seas capaz. Si está ladrando un perro, observa los sonidos. No tienes que mostrarte pasivo ni sentirte impotente. Si es tu perro, y los vecinos se van a enfadar, podría ser prudente que lo metieras en casa. Intenta hacer todo siendo plenamente consciente de ello: levantarte, ir hasta la puerta, abrirla, llamar al perro, cerrar la puerta, volver a tu sitio, sentarte o tumbarte y reanudar el reconocimiento del cuerpo.

Si los sonidos que no puedes controlar te hacen sentir frustrado o te enfurecen, observa tus pensamientos y emociones. Recuerda: estás practicando la aceptación no valorativa de «todo» lo que surja, incluidos los ruidos, la distracción y los pensamientos y emociones negativos. Toma nota de su presencia y vuelve suavemente la atención al reconocimiento del cuerpo. El objetivo no es que hagas que te gusten los sonidos o que los destierres de tu mente; no pasa nada por que los oigas, por que no te gusten y no te gusten cómo reaccionas a ellos. Practica la aceptación de toda la experiencia.

4 – Pensamientos y emociones sobre el reconocimiento corporal

Aburrirse, inquietarse y pensar «Esto es una tontería, no le veo el sentido» son reacciones normales y frecuentes. Tu objetivo consiste en reconocer esas experiencias como lo que son: emociones (aburrimiento, impaciencia); pensamientos («No me gusta este ejercicio, no me servirá de nada»); e impulsos (ganas de dejarlo y hacer otra cosa). Obsérvalos y acéptalos, sin permitir que controlen tu comportamiento. Etiquetar te será útil: así que di: «Ah, éstos son pensamientos» (o emociones, o impulsos). Estás cultivando una de las técnicas más importantes que se deben aprender de la práctica del mindfulness: la disposición a hacer algo importante, aunque resulte desagradable. No te reproches el que no te guste; no pasa nada porque te disguste, ya que la aversión es un sentimiento normal que va y viene.

5 — Pensamientos y sentimientos sobre otras cosas

Todo el mundo deambula mentalmente. El objetivo no estriba en que impidas que tu mente vague, sino en que la observes cuando se desvía y centres de nuevo la atención. Si tu mente se desvía hacia problemas o recuerdos dolorosos y surgen las emociones negativas, toma nota de lo que está ocurriendo. Si te ves arrastrado por los pensamientos («Ella no tenía derecho a tratarme así», o «La reunión va a ser horrorosa»), etiqueta la experiencia diciéndote: «Los pensamientos coléricos están en mi cabeza», o «Éste es un sentimiento de angustia». Luego vuelve a centrar tu atención en el reconocimiento corporal. Escucha atentamente lo que está diciendo la voz de la grabación y sigue sus instrucciones lo mejor que puedas.

La experiencia de Susan con el reconocimiento del cuerpo

Susan practicaba el reconocimiento del cuerpo todos los días después de la primera sesión de su curso de mindfulness. Al principio, no le gustaba. La rumiación y la autocrítica ocupaban todos sus pensamientos, y no paraba de pensar en todas las cosas que llevaba sin hacer últimamente, en especial las labores caseras como cocinar y participar en las actividades de sus hijos, así que le asaltaban unos fuertes deseos de abandonar el reconocimiento del cuerpo y hacer las faenas caseras.

«Es de lo más raro», dijo, durante la segunda reunión del curso. «Cuando estoy viendo la televisión por la noche, sé que debería ocuparme de la colada y de vaciar el lavavajillas, pero no consigo obligarme a hacerlo. Pero durante el reconocimiento corporal, me asaltan deseos de levantarme de un salto y hacer esas cosas. Me siento culpable por estar allí tumbada.»

El profesor de Susan le aseguró que tales sentimientos son normales y frecuentes, y la animó a que insistiera en el reconocimiento corporal y observara los impulsos, pensamientos y emociones sin dejarse arrastrar o controlar por ellos, y que poco a poco volviera a centrar la atención en las sensaciones de su cuerpo.

Durante la segunda semana de reconocimiento corporal diario, Susan empezó a darse cuenta de que de vez en cuando disfrutaba haciéndolo. En la tercera clase, le dijo al profesor: «Empiezo a darme cuenta de que no tengo que hacer lo que mis pensamientos y emociones me dicen que haga. Si de pronto siento el impulso de vaciar la secadora, reconozco que es un impulso. Me centro en cómo se manifiesta en mi cuerpo y tomo nota mental de vaciar la secadora más tarde». Susan describió un ejercicio especialmente destacado.

«Mi hijo pequeño, Tim, que tiene trece años, estaba practicando el clarinete en su habitación mientras yo hacía el reconocimiento del cuerpo en la planta de abajo. Tim estaba trabajando en una pieza difícil, y hasta mí llegaban las notas equivocadas. Me di cuenta de que llevaba siglos sin hablar con Tim acerca de cómo le iba en la banda, a qué música se dedicaban y si se lo pasaba bien. Empecé a pensar en lo mala madre que he sido. Pero no seguí mentalmente por ese camino, y me obligué a volver con firmeza a mi cuerpo. Observé el malestar que sentí en mi estómago y respiré con él.

»Empecé entonces a escuchar el clarinete de nuevo y me percaté de que Tim estaba avanzando con el difícil pasaje, y me alegré, sintiéndome orgullosa de él. Me entraron ganas de levantarme de un salto e ir a decirle lo bien que sonaba. Por supuesto, eso era también una distracción, así que me centré en mi cuerpo y observé las sensaciones que formaban parte del sentimiento de felicidad. Me sentí más ligera, con una sensación de ánimo en el pecho.

»En los últimos minutos mi atención alternaba entre el reconocimiento corporal y el clarinete, aunque volvía permanentemente al reconocimiento corporal, hasta que lo terminé. Aprendí que podía estar atenta a las cosas que son importantes, aunque surjan pensamientos y emociones perturbadoras. Y si no me quedo atrapada en la obsesión y la rumiación, soy más consciente de las cosas que me rodean, como pueda ser lo que sucede con mis hijos.»

Por qué es útil el reconocimiento del cuerpo

Observemos atentamente qué le sucede a Susan cuando se despierta una mañana normal. Primero, percibe una sensación de agotamiento e inmediatamente tiene pensamientos al respecto: «No he dormido bien, hoy será un día terrible. Estaré agotada toda la jornada. ¿Por qué me sigue pasando esto? Detesto sentirme así. ¿Qué es lo que me pasa? ¿Por qué no puedo ser normal?»

Esto es rumiación, y hace que se sienta peor. Luego se conmina a no pensar más en ello. «Vamos, ponte en marcha, estás perdiendo el tiempo», se recrimina con dureza, y se obliga a levantarse. El tono de autocrítica se suma a sus sentimientos de inutilidad. Se ducha y se viste de mal humor, y entra en la cocina para tomar café y desayunar deprisa. Sus hijos aparecen en ese momento, con la cabeza puesta en la jornada escolar que les espera. A Susan le gustaría charlar con ellos animadamente antes de que se vayan a la parada del autobús, pero está preocupada y pierde la ocasión de hacerlo. Conduce hasta el trabajo inmersa en aciagos pensamientos sobre lo mal que van a ir las cosas.

Ahora, analicemos cómo le ayudaría recorrer su cuerpo con atención plena. Susan se despierta y nota una sensación de fatiga. Rápidamente observa su cuerpo con atención y siente pesadez en brazos, piernas y pecho. Respira plenamente consciente de ello unas cuantas veces, mientras imagina que su respiración fluye por sus brazos y piernas. Surge un pensamiento: «¿Por qué estoy siempre tan cansada?»

«No tengo que dejarme absorber por la rumiación», se dice. «De un tiempo a esta parte, estoy un poco deprimida. El cansancio se debe en parte a eso.» Estira los brazos y las piernas suavemente, observando las sensaciones y reparando en que se siente ligeramente más despierta, aunque todavía bastante triste. «¿Qué es lo que necesito?», se pregunta. «Una ducha rápida y un desayuno saludable, y quizás un paseo después de cenar esta noche para hacer algo de ejercicio.»

Sintiéndose más predispuesta a participar del día, se levanta de la cama y siente el suelo frío debajo de los pies. Mientras realiza la rutina matinal, es consciente del sentimiento de agotamiento y tristeza, pero no lo rumia ni se critica. También observa muchas otras cosas: el jabón y el agua sobre su cuerpo en la ducha; el aire caliente del secador de pelo; el café caliente bajando por su garganta. Charla brevemente con sus hijos, a los que les dice «¡Que tengáis un buen día!», y conduce hasta el trabajo, notando sus manos sobre el volante y observando lo que la rodea.

Las emociones tienen unos fuertes componentes físicos. La depresión, en concreto, se compone de sensaciones corporales de fatiga y pesadez que pueden desencadenar un comportamiento y pautas de pensamiento insanos, especialmente cuando no estamos atentos. Observar lo que está sucediendo en su cuerpo ayuda a Susan a reconocer sus emociones mientras van y vienen, sin caer en las trampas de la rumiación y la autocrítica. No se ha deshecho de todos los sentimientos desagradables; en su lugar, ha expandido su conciencia para hacerles sitio, mientras se trata a sí misma con amabilidad y hace las cosas que valora.

¿Y si el reconocimiento del cuerpo resulta sumamente difícil y desagradable?

Si experimentas emociones negativas muy fuertes o unos recuerdos traumáticos durante el reconocimiento corporal, puede que esta práctica te parezca demasiado difícil. Antes de renunciar a ella, considera las siguientes opciones:

1. Una perseverancia amable y compasiva puede vencer muchas dificultades. Experimenta practicando durante períodos más cortos, sentándote en lugar de tumbarte y permaneciendo con los ojos abiertos. Podrías recorrer con atención plena sólo tus piernas y los pies un día, y hacer lo mismo con el torso otro. Mira a ver si puedes encontrar una manera de ser amable contigo sin abandonar este ejercicio.

2. Si el reconocimiento del cuerpo es un obstáculo importante, pospón el trabajar con él e inténtalo de nuevo más tarde. En el ínterin, practica la conciencia del cuerpo con el paseo atento (descrito en el capítulo anterior) o el mindfulness de otras actividades rutinarias, como pueden ser ducharse o bañarse, lavarse los dientes, peinarse, hacer cola, cocinar, ir de compras o sacar la basura. Además de las partes evidentes del cuerpo, a ver si puedes observar otras: las sensaciones en tus pies mientras te peinas; la mano contraria mientras te cepillas los dientes; tu abdomen mientras haces cola.

3. Si has padecido alguna experiencia traumática o eres vulnerable a las emociones negativas intensas, plantéate el trabajar con un profesional de la salud mental que tenga conocimientos de los tratamientos basados en mindfulness. Un profesor experimentado puede ayudarte a superar las dificultades con el reconocimiento del cuerpo y encontrar las maneras de sacarle provecho.

La aceptación y la disposición en la vida diaria: la pausa consciente[93]

La pausa consciente es una manera de aplicar las técnicas aprendidas con el reconocimiento del cuerpo a la vida ordinaria. El objetivo de la pausa consciente es salir del piloto automático, prestar atención plena al momento presente y ver qué es lo que requiere la situación. La pausa consciente consta de varios pasos que se detallan a continuación:

PAUSA CONSCIENTE[94]

P - Pararse o aminorar la marcha. Di para ti mismo: «De acuerdo, paremos un instante», o algo similar. Corrige tu postura:

- Yergue un poco la columna vertebral, mantén la cabeza alineada con el cuello.
- Baja los hombros y relaja la mandíbula.
- Permite que tu postura refleje tu intención de estar abierto al momento presente.

O - Observar. ¿Qué está pasando ahora mismo en tu cuerpo y tu mente? Observa las sensaciones, pensamientos, emociones e impulsos. Podría ser útil etiquetarlos:

- «Tensión en los hombros».
- «Pesadez en el pecho».
- «He aquí un sentimiento de rabia».
- «Los pensamientos autocríticos van y vienen a toda velocidad».
- «Me siento triste y estresado».
- «Estoy deseando poder marcharme del trabajo antes».

R - Respiración. Observa las sensaciones mientras inspiras y espiras. En la medida que puedas, centra tu atención sólo en la respiración. Cuando tu atención se desvíe, vuelve a centrarla suavemente en la respiración. Experimenta con el etiquetado silencioso o la enumeración:

- Inspiración 1, espiración 1.
- Inspiración 2, espiración 2.
- Respira conscientemente al menos dos o tres veces, cinco o diez si hay tiempo.

E – Expande tu conciencia. Observa tu cuerpo como un todo, incluidas las sensaciones, la postura, la expresión facial... Céntrate ligera y amablemente en las sensaciones incómodas. Respira con ellas y permíteles ser lo que son. Di para ti mismo:

- «Deja que observe esto».
- «Me parece bien sentir esto».
- «Ya está aquí. Deja que siga adelante y lo sienta».

R - Reaccionar con atención plena. Escoge qué hacer con la mayor prudencia posible.

- En algunas situaciones, la opción más sensata es permitir que una situación o sentimiento siga su curso natural.
- En otras, tal vez tengas que actuar de una manera más firme.
- La pausa consciente te ayuda a recordar qué es lo que te importa y a discernir qué es lo que requiere la situación.

❋ ❋

La pausa consciente permitió que Susan se diera cuenta de lo que estaba sintiendo y pensando y de cómo sus pensamientos y emociones estaban controlando su conducta. Un día, nada más entrar en casa al volver del trabajo, su hijo Tim le recordó que esa noche tenía un concierto con su banda. El sentimiento inmediato de Susan fue de temor; su primer impulso fue decir que estaba demasiado cansada para ir. Pero se contuvo. «Ah», dijo, parándose junto a la puerta y mirando a Tim.

En silencio, se recordó hacer una pausa. Percibió los sentimientos de fatiga e irritación; de irritación con ella por olvidarse del concierto, y con Tim por no habérselo recordado. Se dio cuenta del deseo de dejarse caer en el sillón reclinable y ver la televisión. «Pero eso lo hago todas las noches, y no me siento mejor por ello», pensó. Se irguió un poco, tomó aire y observó su cuerpo de pie en el vestíbulo, todavía con el abrigo puesto, sujetando el bolso y las llaves y con los pies doloridos en sus zapatos de trabajo.

—Mamá —dijo Tim—, ¿te encuentras bien?

Ella contempló la expresión de preocupación de su hijo y se dio cuenta de que llevaba mirándole fijamente varios segundos.

—Sí —respondió, ya con un poco más de energía—. Cenemos pronto para que podamos ir al concierto.

Plenamente consciente, dejó el bolso, colgó el abrigo y se cambió de zapatos. Entre ella y su marido organizaron una cena rápida. Susan se percató de que todos parecían animados, y que ella misma parecía un poco más alegre.

En el coche, camino del concierto, se apoderó de ella una sensación de agotamiento. Observó unas cuantas respiraciones y dejó que su cuerpo se hundiera en el asiento del coche, mientras su marido conducía y los niños charlaban en el asiento trasero. «El concierto es importante para Tim», se dijo Susan. «Quiere que esté allí. Hasta puede que me lo pase bien.» Y para su sorpresa, lo disfrutó. La banda tocaba bien, al terminar varios padres charlaron con ella, y su familia parecía contenta de tenerla allí.

La pausa consciente ayudó a Susan a comportarse coherentemente con algo que le importaba: participar en las actividades de sus hijos. Aceptó la presencia de las emociones y sensaciones desagradables y fue al concierto de buen grado. La siguiente ficha de actividad resume algunas de las experiencias de Susan en la práctica de la aceptación y la disposición. Al igual que con las fichas anteriores de este libro, haz copias del ejemplar en blanco para tu uso.

FICHA DE ACTIVIDAD: ACEPTACIÓN Y DISPOSICIÓN

No te olvides de mantener una actitud curiosa y amable

Día y hora	En aras de estos valores y objetivos...	... he practicado la aceptación consciente de estos pensamientos y emociones...	... dispuesto a realizar estos cambios de comportamiento o actividades
¿Cuándo sucedió este caso?	¿Cuáles eran los valores y objetivos importantes que estabas persiguiendo? Categorías generales: • Trabajo. • Familia. • Otras relaciones. • El propio cuidado, salud. • Contribuir a la comunidad y a los demás. NOTA: Para un repaso de los valores y objetivos, consulta de nuevo el capítulo 7.	¿Qué observaste en tu cuerpo y tu mente? Categorías generales: • Sensaciones corporales (molestias, agotamiento). • Pensamientos (No me apetece hacer esto, esto va a ser terrible). • Impulsos (deseos o impulsos de hacer otra cosa). • Emociones (tristeza, furia, miedo). • Otros (imágenes, recuerdos). IMPORTANTE: la aceptación NO significa que te gusten, desees o apruebes tus pensamientos y emociones, sólo que los reconoces y les permites que vayan y vengan a su antojo, sin dejar que controlen tu conducta.	¿Qué hiciste que fuera coherente con tus valores y objetivos? IMPORTANTE: la disposición significa que sigues adelante con la conducta coherente con tus valores y objetivos. NO significa que necesariamente te tengas que sentir bien. Quizá te hayas sentido ansioso, triste, agotado, desanimado, frustrado, furioso o cualquier otra cosa. Sientas lo que sientas, estará bien.

FICHA DE ACTIVIDAD: ACEPTACIÓN Y DISPOSICIÓN

Tu nombre: Susan

*** *No te olvides de mantener una actitud curiosa y amable* ***

Día y hora	En aras de estos valores y objetivos...	... he practicado la aceptación consciente de estos pensamientos y emociones...	... dispuesta a realizar estos cambios de comportamiento o actividades
Sábado, 09.00	Cuidarme más, hacer ejercicio.	Pensaba: Estoy demasiado gorda y baja de forma, para qué voy a hacer ejercicio, será bochornoso. Me sentía pesada, cansada, quería quedarme en casa, tenía miedo, estaba triste, desanimada.	Di un paseo por el barrio. Observé mis sensaciones mientras caminaba y el entorno. Hablé con un par de vecinos que también estaban paseando.
Jueves, 17.30	Ser una buena madre, interesarme por las actividades de mis hijos.	Pensaba: Estoy demasiado cansada para ir esta noche al concierto de Tim. Debería haberme acordado para estar preparada. Estaba agotada e irritada. Deseaba quedarme en casa.	Preparé una cena rápida. Fui al concierto de la banda de Tim. Me lo pasé mejor de lo que esperaba.
Lunes, 14.00	Ser una buena empleada, ayudar a los demás en el trabajo.	Estaba nerviosa, ansiosa, tenía taquicardia y me temblaba todo, pensaba que la gente se aburriría o se desconcertaría.	Impartí una clase de formación a mis compañeros de trabajo sobre el uso de un nuevo programa de *software*.

FICHA DE ACTIVIDAD: ACEPTACIÓN Y DISPOSICIÓN

Tu nombre:

No te olvides de mantener una actitud curiosa y amable

Día y hora	En aras de estos valores y objetivos...	... he practicado la aceptación consciente de estos pensamientos y emociones...	... dispuesta a realizar estos cambios de comportamiento o actividades

Mediante la práctica del reconocimiento del cuerpo y la pausa consciente, Susan aprendió unas importantes lecciones: que actuar en consonancia con sus valores y objetivos es satisfactorio, y que no tiene que sentirse de ninguna manera en concreto para empezar. Cuando se siente triste, desanimada, cansada y desmotivada, puede centrar la atención en las sensaciones de su cuerpo, observar su respiración, aceptar las fluctuaciones de sus pensamientos y emociones y decidir prudentemente qué hacer. Aunque le resulta difícil hacer cosas cuando está desanimada, agotada o nerviosa, actuar también la fortalece, confiriéndole una sensación de fuerza interior que le permite darse cuenta de que sus pensamientos y emociones no controlan su conducta.

Al mismo tiempo que se esfuerza en lograr una disposición mayor para comportarse coherentemente con sus valores y objetivos, Susan ha de tener cuidado para evitar una trampa importante: la de adoptar una actitud de autocrítica rigurosa. Obligarse a sí misma a hacer cosas aporreándose mentalmente y diciéndose que es una idiota o una fracasada si no las hace es incompatible con una actitud de aceptación consciente, y la conducirá a la rumiación, la evitación y un empeoramiento del estado de ánimo. A la mayoría nos resulta difícil tratarnos compasivamente, pero aún es más difícil si hemos de enfrentarnos a la ansiedad, a la depresión y a otros problemas.

En el próximo capítulo analizaremos de qué manera la autocompasión y el mindfulness se alían para ayudarnos a aceptarnos como seres humanos, mientras edificamos la vida que queremos.

Síntesis del capítulo

- La aceptación de los pensamientos y los sentimientos es una importante técnica mindfulness, que significa observarlos y permitir que sigan su curso natural sin tratar de deshacerse de ellos ni suprimirlos por medios insanos.

- La disposición significa seguir adelante con los comportamientos y actividades que son importantes para alcanzar nuestros valores y objetivos, aunque sea difícil e incómodo.

- Practicar el reconocimiento del cuerpo fomenta la aceptación y la disposición. Cuando aparecen los pensamientos y emociones difíciles, la observación y la aceptación consciente de las sensaciones corporales nos ayudan a mantenernos fuera de las trampas psicológicas de las que ya se han hablado: la rumiación, la supresión y evitación, la conducta inducida por las emociones y la autocrítica.

- La pausa consciente nos proporciona tiempo para ver con claridad lo que está sucediendo en la mente y el cuerpo y decidir prudentemente lo que hay que hacer. A veces, la elección prudente consiste en permitir que los sentimientos y situaciones difíciles sigan su curso natural. En otras ocasiones, tendremos que actuar de manera más firme. Tener presentes nuestros valores y objetivos importantes nos ayuda a escoger un comportamiento satisfactorio y significativo.

12

La autocompasión

«El verdadero mindfulness está impregnado de afecto,
compasión e interés.»

CHRISTINA FELDMAN[95]

La importancia de la compasión ha sido reconocida desde la antigüedad.[96] La mayoría de las religiones del mundo enseñan que la compasión, la bondad y el cuidado de los demás son virtudes esenciales. Los científicos modernos creen que la compasión es una parte de la naturaleza humana que evolucionó porque nos ayuda a sobrevivir. Las comunidades en las que las personas cuidan unas de otras tienen más probabilidades de dejar un entorno saludable a las generaciones futuras.

¿Qué significa ser compasivo?[97] La mayoría de las definiciones hacen referencia tanto a los sentimientos como a los actos: la empatía y preocupación por las personas que están sufriendo, y el esfuerzo por aliviar ese sufrimiento. Actuar con compasión conlleva dificultades, ya que requiere la conciencia del dolor de los demás y la disposición a permanecer presente e intentar ayudar, aun cuando lo más fácil y cómodo sería alejarse. A pesar de las dificultades, la mayoría de las personas están de acuerdo en que deberíamos aspirar a tratar a los demás con compasión siempre que sea posible.

Sin embargo, no estamos tan convencidos de que debemos ser compasivos con nosotros mismos.[98] Nos asusta que la autocompasión nos haga perezosos e indisciplinados, que sea egoísta y que no seamos dignos de ella. Así las cosas, en los momentos difíciles solemos ser duros y desagradables con nosotros mismos, y nos culpamos y criticamos de una manera que nos parecería cruel si fuera dirigida hacia los demás. Pero las investigaciones demuestran que la autocompasión es mucho más saludable que la autocrítica, y que practicar mindfulness nos vuelve más autocompasivos. En este capítulo analizaremos la naturaleza de la autocompasión y los beneficios de tratarnos a nosotros mismos con amabilidad.

La historia de Dana[99]

Dana está preocupada por su peso, así que suele estar a dieta y tiene muchas normas personales sobre los alimentos que puede comer y que debe evitar. Como la mayoría de las personas que siguen un régimen, a menudo tiene una reacción paradójica cuando come algo que se tiene prohibido: en lugar de volver inmediatamente a su dieta, come «más» del alimento proscrito.

Tal cosa sucede porque comer alimentos que suelen estar prohibidos desencadena pensamientos de autocrítica y sentimientos de arrepentimiento, culpabilidad e ineptitud. Dana se dice a sí misma que no tiene remedio, que carece de autocontrol y que tanto da comer más. El alimento prohibido es reconfortante y la distrae pasajeramente de sus dificultades para vivir a la altura de sus objetivos. Quizás esta conducta parezca irracional, pero existe un patrón sorprendentemente frecuente: esto mismo es lo que le ocurre a las personas que intentan dejar de beber o de fumar. Si alguna vez te has comportado así, tranquilo, no estás solo.

Dana se presentó voluntaria para participar en un estudio de la universidad del que se le dijo versaba sobre el comer mientras se ve la televisión; en realidad, se estudiaban los efectos de la compasión y el consumo de golosinas. Cuando Dana llegó, la investigadora le pidió que se sentara sola en una habitación y comiera una rosquilla mientras veía un vídeo. A Dana se le cayó el alma a los pies; las rosquillas es una de las cosas que evita a causa de la grasa y el azúcar. Pero obedeció. Cuando terminó, la investigadora entró en el cuarto y le dijo: «Tal vez te sorprenda que hayamos escogido las rosquillas para realizar este estudio. La razón es que a veces las personas comen alimentos dulces y poco sanos mientras ven la tele. Pero varias de las que participan en este estudio me han dicho que se sienten mal por comer rosquillas, así que espero que no seas dura contigo misma. Todos comemos cosas insanas de vez en cuando, por lo que no creo que haya motivo para sentirse mal por ello. Y de todos modos, una cantidad tan pequeña no tiene ninguna importancia».

El mensaje estaba pensado para ayudar a los participantes a adoptar una actitud autocompasiva, reconocer que comer alimentos insanos es frecuente, abstenerse de una autocrítica excesiva y tener un punto de vista ecuánime de la situación. Después de escuchar a la investigadora, Dana se sintió un poco mejor. «Tiene razón», pensó. «Sólo fue una rosquilla, y no muy grande. No es para tanto. Comeré cosas sanas el resto del día.»

Entonces la investigadora entró en la sala con tres fuentes de caramelos, junto con un formulario para valorar el sabor, la textura, el aspecto y el aroma de los dulces. Le pidió a Dana que probara los caramelos y rellenara el formulario de evaluación y algunos cuestionarios más. «Puedes comer todos los caramelos que quieras mientras estés trabajando», le dijo. «Yo estaré en la habitación contigua. Cuando hayas terminado todos los formularios, ven a decírmelo.»

Todos los participantes del estudio estaban preocupados por su peso. A la mitad, incluida Dana, se les transmitió el mensaje compasivo después de comerse la rosquilla; al resto no se les tranquilizó de ninguna manera. El verdadero propósito del estudio era averiguar qué grupo comería más caramelos durante la prueba de degustación. Otros estudios previos demuestran que una ruptura del régimen, como comerse una rosquilla, tiende a debilitar el autocontrol, provocando que las personas coman más caramelos de los que comerían en caso contrario. ¿Estimular la adopción de una actitud autocompasiva cambiaría algo?

Los resultados fueron claros. Los que no habían oído el mensaje de la compasión mostraron el patrón habitual; parecieron más acongojados por comerse la rosquilla, informaron de una mayor autocrítica por ello y comieron «más» caramelos durante el resto del experimento. Por el contrario, aquellos a los que se les había animado a ser autocompasivos se disgustaron menos, fueron unos jueces más benignos de sí mismos y comieron menos caramelos. La experiencia de Dana fue coherente con este patrón; se sintió tentada por los caramelos, pero sólo comió unos pocos más de los necesarios para realizar el test de degustación.

Una vez que hubo terminado el test de degustación y los cuestionarios, la investigadora le explicó el verdadero propósito del estudio. Dana estaba fascinada. «Después de que me dijera que no fuera dura conmigo misma por comerme la rosquilla, me resultó más fácil resistirme a los caramelos», le dijo a la investigadora. Dana se dio cuenta de lo que el estudio confirmó: una actitud autocompasiva ayuda a la gente con problemas de peso a comer menos de un alimento apetecible, aunque insano.

La historia de George[100]

George, un fumador habitual desde hace diez años, es sumamente crítico sobre su incapacidad para dejar de fumar y se regaña a menudo por su falta de autodisciplina. Se presentó voluntario para participar en un estudio sobre diferentes maneras de reducir el consumo de tabaco, y fue asignado a un grupo destinado a aprender técnicas de autocompasión. Durante una sesión de cuarenta y cinco minutos, el investigador le guió por diversas actividades:

1. En primer lugar, hablaron del enfoque autocompasivo para reducir el consumo de tabaco, el cual se compone de los siguientes factores:
   - Comprensión de lo difícil que es dejar de fumar.
   - Aprendizaje de lo que es mejor para el bienestar duradero de uno.
   - Medios para enfrentarse a los retrocesos.
   - Ausencia de juicio cuando se producen los fracasos.
   - Afecto en la relación con uno mismo.

2. A continuación, George se imaginó adoptando esas cualidades y se escribió una carta desde la perspectiva de una persona compasiva:

   «Me alegro muchísimo de que tomes medidas para ayudarte a sentirte mejor a la larga. Tomar esa decisión es difícil y valiente y sé que no es fácil para ti. Me gustaría ayudarte a superar estos momentos de dificultad. Aunque será estresante, procuraremos aguantar el dolor inmediato para sentirnos más sanos a largo plazo. Es difícil. Renunciar a los cigarrillos es una pérdida tremenda. Centrémonos en su reducción como una de las cosas más amables que puedes hacer por ti».

3. Luego, ensayó lo que tenía que decirse, desde la perspectiva de la autocompasión, cuando le acometieran los impulsos de fumar:

«Sé cuánto deseas REALMENTE ese cigarrillo. Me doy cuenta de lo difícil que es esto para ti. Centrémonos en tu bienestar a la larga. Para sentirte mejor y estar más sano, tratemos de resistirnos a ese cigarrillo a pesar de lo difícil que es. Sé que puedes hacerlo, y con el tiempo agradecerás haberlo hecho».

Aunque con escepticismo, George se comprometió a esforzarse todo lo que pudiera, durante las siguientes tres semanas, en la adquisición de esas técnicas. Todos los días releía la carta autocompasiva, y hablaba consigo mismo de una manera autocompasiva siempre que sentía el impulso de fumar. Llevó un registro detallado de los cigarrillos que fumaba. El grupo de control llevaba el mismo registro, aunque no habían aprendido nada sobre la autocompasión.

A lo largo de las tres semanas, el grupo de la autocompasión redujo sustancialmente el número de cigarrillos que fumaban. La mayor diferencia se dio en las personas que, como George, eran sumamente autocríticas. Una vez más, la autocompasión fue más efectiva que la autocrítica a la hora de ayudar a las personas a modificar un hábito insano.

Al terminar el período de tres semanas, George se reunió con el investigador para entregarle sus formularios y hablar del estudio. «Tengo que admitirlo, estoy sorprendido», reconoció. «La verdad es que pensaba que esto era una tontería. Creía que tenía que maltratarme para hacer algún progreso. Pero eso es lo que llevo haciendo años y sigo siendo fumador. Durante estas últimas tres semanas he reducido el consumo. Si sigo así, quizá podría dejarlo por completo.»

Los numerosos beneficios de la autocompasión[101]

La mayoría de las investigaciones se realizan durante períodos cortos de tiempo: George practicó la autocompasión tres semanas, mientras que a Dana se la instó a ser autocompasiva en una sola ocasión. Los estudios de personas que son autocompasivas por naturaleza, o que han practicado la autocompasión durante meses o años, muestran que una actitud general de autocompasión tiene muchos beneficios. Por ejemplo, las personas autocompasivas son menos propensas a la depresión. Experimentan los altibajos normales de la vida diaria y tienen pensamientos y sentimientos tristes cuando se producen las desgracias, pero rumian menos, no intentan suprimir sus sentimientos y capean las tormentas emocionales con aceptación y ecuanimidad, sin hundirse en la depresión.

Las personas autocompasivas también son menos proclives a padecer trastornos de ansiedad, especialmente cuando les ha sucedido algo traumático. Se irritan menos y son menos hostiles y perfeccionistas. Tienen menos miedo al fracaso y se muestran más abiertos al crecimiento y el aprendizaje. Cuando se encuentran en situaciones difíciles o embarazosas, conservan su equilibrio emocional y una perspectiva saludable. También tienen unos niveles más bajos de hormonas del estrés circulando por sus torrentes sanguíneos.

Preocupaciones sobre la autocompasión

¿Es egoísta la autocompasión? ¿No debería preocuparme más de las necesidades del prójimo?[102]

Los estudios utilizan escáneres cerebrales para demostrar que la zona del cerebro que se activa cuando las personas son compasivas, ya sea consigo mismas o con los demás, es la misma. Esto tal vez explique la razón de que las personas autocompasivas también muestren una mayor preocupación por los otros: son más compasivas en general. De tal manera que, antes de criticar a alguien, lo más probable es que traten de imaginarse qué sentirían de estar en el pellejo de esa persona. En las relaciones sentimentales, son más comprensivas, menos agresivas y controladoras y más respetuosas con las opiniones de sus parejas.

Las personas con profesiones de ayuda, tales como médicos, enfermeras, terapeutas y personal religioso, están expuestas a la fatiga de la compasión y al agotamiento profesional, formas ambas de desgaste emocional provocadas por trabajar con personas que sufren. Las investigaciones demuestran que la autocompasión *reduce* el agotamiento profesional, facilitando el seguir practicando la compasión hacia los demás. Las personas que se cuidan bien, aceptan los pensamientos y emociones negativas como una parte normal de su trabajo y se abstienen de autocriticarse con dureza son menos proclives al agotamiento, al desánimo y a la desconexión con las personas con las que trabajan. También hay más probabilidades de que encuentren satisfacción en sus oportunidades de influir en el mundo, a pesar del inevitable estrés.

¿Y si no me siento inclinado a ser generoso ni compasivo conmigo mismo?

George no siempre se sentía autocompasivo cuando le asaltaban los impulsos de fumar; a veces se mostraba autocrítico y se culpabilizaba. Pues bien, no tenemos por qué «sentirnos» generosos con nosotros mismos para comportarnos de una manera autocompasiva. Cuando actuamos con autocompasión, tratamos de encontrar la manera más práctica y prudente de proceder dadas las circunstancias, con independencia de cómo nos sintamos en ese momento.

Es probable que alguna vez te hayas comportado amablemente con los demás cuando estabas enfadado con ellos y pensabas que no se lo merecían, acaso porque valoras el tratar a la gente con decencia y respeto. Si también valoras tratarte de la misma manera (y las investigaciones demuestran que esto es beneficioso), entonces es aplicable el principio analizado en los capítulos anteriores. Comportarse coherentemente con los valores importantes no tiene que depender de los sentimientos presentes en un momento dado. Si sientes que no te mereces la compasión porque has cometido errores, lastimado a alguien o provocado algún daño, experimenta amablemente con los siguientes pasos:

1. Recuerda que todos cometemos errores, herimos a los demás y provocamos daños de vez en cuando.
2. Ten presente que la culpa y el remordimiento están incorporados a la naturaleza humana. Su propósito es incitarnos a disculparnos, enmendar y corregir nuestros errores lo mejor que podamos. Son unas emociones útiles si las manejamos de manera constructiva, y el mindfulness y la autocompasión nos ayudan a conseguirlo.

3. Observa tus pensamientos y emociones sin juzgar, incluidos pensamientos como: «No merezco compasión». Recuerda que esto es sólo un pensamiento.

4. Observa las sensaciones de tu cuerpo. Respira con ellas.

5. Pregúntate: «¿Qué es lo que realmente me importa en esta situación?» «¿Cuál es la conducta coherente con mis valores y objetivos?»

6. Recuerda que la autocrítica «constructiva» puede ser útil, pero hay más probabilidades de que te comportes de manera coherente con tus valores y objetivos si no estás consumido por una autocrítica «excesiva». Para repasar la crítica constructiva, vuelve al capítulo 6.

Si eres una persona sumamente autocrítica, es posible que la autocompasión pueda parecer casi imposible. Es importante que comprendas que la autocompasión es una «serie de aptitudes» que puede practicar cualquiera. En el resto de este capítulo, analizaremos la forma de cultivar estas aptitudes. En primer lugar, he aquí un resumen de lo que es y no es la autocompasión.

La autocompasión incluye:	La autocompasión no incluye:
Ver las situaciones con claridad, incluidos nuestros errores. Esto requiere observación plenamente consciente y mantener una perspectiva equilibrada.	Ignorar nuestros errores y defectos o alabarnos inmerecidamente.
Reconocer que el dolor, las penurias, los fracasos y la incompetencia son parte del ser humano, y todos los padecen.	Refocilarse en sentir lástima de nosotros mismos. Cuando sentimos lástima de nosotros, tendemos a olvidar que muchos otros tienen problemas parecidos o sufren a su manera.

Cuidar de nosotros mismos con amabilidad y comprensión porque somos humanos, no porque estemos por encima de la media o seamos especiales.	Juzgarnos, positiva o negativamente, o valorarnos como superiores o inferiores a los demás.
Los esfuerzos constructivos y constantes por cambiar la conducta o corregir los errores que estén provocando dolor.	Ser perezoso, autoindulgente e indisciplinado.

Cinco maneras de cultivar la autocompasión

1 — Practicar los ejercicios mindfulness que ya conoces

Las investigaciones demuestran que las personas que practican sistemáticamente mindfulness se vuelven más autocompasivas.[103] Esto no tiene nada de sorprendente. Como hemos visto, el mindfulness comporta una actitud amistosa, cordial y amable hacia nosotros mismos, sobre todo cuando estamos teniendo pensamientos y emociones dolorosas. Los ejercicios mindfulness descritos en los capítulos precedentes te ayudarán a perfeccionar tus técnicas autocompasivas, lo que será beneficioso para tu salud mental.

2 — Cuidado personal básico

Llevar una dieta nutritiva, realizar ejercicio con regularidad y dormir lo suficiente son parte de las cosas más agradables que puedes hacer por ti. Seguirás teniendo emociones negativas, pero probablemente sean menos intensas y duren menos si estás bien alimentado y descansado. Les harás frente más eficazmente porque tendrás más energía para practicar las técnicas mindfulness que has estado aprendiendo; pensarás con más claridad y tomarás decisiones más inteligentes, y es posible que también tengas emociones más positivas.

No intentes transformar todos tus hábitos de salud de golpe; las modificaciones conductuales requieren tiempo y paciencia. Empieza poniéndote pequeños retos, como hacer un desayuno más saludable, ir a dar un paseo después de cenar o acostarte a una hora razonable. Poco a poco, ve sumando conductas más sanas. No te olvides de aplicar las técnicas mindfulness que has aprendido sobre la comida y el ejercicio. Si tienes problemas para dormir, te ofrecemos a continuación unos útiles consejos.

* *

CONSEJOS PARA UN SUEÑO SALUDABLE[104]

1 – Ambiente para dormir
- Utiliza un buen colchón y una buena almohada.
- Mantén el dormitorio a oscuras, en silencio y a una temperatura agradable.

2 – Comida, bebida y ejercicio
- Haz comidas regulares y nutritivas.
- No te vayas a la cama con hambre.
- Evita los alimentos grasientos o pesados antes de irte a la cama; es preferible un refrigerio ligero.
- Evita la cafeína y el alcohol por las noches; bebe otros líquidos con moderación.
- Haz ejercicio regularmente, pero no cuando falten menos de tres horas para irte a la cama.

3 – Tiempo en la cama
- No pases más tiempo del debido en la cama. Si necesitas siete horas de sueño, pasa siete horas en la cama.

- Utiliza la cama sólo para dormir y el sexo. Lee, come y ve la televisión en otra parte.

- Acuéstate y levántate aproximadamente a las mismas horas todos los días.

4 – Si no puedes dormir

- Levántate, vete a otra habitación y haz algo silencioso y relajante, como leer un libro (que no sea apasionante). No veas la tele ni utilices el ordenador; el brillo de la pantalla puede desvelarte. Cuando sientas que te entra sueño, vuelve a la cama.

- Sitúa el reloj donde no puedas verlo. Ver la hora durante la noche puede provocar frustración y preocupación, las cuales afectan al sueño.

- Practica la aceptación consciente del insomnio.

3 – *La degustación*[105]

Imagínate que vas a un restaurante excelente, pides tu plato favorito, te lo comes atentamente y saboreas el momento con la atención puesta en los deliciosos gustos, aromas y texturas. Esto es degustar. La alternativa es comértelo sin prestar atención mientras compruebas tus mensajes, lees, hablas con alguien o piensas en otras cosas.

Ahora imagina que acabas de ganar un premio en el trabajo. Has recibido una encendida carta de tu superior elogiando tu rendimiento y comunicándote que tu nombre será incluido en la placa del vestíbulo principal. Saborea este momento permitiéndote disfrutar de tus buenas sensaciones.

Algunas personas son cautelosas a la hora de degustar; creen que eso les traerá desgracias, que no se merecen su buena suerte, que es indecoroso disfrutar demasiado de las cosas o que no pueden estar a la altura del elevado nivel que, sin saber cómo, han alcanzado en esta ocasión. Sin embargo, las investigaciones demuestran que las personas que disfrutan y agradecen sistemáticamente sus experiencias positivas son más felices y optimistas y corren menos riesgos de deprimirse que las que no lo hacen así. La degustación es una manera excelente de ser amable contigo mismo.

Utiliza las técnicas mindfulness para practicar la degustación. Cuando tengas una experiencia agradable, obsérvala con atención y permite que las buenas sensaciones fluyan. Si estás pasando un momento delicioso en una reunión de familia o de amigos, estate presente y disfruta a tope. Si has terminado un trabajo difícil y te complace el resultado final, saborea los sentimientos de orgullo y satisfacción. Cuando surjan pensamientos del tipo: «Esto no durará», o «No puedo esperar que las cosas sigan saliendo tan bien», o «Fue sólo buena suerte, en realidad no me merezco esto», etiquétalas como pensamientos y vuelve a centrar cuidadosamente la atención en disfrutar del momento mientras dure.

4 – Autoconsuelo

El autoconsuelo es una manera de ser delicado y amable contigo mismo cuando estás en tensión y alterado que se centra en los cinco sentidos. En lugar de esperar a que lleguen las experiencias agradables, busca intencionadamente cosas sencillas que te consuelen y participa de ellas atentamente para ayudarte en los momentos difíciles.

Veamos un ejemplo: Robin es una mujer de cincuenta y dos años que se encontró un bulto en el pecho. Le hicieron una biopsia, y luego tuvo que esperar tres días para conocer los resultados. Durante ese tiempo, practicó el autoconsuelo.

«Esperar los resultados de la biopsia fue muy difícil. Seguí yendo al trabajo, pero por las noches me costaba mucho evitar la obsesión y las preocupaciones. Intenté comer de manera saludable, pero estaba tan angustiada que no tenía mucho apetito. Decidí que el autoconsuelo podría ser útil. Probé todo tipo de cosas, y como no me gusta el frío del invierno, me centré en las cosas cálidas.

»Una noche me di un baño caliente con un poco de aceite esencial y escuché mi música favorita. Paladeé las sensaciones, los sonidos y los aromas. Mi mente volvía ocasionalmente a pensar en el cáncer, pero yo insistía en hacerla volver de nuevo. Bebía té y chocolate caliente, y tomaba sopa y tostadas de mi pan favorito. Intentaba comer y beber todo atentamente. Veía películas entretenidas con mi marido Jerry acurrucados en un suave edredón; él lo metía antes en la secadora unos minutos para que fuera acogedor y estuviera calentito. También encendíamos la chimenea, y yo me quedaba observando las llamas mientras escuchaba crepitar la madera y olía el olor a humo. Acariciaba muchísimo y con atención a nuestro gato: tiene una barriga grande y suave y ronronea que da gusto. Todo esto fue muy reconfortante.

»El autoconsuelo hizo un poco más fácil aquellos tres días. A veces, permanecer en el presente era difícil, pero era mucho mejor que rumiar el miedo y la incertidumbre durante horas interminables. Al cuarto día, me enteré de que tenía un cáncer incipiente con un pronóstico favorable en la mayoría de los casos. Seguiré siendo amable conmigo mientras me someto al tratamiento.»

El autoconsuelo no es una forma de evitación ni de supresión; con él no estás negando que te encuentras en una situación difícil y que estás alterado, ni tampoco estás evitando una conducta constructiva que pudiera resolver el problema. El autoconsuelo es una manera de ser compasivo contigo mismo cuando tienes un problema estresante que no se puede resolver de inmediato. Su práctica te ayuda a ser consciente del momento presente sin rumiar, obsesionarte o precipitarte, y te sitúa en un estado de ánimo mejor para que adoptes una decisión sensata en cuanto puedas.

En el siguiente recuadro se incluyen varias sugerencias para que practiques el autoconsuelo con cada uno de tus cinco sentidos. Sólo son sugerencias; quizá tengas otras ideas que pueden darte buen resultado. La clave del autoconsuelo estriba en hacerlo con atención. Observa con atención todo lo que veas, oigas, huelas, saborees o toques. Degústalo. Y cuando pierdas la concentración, vuelve a fijar la atención suavemente sin criticarte por ello.

El autoconsuelo no tiene que llevarte mucho tiempo. Si no dispones de un momento tranquilo para darte un baño prolongado o sentarte delante de una chimenea, piensa en otras maneras de convertir tu entorno habitual en un lugar más relajante. Fotos o cuadros, plantas o flores, música de fondo, un sillón más cómodo…; todo puede proporcionar breves y reconfortantes momentos en casa o en el trabajo. Algunas personas encuentran que una conducta cariñosa hacia uno mismo, como colocarse la mano sobre el corazón o acariciarse suavemente el brazo, es consolador.

SUGERENCIAS DE ACTIVIDADES PARA
EL AUTOCONSUELO CONSCIENTE
CON LOS CINCO SENTIDOS

Escoge cosas que te resulten placenteras y agradables

1. Comer, beber o cocinar:
   - Mira los colores, las texturas y las formas de la comida, así como su disposición en el plato.
   - Escucha los sonidos: el picado, el chisporroteo, el burbujeo, el borbor.
   - Huele los aromas y paladea los sabores.
   - Fíjate en la temperatura, la textura y el peso de los alimentos, el tacto de los utensilios, las tazas o los vasos.

2. Estar en la naturaleza o en un parque:
   - Mira los árboles, las flores, la fauna silvestre o las olas si estás cerca del agua.
   - Escucha la brisa, los pájaros, las olas, a otras personas y a los coches que pasan.
   - Huele el aire, las flores, el agua.
   - Siente la tierra bajo los pies, el aire y el sol en la piel, la textura de los troncos de los árboles.

3. Estar en tu barrio o en una ciudad:
   - Mira las casas, los árboles, los jardines, las gente que pasa.
   - Oye los sonidos.
   - Huele los olores que haya en el aire.
   - Siente el suelo bajo los pies.

4. Escuchar la música que te gusta:

- Mira a los músicos tocar (si estás en una actuación en directo).
- Contempla las imágenes que la música te trae a la cabeza.
- Escucha los instrumentos, melodías, armonías.
- Siente el ritmo si te gusta, muévete al ritmo de la música.

5. Estar dentro de casa:

- Observa el fuego, escucha el chisporroteo, huele el humo.
- Date un baño o una ducha, siente y oye el agua, huele el jabón o el champú.
- Ponte tu ropa más cómoda, siente su textura en la piel.
- Pon flores por toda tu casa, observa los colores y las formas y aspira los olores.

Todo esto no son más que sugerencias. Escoge lo que más te puede reconfortar.

* *

5 – La autovalidación[106]

La validación es una manera amable y provechosa de practicar la aceptación consciente de los pensamientos y emociones, y conlleva observarlos sin hacer juicios y reconocer que, dadas las circunstancias, son comprensibles, por más que a primera vista parezcan irracionales. Podemos validarnos o validar a los demás. En el siguiente ejemplo, Tony valida a su hija, que tiene miedo de una abeja:

«Iba conduciendo, con mi hija Lindsey de ocho años sentada en el asiento trasero, cuando de repente empezó a gritar como una histérica diciendo que había entrado una abeja en el coche. Me paré en el arcén y, a base de manotazos, conseguí sacar al insecto por la ventanilla. Lindsey decía a gritos que no quería ir de nuevo al hospital, lo que me dejó perplejo, puesto que mi hija jamás había estado en un hospital. Pero entonces recordé que un año antes, estando de viaje, le había picado un insecto justo debajo del ojo. A la sazón, le habíamos puesto una pomada en la picadura que la había hecho sentirse incómoda, y adondequiera que fuéramos la gente le preguntaba qué le había sucedido en el ojo.

»Así que la llevamos a un ambulatorio. No era un hospital, pero quizá Lindsey lo recordaba así. No le gustó estar allí, temerosa de que le fueran a poner una inyección. El médico dijo que se trataba de la picadura de un insecto, nos dio más pomada y por fin nos marchamos. Me había olvidado de todo, pero mi hija lo recordaba bien.

»Así que le dije: "Entiendo que la abeja te asustara, porque aquella vez que todos te miraban la picadura de insecto debajo del ojo, acabaste en un ambulatorio y no tuvo gracia". Aquello la ayudó a tranquilizarse, así que añadí: "Decidamos qué es lo que puedes hacer si una abeja vuelve a entrar en el coche". Lindsey dijo que podía abrir la ventanilla y avisarme. Creía que la próxima vez podría estar más tranquila».

La conducta de Tony es un buen ejemplo de validación. Hizo saber a Lindsey que su reacción emocional era comprensible, dadas las circunstancias. Su comportamiento fue amable, considerado y constructivo: ayudó a que su hija se tranquilizara y trazara un plan de actuación para futuras ocasiones. Tony quiere a Lindsey con toda su alma, pero, impaciente por el retraso e irritado con su hija por montar semejante alboroto, no «sintió» mucha compasión durante este incidente. No obstante, se «comportó» de una manera amable y compasiva porque valora ser un padre comprensivo. Muchos psicólogos creen que los niños que crecen con adultos validadores aprenden a enfrentarse a las situaciones inquietantes y a las emociones negativas de una manera sana.

La reacción de Lindsey hacia la abeja pareció irracional y desproporcionada al principio, y Tony tuvo que pensar un rato antes de que tuviera alguna lógica para él. Como hemos visto en los capítulos anteriores, las emociones pueden parecer ilógicas a primera vista, pero generalmente tienen lógica por las siguientes razones:

1. **Las emociones se desarrollan en la naturaleza humana; las tenemos porque sirven a propósitos útiles.** La reacción emocional de Lindsey fue una manera de comunicar su miedo y de motivar que su padre hiciera algo para ayudarla.

2. **El aprendizaje normal y los procesos de condicionamiento tienen un gran impacto en nuestras reacciones emocionales.** Lindsey ha aprendido de la experiencia a asociar las criaturas voladoras pequeñas con mordiscos o picaduras molestas e intimidatorios entornos médicos.

3. **La química del cuerpo y del cerebro influye en la manera de sentir nuestras emociones.** Algunas personas tienen, por naturaleza, unas emociones intensas y fáciles de suscitar, mientras que otras son menos sensibles. Es posible que Lindsey tenga un intenso temperamento emocional. De ser así, la validación y el aprendizaje de maneras constructivas de manejar situaciones inquietantes serán especialmente importantes para ella.

4. **Las condiciones pasajeras también influyen en nuestra forma de pensar y sentir.** Si estamos cansados, hambrien-

tos, enfermos o nos duele algo, somos más susceptibles a tener pensamientos y emociones intensos y negativos. Tal vez Lindsey estuviera cansada o hambrienta ese día.

La validación no sólo va destinada a los niños. En cuanto a los adultos, las investigaciones demuestran que la validación les hace menos estresantes las tareas difíciles. En cierto estudio, unos estudiantes tenían que resolver mentalmente una serie de problemas matemáticos complejos. Durante los descansos, el investigador conversaba con ellos para preguntarles su impresión sobre la prueba. A la mitad de los participantes les hizo comentarios validantes del tipo: «Es verdaderamente difícil resolver problemas matemáticos sin papel y bolígrafo» o «La mayoría de los demás participantes son de tu misma opinión».

Pero a la otra mitad de los participantes les hacía comentarios descalificadores, diciéndoles cosas como: «No comprendo por qué te sientes así» o «No son más que unos problemas de matemáticas... No tiene sentido sentirse frustrado». Aquellos que fueron descalificados se fueron enfadando y estresando cada vez más con el paso del tiempo, y sus ritmos cardíacos aumentaron. Aquellos que fueron validados conservaron la calma, y sus ritmos cardíacos descendieron.

Validarnos *a nosotros mismos* es tan importante como validar a los demás, aunque a veces resulte más difícil. He aquí un ejemplo de autovalidación protagonizado por Joel, que trabaja en una heladería de yogures:

«Llegué al trabajo y me encontré con que el tipo con el que supuestamente tenía que trabajar había llamado para decir que estaba enfermo. Eso significaba que tenía que hacer el trabajo de dos personas durante todo el día. Me enfadé y decidí que sólo asumiría mis responsabilidades. Más tarde, sintiéndome culpable por pensar así, me recriminé mi mala actitud.

»Entonces me acordé de la validación. Lo que sentía era absolutamente normal y comprensible, dada la situación. En lugar de juzgarme, consideré las consecuencias de comportarme siguiendo mis deseos, y me di cuenta de que si sólo cumplía con mis cometidos mi jefe se enfadaría conmigo, y con razón.

»Decidí encargarme de todo lo que había que hacer lo mejor que pudiera. No quería poner en peligro mi empleo ni mi reputación como buen trabajador. Fue un día duro, pero fui capaz de hacer que las cosas funcionaran bastante bien yo solo. Mantuve la concentración en lo que tenía que hacer y no me obsesioné con la situación. Al terminar la jornada, me sentía orgulloso de mí mismo».

La autovalidación fue amable y constructiva, y ayudó a Joel a dejar de criticarse por tener pensamientos y sentimientos normales. Él los aceptó como comprensibles, no permitió que lo dominaran y asumió de buen grado las tareas coherentes con ser un empleado responsable, uno de sus valores importantes.

Cómo autovalidarse

La validación se compone de varias etapas, donde se combinan las habilidades de la autocompasión con las del mindfulness que ya conoces: la observación plenamente consciente y el etiquetado; la aceptación de la realidad de una situación, y la pausa atenta. A continuación encontrarás algunos ejemplos e instrucciones. Cuando te dirijas a ti mismo en alguna de las maneras que se recomiendan, haz lo posible por utilizar un tono amable y comprensivo.

VALIDACIÓN DE TUS PENSAMIENTOS
Y SENTIMIENTOS EN SITUACIONES DIFÍCILES

Etapa 1 – Observación plenamente consciente y etiquetado

Primero tienes que reconocer cuándo estás teniendo una experiencia difícil o estresante. Tal vez sea práctico que pares y la etiquetes utilizando palabras que te parezcan naturales. He aquí algunos ejemplos:

«Estoy pasando (o éste es) un momento (o situación o problema) difícil (doloroso, inquietante, duro, desagradable, estresante)».

Dedica unos instantes a observar tus pensamientos y emociones, sin juzgarlos ni juzgarte por tenerlos.

Etapa 2 – Reconocer que ésta es una experiencia humana frecuente

Recuérdate que todo el mundo pasa por situaciones difíciles y dolorosas, tiene pensamientos y sentimientos desagradables y hace cosas de las que se arrepiente; todo es parte de la vida.

«Todo el mundo tiene dificultades (problemas, situaciones estresantes) en algún momento».
«Esto es una parte normal de la vida».
«Todo el mundo comete errores».
«No soy el único que...»

Etapa 3 – Expresar una comprensión amable

Recuerda que tus pensamientos y sentimientos son resultado de la química de tu cerebro y tu cuerpo, de tus experiencias de aprendizaje previas y de la situación actual. Unos y otros tienen su propia lógica, aunque en la superficie parezcan irracionales. Di algo parecido a esto:

«Es comprensible (o natural) que me sienta así».
«Esto es lo normal (previsible, nada extraño) en esta situación».

¿Y si tus pensamientos y emociones no parecen lógicos?

- Recuerda que los pensamientos y sentimientos son visitantes; y que no siempre comprendemos cómo acuden a nosotros.

- No rumies ni te obsesiones con la procedencia de tus pensamientos y emociones ni te critiques por ignorarla. Obsérvalos con interés y curiosidad. Practica la aceptación consciente de ellos y de ti mismo por tenerlos.

- Piensa en cómo te comportarías con un amigo cuyo hostal se llenara de pronto con unos huéspedes extraños e inesperados, algunos de los cuales fueran groseros, gritones y desagradables. Practica el tratarte a ti mismo con la misma consideración: «¡Dios mío, qué cantidad de visitantes raros y desagradables! ¿Cómo puedo ayudar en esta situación?»

La autovalidación resulta útil en diversos aspectos. Por un lado, nos ayuda a que nos sintamos mejor y veamos las situaciones con más claridad. También nos ayuda a salir de las trampas psicológicas, tales como la rumiación, la evitación y la conducta inducida por las emociones. Asimismo, nos coloca en una mejor posición para tomar decisiones prudentes sobre lo que hay que hacer en las situaciones difíciles. Y si no hay nada que podamos hacer, nos ayuda a aceptar la realidad de la situación sin hacer algo que empeore las cosas.

A continuación, se incluye la ficha de actividad de la autovalidación completada por Susan, la mujer del capítulo anterior que tiene dos hijos adolescentes y es proclive a la autocrítica y la depresión.

FICHA DE ACTIVIDAD: AUTOVALIDACIÓN

*** *No te olvides de mantener una actitud curiosa y amable* ***

Día y hora	¿Cuál fue la situación?	¿Qué dijiste para validar tu experiencia?	¿Te ayudó la validación? Si fue así, ¿de qué manera?
¿Cuándo sucedió este ejemplo?	¿Qué estaba sucediendo? ¿Qué sensaciones, pensamientos, impulsos o emociones observaste? ¿Te sorprendiste cayendo en alguna trampa psicológica? • Rumiación. • Intentar evitar algo. • Dejarte arrastrar por tus emociones haciendo algo de lo que pudieras arrepentirte más tarde. • Criticarte con dureza.	Etiquetado consciente (escoge tus propias palabras) Esto es: … un momento difícil (doloroso, molesto). … una situación estresante (desagradable, dura). … un momento de sufrimiento. … realmente duro. Reconocer que esos pensamientos, emociones o impulsos los experimenta todo el mundo: • El dolor (la dificultad, el estrés) es parte de la vida. • No soy el único que siente esto en situaciones así. Expresar una comprensión amable: • Es comprensible que me sienta así, dadas las circunstancias. • Mis sentimientos son normales (previsibles, nada sorprendentes) en esta situación.	• ¿Te ayudó a ver la situación con más claridad? • ¿Te sentiste más capacitado para manejar la situación con sensatez? • ¿Te ayudó a salir de una trampa? UTILIZA SÓLO LAS TÉCNICAS QUE SEAN ÚTILES • Si reconocer que es algo que experimenta todo el mundo NO te ayuda en esta situación, omítelo. Pruébalo de nuevo en otra situación. • Si tus pensamientos y sentimientos NO parecen comprensibles, y suena falso decir que lo son, practica la aceptación consciente de tener pensamientos y sentimientos desconcertantes o confusos.

315

FICHA DE ACTIVIDAD: AUTOVALIDACIÓN

Tu nombre: Susan

No te olvides de mantener una actitud curiosa y amable

Día y hora	¿Cuál fue la situación?	¿Qué dijiste para validar tu experiencia?	¿Te ayudó la validación? Si fue así, ¿de qué manera?
Lunes, 06.00	Me desperté, sintiéndome agotada y deprimida, sin ganas de levantarme de la cama, y empecé a pensar en qué me pasaba.	Éste es un momento difícil. A nadie le gusta sentirse así. Estoy un poco deprimida desde hace un tiempo. El agotamiento forma parte de la depresión.	Evitó que le diera vueltas a mi agotamiento. Me ayudó a centrarme en lo que necesitaba: una ducha caliente y un buen desayuno.
Martes, 18.00	Estaba en el supermercado después del trabajo y de pronto me acordé de que se suponía que tenía que ir a recoger a mi hijo Chris al entrenamiento de fútbol americano. Le llamé para decirle que llegaría 15 minutos tarde. Me sentí culpable y me recriminé lo mala madre que soy.	Es natural disgustarse por el olvido, pero es mi marido quien suele recoger a Chris del entrenamiento. Estamos muy ocupados, y es comprensible olvidarse de algo de vez en cuando, sobre todo cuando entraña un cambio de rutina.	Me ayudó a darme cuenta de que todos los padres cometen errores. Chris tiene móvil. Si no me hubiera acordado, él me habría llamado. Más tarde, Chris me enseñó a programar mi teléfono para que me envíe avisos.
Jueves, 15.00	Estaba utilizando un nuevo programa de *software* en el trabajo y me di cuenta de que había cometido un error y que había perdido dos horas de trabajo. Me enfurecí conmigo misma y me llamé imbécil.	Es una situación frustrante. Es lamentable que tenga que repetir este trabajo, pero soy humana, nada más. Los errores son previsibles cuando trabajas con algo nuevo.	Hizo que me diera cuenta de que necesitaba tomarme unos minutos para tranquilizarme. Me fui a pasear arriba y abajo por el pasillo y a respirar atentamente. Luego pude ponerme a pensar en cómo rectificar el error.

FICHA DE ACTIVIDAD: AUTOVALIDACIÓN

Tu nombre:

*** No te olvides de mantener una actitud curiosa y amable ***

Día y hora	¿Cuál fue la situación?	¿Qué dijiste para validar tu experiencia?	¿Te ayudó la validación? Si fue así, ¿de qué manera?

Susan aprendió que cuando practicaba la autovalidación era capaz de pensar juiciosamente la manera de enfrentarse a las situaciones problemáticas o desagradables. No tenía que «sentir» autocompasión antes de poder validarse; la validación es una herramienta que podemos utilizar en cualquier momento, independientemente de los sentimientos que estén presentes. La clave estriba en acordarse de utilizarla, algo que mejora con la práctica. La ficha de actividad de la página anterior te ayudará a practicar. No te olvides de hacer copias.

Mirar al futuro

Si has leído este libro hasta aquí, habrás descubierto las siguientes técnicas mindfulness y la manera de utilizarlas:

- La observación y etiquetado de tus pensamientos y sentimientos del momento presente sin juzgarlos ni juzgarte por tenerlos.
- Prestar atención a lo que estás haciendo mientras lo estás haciendo.
- Aceptar tus pensamientos y sentimientos mientras actúas coherentemente con tus objetivos y valores a largo plazo.
- Tratarte con compasión.

Estas técnicas son una excelente colección de herramientas útiles para manejar los momentos de tu vida, ya sean dolorosos o alegres, ya sean fáciles o difíciles. Hemos analizado las técnicas por separado, pero funcionan todas juntas. En el siguiente capítulo, analizaremos varios ejercicios que te ayudarán a unificarlas, un ejercicio para cada sensación, pensamiento, emoción e impulso.

Son unas prácticas un poco más avanzadas que las de los capítulos precedentes, pero las técnicas que has aprendido te ayudarán a trabajar con ellas.

Síntesis del capítulo

- La autocompasión es una importante técnica mindfulness, consistente en que te trates con amabilidad durante los momentos de estrés e infelicidad, al tiempo que te recuerdas que el dolor, el fracaso y el esfuerzo forman parte de la experiencia humana común y mantienes una perspectiva plenamente consciente y equilibrada de la situación y tus sentimientos.

- La autocompasión es buena para nuestra salud mental, pues no sólo reduce el riesgo de depresión y angustia, sino que nos ayuda a ver con más claridad qué es lo que debemos hacer en las situaciones difíciles. Hay más probabilidades de que actuemos coherentemente con nuestros valores y objetivos cuando somos autocompasivos, que cuando somos despiadadamente autocríticos.

- La autocompasión se basa en una serie de técnicas que cualquiera puede practicar. Las habilidades mindfulness entrañan una actitud autocompasiva. El cuidado personal básico, que comprende la comida, el hacer ejercicio y el dormir lo suficiente, lo hace más fácil.

- La autocompasión también se puede practicar con la degustación, y el consuelo y la validación de uno mismo.

CUARTA PARTE

APLICÁNDOLO TODO

13

Ejercicios para combinar las técnicas

«Déjame abrazarte, amarga adversidad,
porque los hombres sabios dicen que es la actitud
más sensata.»

WILIAM SHAKESPEARE[107]

Imagínate que estás haciendo una excursión a una hermosa montaña. Ésta representa algo de gran valor para ti; alcanzarla es una meta personal importante y significativa. Cuando te acercas, descubres que un pantano hediondo y repugnante se extiende entre tú y la montaña. Es una situación enojosa y decepcionante, pues tu mapa no muestra ningún pantano.

Para tener una vista mejor, trepas a un árbol, y desde allí ves que si quieres llegar a la montaña has de cruzar el pantano. También reparas en una tienda de suministros a no mucha distancia, así que avanzas hasta la tienda para asesorarte.

El tendero te confirma que es imposible rodear el pantano, pero te ofrece unas botas de caucho, repelente de insectos, agua embotellada, comida y un mapa trazado por un viajero anterior que muestra el camino más fácil. Te aprovisionas de todos esos suministros y te diriges al pantano.

Todos nos encontramos con pantanos cuando perseguimos nuestros objetivos; cruzarlos se hace más fácil y menos desagradable si utilizas las técnicas mindfulness que has aprendido hasta el momento.[108]

Aceptación y disposición

Al aceptar que tienes que cruzar el pantano y que es probable que sea desagradable, te centras en lo que tienes que hacer. La aceptación NO significa que tengas que revolcarte en el pantano ni tomar el camino más difícil. Puedes utilizar toda la ayuda disponible para atravesarlo lo más deprisa y cómodamente posible. Una vez que te has preparado bien, entras voluntariamente en el pantano —sabiendo que es probable que te mojes, te ensucies, te piquen los mosquitos y te canses—, porque alcanzar la montaña es importante para ti.

Observación plenamente consciente

Presta atención a tu entorno observando el terreno y cotejándolo con el mapa trazado a mano. Observa tus sensaciones físicas, reconociendo cuándo tienes hambre, sed o estás cansado y deteniéndote para comer, beber o descansar. Encuentras que el mindfulness de sonidos añade un toque de afabilidad al viaje: los pájaros trinan, las ranas croan, la brisa susurra en la hierba del pantano. Cuando localices un pájaro, una rana o una libélula, dedica unos instantes a mirarlo con atención antes de seguir caminando. Repara en los interesantes ruidos que hacen tus pisadas. Al principio, el estanque huele mal, pero observas sin juzgar y empiezas a apreciar la diversidad de aromas.

Actuar conscientemente

Caminas con conciencia de estar caminando, observando las sensaciones mientras tu cuerpo se mueve y percibe el terreno pantanoso bajo tus pies. Cuando te detienes a tomar un tentempié, comes y bebes atentamente, apreciando los gustos y las texturas de las barras de cereales, los frutos secos y el agua. Cuando tu mente se deja absorber por pensamientos coléricos («¿Por qué está este pantano aquí?», «¿Por qué no estaba en mi mapa?», «¡Esto no es justo!», «¡No debería tener que hacer esto!»), reconoces los sentimientos de frustración, observas las sensaciones y vuelves a centrar tu atención en caminar atentamente. Sacas tu cámara de fotos del bolsillo; hacer fotos te ayuda a estar atento a los colores, las formas, las texturas y los dibujos de este entorno insólito.

Autocompasión

Reconoces que todo el mundo padece inesperados contratiempos cuando persiguen objetivos valiosos y que a nadie le gusta atravesar pantanos apestosos. Te das cuenta de que tu enfado, decepción y aversión hacia el pantano son reacciones normales y comprensibles. Te abstienes de criticarte por sentirte así y te ayudas constructivamente, en la medida de tus posibilidades, manteniendo tu ritmo y utilizando tus provisiones.

Los capítulos precedentes trataron las técnicas mindfulness por separado, pero en muchas situaciones es útil utilizarlas todas al mismo tiempo: observando las experiencias del momento presente con una actitud autocompasiva y sin juicios; aceptándolas como lo que son; llevando a cabo voluntariamente acciones prudentes aunque difíciles, y actuando con conciencia de lo que estamos haciendo. El resto de este capítulo describe cuatro ejercicios que combinan estas habilidades: uno para las sensaciones, otro para los pensamientos, otro para las emociones y otro para los impulsos. Tales ejercicios pueden ayudarte en la mayoría de las situaciones difíciles a las que te enfrentes. Tal vez los encuentres más difíciles que los anteriores, pero las habilidades que ya has aprendido te ayudarán a utilizarlos con eficacia.

Trabajar con las sensaciones mediante el movimiento consciente[109]

Muchos ejercicios mindfulness, como la meditación respiratoria y el reconocimiento de cuerpo, nos invitan a que nos sentemos inmóviles. La inmovilidad nos ayuda a observar nuestras sensaciones, pensamientos, emociones e impulsos —que van y vienen, que suben y bajan— sin reaccionar a ellos impulsivamente. La inmovilidad fomenta la fuerza, la ecuanimidad y la presencia atenta.

Por otro lado, también necesitamos maneras de practicar el mindfulness mientras nuestros cuerpos están en movimiento. Gran parte de la vida no tiene lugar mientras estamos sentados sin movernos, y nuestros cuerpos están más sanos si se mueven regularmente. En el capítulo 10, exploramos el caminar atento, que cultiva la conciencia plena o deliberada durante una actividad diaria ordinaria que a menudo hacemos de forma mecánica. Para mejorar la conciencia de las sensaciones corporales, muchos programas mindfulness también incluyen movimientos y estiramientos suaves.

En las páginas 329-336 se proponen una serie de movimientos y estiramientos. Los movimientos concretos son menos importantes que la actitud con la que hagas el ejercicio. El movimiento consciente es una manera de combinar las técnicas que ya hemos explorado: observación sin juzgar, actuar con conciencia, aceptación, disposición y autocompasión. Ésta es una oportunidad de librarse de la fijación de objetivos y de la resolución de problemas: no existen normas en cuanto a lo mucho que deberías estirar y al tiempo que deberías mantener el equilibrio. De acuerdo con tus posibilidades, adopta una actitud de curiosidad amistosa y aceptación de tu cuerpo y sus sensaciones mientras haces estos movimientos.

Antes de empezar el ejercicio, considera los siguientes aspectos:

1. Este ejercicio se hace de pie. Escoge un lugar donde puedas permanecer de pie cómodamente y mira fijamente al frente sin distraerte demasiado. Necesitas espacio para estirar los brazos hacia los lados.

2. Es importante que te cuides. Reconoce tus límites y no te fuerces más allá de ellos. Evita cualquier cosa que no te parezca adecuada. Si pudiera ser una imprudencia que realizaras estos ejercicios debido a tus limitaciones físicas, consulta con tu médico antes de intentarlo.

3. El propósito de este ejercicio no es alcanzar ninguna meta concreta, aparte de la atención y aceptación del cuerpo en cada momento. No vamos a intentar fortalecer los músculos, ni entrenarlos ni poner el cuerpo en forma. Nos vamos a limitar a observar las sensaciones y a permitir que sean lo que son sin juzgarlas ni juzgarnos a nosotros como buenos o malos.

4. No hagas nada que provoque dolor. Otras sensaciones, tales como temblor, hormigueo, tensión o elongación (den-

tro de los límites razonables), son normales. Practica observándolas atentamente. ¿Cómo son las sensaciones? ¿Dónde las tienes? ¿Están cambiando o moviéndose? ¿Son agradables, desagradables o neutras? Procura adoptar una actitud de curiosidad amistosa.

5. Observa tus reacciones a las sensaciones. Es posible que aparezcan pensamientos críticos sobre tu cuerpo, como acerca del aspecto que tiene, lo fuerte, en forma o flexible que está o lo bien que está haciendo estos movimientos. Recuerda que esto es un ejercicio mindfulness, no una competición ni un espectáculo. No practiques delante de un espejo. En la medida que puedas, deja que los pensamientos valorativos pasen de largo como las nubes en el cielo, y vuelve a centrar tu atención en la observación de las sensaciones. Si tienes emociones o impulsos, obsérvalos con toda la atención que puedas, centrándote en cómo se manifiestan en tu cuerpo.

6. Los movimientos están pensados para realizarlos lentamente, con una atención plena a todas las sensaciones que aparezcan. Pasa todo el tiempo que quieras con cada movimiento. No hay límite de tiempo.

7. Recuerda que es normal que la cabeza se te vaya a otra parte. Cuando tu atención se desvíe, vuelve a centrarla suavemente y en la medida que puedas en la observación de las sensaciones. Líbrate de los pensamientos valorativos sobre las distracciones.

8. Lee las instrucciones que aparecen a continuación un par de veces para entender qué es lo que se te invita a hacer y mira las ilustraciones. Luego puedes consultar el texto o las imágenes a medida que avances.

MOVIMIENTO PLENAMENTE CONSCIENTE[110]

1 – De pie

Los pies han de estar separados a la altura de las caderas, la espalda razonablemente erguida pero no rígida, los hombros relajados, los brazos sueltos colgando a los costados y la mirada fija al frente. Siente las sensaciones de tu cuerpo mientras mantienes esta postura. Repara en tus pies sobre el suelo y el movimiento de tu respiración. Observa cualquier movimiento sutil mientras mantienes el equilibrio.

2 – Inclinaciones laterales de la cabeza

Inclina lentamente la cabeza a la derecha. Tus ojos y tu nariz siguen mirando al frente; la oreja derecha se acerca al hombro derecho. Experimenta las sensaciones que esto produce. Inclina la cabeza sólo hasta donde ésta quiera llegar; explora tu límite suavemente. Inspira y espira. Cuando estés listo, vuelve tu cabeza lentamente de nuevo a la vertical. Respira. Ahora inclina la cabeza a la izquierda de la misma manera. Inspira y espira. Experimenta las sensaciones. Vuelve lentamente la cabeza a la vertical. Muestra una curiosidad amistosa hacia todo lo que notes.

3 – Giros de cabeza

Gira lentamente la cabeza hacia la derecha, de manera que la barbilla se acerque al hombro derecho. Gira sólo hasta donde tu cabeza quiera llegar. Explora tu límite con cuidado. Detente aquí, experimenta las sensaciones, inspira y espira. Cuando estés listo, vuelve a la posición de inicio, mirando al frente. Ahora gira lentamente la cabeza hacia el otro lado, de manera que tu barbilla se acerque al hombro izquierdo. Experimenta las sensaciones. Inspira y espira. Vuelve a la posición de inicio con la mirada al frente. Detente y observa las sensaciones. Permite que los pensamientos circulen.

4 – Balanceo de hombros

Mueve los hombros lentamente hacia delante y luego elévalos hacia las orejas, contrayéndolos suavemente. Mueve los hombros suavemente hacia atrás, y luego bájalos hasta la posición de inicio. Inspira y espira. Repite. Muévete lentamente y experimenta todas las sensaciones mientras tus hombros oscilan. Detente en la posición de inicio. Ahora intenta coordinar el ejercicio con la respiración. Inspira mientras adelantas y subes los hombros, y espira cuando los hagas retroceder y bajar. Repite el ciclo al ritmo de tu respiración tantas veces como quieras.

Cuando estés listo, detente en la posición inicial y cambia las direcciones. Inhala mientras rotas los hombros hacia atrás y luego los subes; exhala mientras los rotas hacia delante y luego los bajas. Repite todas las veces que quieras, lenta y suavemente, observando y aceptando las sensaciones como son. Evita hacer cualquier cosa dolorosa o inadecuada para tu cuerpo. Detente en la posición de inicio.

5 – Levantar los brazos en cruz

Mientras inhalas, levanta lentamente los brazos por los costados hasta dejarlos paralelos al suelo y con los dedos apuntando hacia las paredes. Flexiona las muñecas hasta que tus dedos queden apuntando hacia arriba. Experimenta las sensaciones, aceptándolas como son y respirando con ellas. Ahora dobla las muñecas en el sentido inverso, de manera que los dedos queden apuntando hacia abajo. Alterna suavemente las posiciones de las manos: dedos hacia arriba, dedos hacia abajo y pausa para respirar, siendo consciente de las sensaciones en cada posición. Cuando estés preparado, baja lentamente los brazos por los costados, experimentando todas las sensaciones mientras los bajas. Detente con los brazos colgando relajados. Respira. Practica la aceptación de lo que estés sintiendo en este momento.

6 – Levantamiento de brazos por encima de la cabeza

Mientras tomas aire, levanta lentamente ambos brazos manteniendo los codos rectos hasta que tus manos estén por encima de tu cabeza y se extiendan hacia el techo. Si no puedes llegar tan alto, o prefieres no hacerlo, practica la aceptación de lo que hagan tus brazos. Detente en este punto, experimenta las sensaciones mientras mantiene los brazos por encima de la cabeza. Si lo deseas, inclina la cabeza hacia arriba para que puedas ver las manos y el techo. Experimenta las sensaciones. Acuérdate de respirar. Cuando estés listo, vuelve a mirar al frente y baja completamente los brazos poco a poco, experimentando todas las sensaciones durante el proceso.

7 – Equilibrio sobre un pie

Imagina que tu cabeza está situada a las doce en punto; tus pies lo estarán a las seis. Levanta los brazos lo suficiente para que tus manos señalen las cuatro y las ocho. Mira fijamente al frente y mantente erguido. Desplaza tu peso al pie izquierdo, endureciendo y afirmando esa pierna. Dobla la rodilla derecha y levanta ligeramente el pie derecho del suelo. Si eres capaz, mantén el equilibro en este punto. Si lo prefieres, mantén los dedos del pie derecho sobre el suelo. Experimenta las sensaciones y respira con ellas. Practica la aceptación sin valorar cualquier tambaleo o dificultad en mantener el equilibrio.

Ahora coloca el pie derecho sobre el suelo y desplaza el peso corporal a la derecha, endureciendo y afirmando la pierna de ese lado. Mira fijamente al frente y mantente erguido. Dobla la rodilla izquierda y levanta el pie izquierdo ligeramente del suelo, o bien mantén los dedos sobre el suelo para mantener el equilibrio. Detente en este punto. Respira con las sensaciones. Practica la disposición a sentir lo que esté presente.

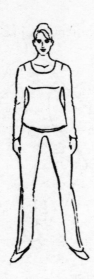

8 – Vuelta a la postura inicial

Vuelve a apoyar el pie izquierdo en el suelo, separado del derecho a la anchura de la cadera. Distribuye tu peso uniformemente entre ambos pies. Mantente erguido, pero no rígido. Relaja los brazos y los hombros. Observa lo que siente tu cuerpo ahora que has hecho estos movimientos. Practica la aceptación de las sensaciones. Experimenta tu respiración al entrar y salir de tu cuerpo.

Reacciones al movimiento consciente

A veces, el movimiento consciente es placentero y agradable. Los movimientos pueden ser relajantes o tranquilizadores, y las sensaciones en el cuerpo gratas o reparadoras. Ocasionalmente, nos sentimos estables y flexibles, conscientemente presentes, despiertos, tranquilos y alerta. Si aparece una sensación de bienestar, la conciencia plena nos ayuda a apreciarla.

Por otro lado, este ejercicio puede resultar ocasionalmente incómodo, con dolor muscular y tirones o temblores que no nos gustan. Puede que tengamos entonces pensamientos críticos sobre nuestros cuerpos, sentimientos de decepción, frustración, cólera o tristeza e impulsos de dejarlo o de forzar el cuerpo demasiado.

Observar tales experiencias con una atención amable y amistosa fomenta la aceptación consciente de la naturaleza permanentemente cambiante de los pensamientos y los sentimientos. Esto nos ayuda a escoger con prudencia la manera de reaccionar. Quizá podrías optar por una perseverancia amable, por continuar con el ejercicio mientras aceptas los límites del cuerpo y lo tratas con amabilidad. O bien podrías interrumpir el ejercicio por el momento y volver a él más adelante.

Mindfulness de pensamientos

Como hemos visto en los capítulos anteriores, los pensamientos pueden parecer irresistibles. Cuando surge un pensamiento del tenor de: «No tendría que cruzar este pantano apestoso», o «Jamás lo lograré», o «Esto va a ser terrible», es fácil olvidarse de que se trata de pensamientos, y con frecuencia asumimos que son importantes y que deberíamos tomárnoslos en serio.

De acuerdo, tal vez sea cierto que el pantano es apestoso, que cruzarlo será difícil e incómodo y que tu llegada a la montaña se verá retrasada. Por otro lado, tal vez no sea muy útil refocilarse en estos pensamientos. La observación plenamente consciente puede poner de manifiesto que el pantano es interesante y que la incomodidad se puede dominar. Cruzar el pantano puede ser fuente de grandes historias que podrás contar cuando por fin alcances la montaña, y quizá te fortalezca para afrontar el objetivo que te espera a continuación.

Si te viene a la cabeza el «Jamás conseguiré cruzar este pantano» y te lo crees a pies juntillas, podrías darte la vuelta y no alcanzar jamás tu objetivo. O podrías decir: «Bueno, tengo que llegar, así que acabemos de una vez» y adentrarte corriendo en el pantano sin la preparación adecuada, no conseguir cruzarlo y que el miedo te impida volver a intentarlo. Pero si en cambio dices: «Bueno, éste es un pensamiento desalentador. El pantano parece imposible, aunque quizá no lo sea. Veamos qué alternativas tengo», estás en situación de reunir información que te ayude a tomar una decisión prudente. Puede que realmente sea demasiado difícil y que tengas que elaborar un nuevo plan. O que quizá valga la pena intentarlo: otros lo han conseguido, y puedes aprender de su experiencia y prepararte.

El ejercicio de las hojas en el arroyo fomenta un punto de vista atento sobre los pensamientos. Para obtener los mejores resultados de este ejercicios, siéntate con los ojos cerrados. Las instrucciones se indican a continuación. Léelas con atención. Cuando las entiendas, programa una alarma para que te avise pasados cinco minutos, cierra los ojos e inténtalo. La alarma te ayuda a que no tengas que preocuparte por el momento de detenerte.

HOJAS EN UN ARROYO[111]

- Imagina que estás sentado junto a un hermoso arroyo que atraviesa un valle. En tu imaginación, siéntate en una manta, una roca o una silla, al sol o a la sombra, donde prefieras. Observa las ramas de esos árboles que cuelgan sobre el arroyo. De vez en cuando, cae una hoja al agua que es arrastrada corriente abajo sobre la superficie. Fíjate en las hojas que flotan por doquier.

- Ahora empieza a observar tus pensamientos a medida que surgen. Cada vez que aparezca uno, imagínatelo escrito en una hoja y míralo pasar flotando. Si tus pensamientos adoptan la forma de imágenes, pon cada imagen encima de una hoja. El contenido del pensamiento no importa. Si piensas «¿Qué habrá para comer?», «Espero que mi hermana esté bien» o «Soy un inútil», ponlo en una hoja y mira cómo flota. Si el mismo pensamiento no para de emerger, ponlo sobre una hoja cada vez que aparezca, con toda la paciencia de la que seas capaz.

- Si adviertes que tu mente se distrae, haz que vuelva a observar las hojas que pasan flotando. Si descubres que te has caído al arroyo y que la corriente te arrastra junto con tus pensamientos, sal cuidadosamente de un salto y reanuda la observación.

- Cuidado con los pensamientos como: «No puedo hacer este ejercicio» o «Esto no me funciona». Trata estos pensamientos de la misma manera: escríbelos en las hojas y míralos pasar flotando. Si vuelven, haz lo mismo de nuevo.

- Practica la aceptación de cualquier pensamiento que aparezca; los pensamientos inaceptables no existen.

- Practica lo mejor que puedas la amabilidad y la paciencia contigo mismo mientras haces este ejercicio.

Variaciones sobre este ejercicio

Si prefieres, utiliza una de estas imágenes:

- Visualiza un desfile en el que cada persona transporta una pancarta.[112] Cuando te venga a la cabeza un pensamiento o una imagen mental, imagínatelos en una de las pancartas y observa cómo pasan.
- Imagínate mirando hacia el cielo,[113] por donde las nubes pasan lentamente. Cuando tengas un pensamiento o imagen mental, imagínalos colocados en una nube y obsérvalos pasar.

El propósito de practicar el mindfulness de pensamientos no es deshacerse de ellos ni rechazarlos a todos por triviales. Las hojas, las nubes, los participantes de un desfile pasan de largo, pero un pensamiento concreto puede reaparecer, puede que repetidamente. Estos ejercicios nos enseñan a reconocer los pensamientos, en especial los repetitivos, de manera que podamos decidir cómo reaccionar. Si el pensamiento te está diciendo algo importante —«No te olvides de que el fontanero viene a las tres de la tarde»—, puedes trazar un plan razonable para recibir al fontanero. Si el pensamiento no es útil —«Esto me va a estropear el día»—, puedes reconocer la frustración, dejar pasar el pensamiento y todavía elaborar un plan razonable para recibir el fontanero.

Mindfulness de emociones difíciles[114]

Éste es un ejercicio de meditación para practicar la observación plenamente consciente, la aceptación y la autocompasión cuando estás obsesionado con una situación o problema inquietante. El ejercicio incluye la respiración plenamente consciente y la conciencia del cuerpo mientras estamos sentados en silencio con la espalda recta. Los pasos que hay que seguir son:

- Observa tu respiración durante unos segundos.
- Recuerda deliberadamente algo que te esté afligiendo.
- Observa conscientemente lo que sucede en tu cuerpo.
- Respira con las sensaciones mientras las dejas ir y venir a su aire.

Antes de empezar, reflexiona sobre los siguientes aspectos:

1. No tienes por qué recordar tu problema más grave o acuciante. Podrías pensar en una pequeña discrepancia que hayas tenido con alguien, una pequeña decepción o algo que te haya disgustado.

2. Este ejercicio puede resultar incómodo. Tal vez te sea útil recordar la metáfora de la casa de huéspedes. Piensa en el inquietante problema como si fuera un huésped y hazle sitio. Si lo prefieres, usa la metáfora de los pasajeros del autobús, en la que has invitado a uno de los pasajeros difíciles a sentarse delante. El objetivo no es cambiar a tus huéspedes o pasajeros, sino practicar la relación atenta con ellos, aunque sean desagradables.

3. Recuerda que todo el mundo tiene pensamientos, sentimientos y situaciones difíciles. No estás solo en esto. Procura adoptar una actitud afectuosa y amable al respecto, como harías con un ser querido con idéntico problema.

4. Has de estar atento a la tendencia a caer en la tentación de darle vueltas a la situación problemática. Es probable que

tu mente esté ansiosa por zambullirse en el modo de resolución de problemas, el cual puede conducirte fácilmente a la rumiación y la autocrítica. En vez de eso, vuelve amablemente a la aceptación plenamente consciente, centrándote en las sensaciones que experimentes en el cuerpo con la sola intención de observarlas, sin tratar de cambiarlas ni de arreglarlas.

El resto de las instrucciones se detallan a continuación.

MINDFULNESS DE EMOCIONES DIFÍCILES

1. Adopta una posición sedente. Cierra suavemente los ojos o mira fijamente al suelo delante de ti.

2. Centra la atención en tu respiración. Observa las sensaciones y movimientos mientras el aire entra y sale de tu cuerpo. Sigue lo mejor que puedas todo el proceso de la respiración de principio a fin.

3. Deja que la respiración vaya a su propio ritmo sin intentar cambiarla.

4. Expande tu conciencia para incluir a tu cuerpo como un todo. Observa las sensaciones de estar sentado en el sillón y el contacto de tus pies con el suelo. Observa las sensaciones que experimentes en las manos.

5. Cuando estés listo, centra tu mente en algo que te esté molestando, en algo difícil que esté sucediendo en tu vida. Por ejemplo:

   - «Mi hijo tiene dificultades para hacer amistades en el colegio».
   - «Hoy mi jefe me ha hecho unas demandas irracionales».

- «Me preocupa la salud de mi madre».
- «Tengo problemas para decidir qué hacer respecto de...»
- «Me arrepiento de cómo manejé...»

Si no se te ocurre nada que esté sucediendo actualmente, escoge algo del pasado que fuera estresante o desagradable.

6. Reconoce tu cuerpo y repara en lo que sucede cuando estás pensando en esta dificultad. ¿Se te acelera el pulso? ¿Sientes tensión o tirantez en alguna parte? ¿Sientes algo caliente o frío, pesado o ligero, hormigueante o dormido? Observa con atención y curiosidad amistosa. Repara en qué parte de tu cuerpo experimentas las sensaciones y si éstas cambian de un momento a otro.

7. Puede que sea útil la aplicación de etiquetas verbales, tales como «tensión» o «tirantez», a las sensaciones que observes. Utiliza el tono de aceptación más amable que puedas cuando etiquetes.

8. Expande tu conciencia hasta incluir tanto las sensaciones como tu respiración. Si te apetece, imagina que tu respiración entra en la parte del cuerpo donde experimentas las sensaciones y vuelve a salir de esa parte.

9. Si surgen pensamientos valorativos, del tenor de: «Es desagradable (equivocado, estúpido) sentirse así», o «Menudo idiota que estoy hecho», o «No lo voy a hacer bien», obsérvalos y etiquétalos («Ah, juicios»), y vuelve tu atención a las sensaciones corporales.

10. Es posible que el cuerpo trate de resistirse o de deshacerse de las sensaciones desagradables. Los síntomas de resistencia incluyen apretar los puños o los dientes, arrugar el entrecejo, tensar el abdomen y afianzar los brazos y las piernas contra el

sillón o el suelo. Si observas algunas de estas señales, trata de librarte suavemente de la tensión y abrirte a las sensaciones, aceptándolas como son.

11. Practica la disposición a experimentar las sensaciones, permitiéndoles que sean sólo lo que son. Puede que te resulte útil recordarte: «Sea lo que sea, ya está aquí. Déjame seguir adelante y experimentarlo». Esto no significa que tengan que gustarte las sensaciones. No pasa nada si no te gustan.

12. Recuerda la metáfora de la casa de huéspedes. Considera las sensaciones como unos huéspedes difíciles que han venido de visita. Sé lo más educado que puedas con ellos y hazles sitio.

13. Observa tus pensamientos. ¿Están corriendo por ahí, buscando soluciones? Si es así, agradéceles amablemente sus esfuerzos y vuelve tu atención a la observación de las sensaciones que experimentes en tu cuerpo.

14. No te olvides de la actitud de curiosidad amistosa. Sin intentar forzarte a sentirte de una manera concreta, plantéate ser amable. Afirmaciones como éstas pueden resultarte útiles:

    «Los sentimientos dolorosos están aquí».

    «Los problemas y las dificultades son parte de la vida».

    «He de ser lo más amable que pueda conmigo mismo».

• •

Este ejercicio puede plantear dificultades. Recuerda que practicar el mindfulness es una manera de cuidarte; no se trata de atormentarte ni de forzarte a hacer cosas. A veces, cuidar de uno mismo requiere una insistencia compasiva y afectuosa con cosas que son difíciles. Comprueba si eres capaz de encontrar una manera de trabajar apaciblemente con este ejercicio, acaso dedicándole sólo unos minutos cada vez. Si te resulta demasiado intenso, desplaza la atención a tu respiración o a los sonidos de tu entorno. Cuando estés preparado, vuelve tu atención al problema, y si éste sigue siendo demasiado difícil, inténtalo de nuevo otro día.

Lydia aprendió este ejercicio durante un curso de mindfulness y lo practicó después de haber tenido una conversación difícil con su novio. He aquí su relato:

«Eli y yo llevamos saliendo casi un año y estaba convencida de que las cosas estaban yendo realmente bien. La idea de irnos a vivir juntos había surgido unas cuantas veces, pero no habíamos tomado una decisión al respecto. Pero como mi alquiler está a punto de acabar, decidí volver a sacar el tema de nuevo. A Eli no pareció entusiasmarle la idea. Su reacción me sorprendió y decepcionó, y dejé pasar el tema. Desde entonces no hemos vuelto hablar de ello.

»Esto llevaba molestándome toda la semana, así que decidí recordarlo para hacer el ejercicio. Al principio, fue realmente difícil. Tenía una fuerte sensación angustiosa en el estómago, y sentí que me ponía roja como un tomate. Estaba temblorosa. Por mi cabeza pasaron montones de pensamientos, del tipo: "¿Está a punto de dejarme? Puede que nuestra relación no sea lo que pensaba que era. Debería haberlo visto llegar. No soy lo bastante buena". Me sentí furiosa, y también asustada.

»Mi mente quería obsesionarse con esos pensamientos y reproducir la conversación con Eli. Pero yo insistí en volver a las sensaciones que experimentaba en mi cuerpo. Respirar con ellas fue de una gran ayuda. Pude dejarlas que se movieran a sus anchas. No es una catástrofe sentir esas cosas. Al cabo de unos minutos, me di cuenta de que no irnos a vivir juntos ahora no era el fin del mundo. Y también me percaté de que en realidad no sé qué es lo que Eli piensa al respecto. Así que decidí hablarlo con él este fin de semana».

Lydia encontró el ejercicio difícil, aunque práctico. Se dio cuenta de que es capaz de observar sus sentimientos de angustia sin caer en la tentación de la rumiación y la evitación. Esto no resolvió la situación de inmediato, pero le ayudó a verla con claridad y a elaborar un plan.

Surfear los impulsos[115]

El mindfulness enseña a comparar los pensamientos y emociones con las olas del mar. Dependiendo de las condiciones climáticas, las olas varían de tamaño y fuerza, pero siempre están presentes. Nada puede hacer que el mar sea totalmente liso. El surfeo es una hábil manera de sortear las olas, mediante la cual, en lugar de intentar pararlas o dejarse arrollar por ellas, las dejamos que sean lo que son y cabalgamos a sus lomos mientras suben y bajan.

La metáfora de las olas es especialmente útil cuando tenemos que controlar los impulsos y ansias de hacer cosas de las que sabemos que más tarde nos arrepentiremos. Al igual que las olas, los impulsos empiezan siendo pequeños, se van haciendo más fuertes e intensos y finalmente se debilitan. Entonces, aparece otro. Surfear los impulsos es un ejercicio mindfulness pensado para ayudar a las personas con adicciones, pero no hay que ser un adicto para beneficiarse de este tipo de surfeo. Si tienes tentaciones o deseos a los que sucumbes más de lo que te gustaría, éste es un ejercicio que te resultará útil.

Para prepararte, piensa en una situación en la que sientas impulsos o tentaciones de hacer algo de lo que te lamentarás más tarde, algo que sea incongruente con tus valores u objetivos. Para tu primera experiencia con este ejercicio, escoge un impulso que no sea demasiado difícil, pero tampoco demasiado fácil. Por ejemplo:

- Perder los estribos o ponerte a discutir con alguien.
- Jugar a los videojuegos, en lugar de trabajar.
- Ver otro programa de televisión, en lugar de irte a la cama.
- Beber o comer más de lo que consideras necesario.
- Comprarte algo que no te puedes permitir.

Antes de empezar el ejercicio, recuerda los siguientes puntos:

1. Practica mientras estás sentado en silencio. Es aconsejable que cierres los ojos para que puedas imaginarte tu escenario con la mayor claridad posible. Si prefirieses no cerrar los ojos, mira fijamente hacia abajo a un punto neutro, como puede ser el suelo a unos centímetros por delante de ti.
2. Si el ejercicio se te empieza a antojar demasiado intenso, abre los ojos, mira a tu alrededor y mueve un poco el cuerpo. Desplaza tu atención al entorno o a tu respiración. Cuando estés listo, reanuda el ejercicio.
3. Recuerda la imagen de la ola. Tu objetivo es cabalgar la ola cuando suba y cuando baje, observándola atentamente y aceptándola como es.

El resto de las instrucciones aparecen explicadas a continuación:

SURFEAR LOS IMPULSOS

1. Siéntate cómodamente en una posición lo más relajada posible. Observa las sensaciones de tu cuerpo en el asiento durante unos instantes.

2. Observa tu respiración y deja que el aire entre y salga.

3. Represéntate mentalmente el escenario que hayas decidido, una situación que te provoque impulsos de hacer algo de lo que te arrepentirás más tarde. Imagina la situación con la mayor claridad posible. ¿Dónde estás? ¿Hay alguien más presente?

4. Imagina los acontecimientos que llevan a este impulso. Represéntate en el momento en que el impulso es más fuerte, pero tú todavía no lo has seguido. Detente aquí, sin ceder al impulso.

5. Observa qué es lo que experimenta tu cuerpo en este punto. ¿Qué sensaciones experimentas? ¿Dónde las sientes? ¿Se desplazan o fluctúan?

6. Observa qué pensamientos te están pasando por la cabeza. Reconoce que son pensamientos y obsérvalos.

7. Observa qué emociones están presentes. ¿Estás triste, furioso, asustado, herido, avergonzado, decepcionado? ¿Eres feliz, estás emocionado?

8. Sé todo lo amable que puedas contigo mismo. Líbrate de los juicios y recuerda que los impulsos y deseos son experiencias humanas normales, y que todos las tenemos.

9. Permite que el impulso esté ahí sin intentar cambiarlo ni controlarlo. Observa qué te hace sentir el impulso, pero no cedas a él. Tómate tu tiempo.

10. Acuérdate de respirar. La respiración es tu tabla de surf. Respira con el impulso, las sensaciones, los pensamientos y las emociones.

11. Demórate en este momento con interés y cordialidad. Practica la disposición a experimentar el impulso y la abstención de la conducta tentada.

12. Observa: ¿hay algo detrás de este impulso?, ¿alguien a quien necesitas o añoras?, ¿o un problema que necesita atención?

13. Cuando estés preparado, líbrate del escenario que estabas imaginando y vuelve a centrar la atención en tu respiración. Abre los ojos y mira a tu alrededor.

* *

La historia de Nick

Nick tiene un empleo a jornada completa y casi todos los días se lleva trabajo a casa. En cuarenta y cinco minutos en el despacho de casa, es capaz de avanzar más que en el trabajo, donde los empleados le interrumpen permanentemente con dudas y preocupaciones. Su familia preferiría que estuviera más con ellos por las noches, pero aceptan no molestarle durante cuarenta y cinco minutos después de cenar.

En los últimos tiempos, Nick ha estado jugando a un videojuego *online* durante su tiempo de trabajo nocturno. Al principio, limitó el tiempo de juego a diez minutos y era capaz de terminar su trabajo en el tiempo restante. Pero el juego se ha ido haciendo cada vez más absorbente, y el tiempo que le dedica ha ido aumentando paulatinamente. Ahora, suele jugar treinta minutos, y a veces más, así que no consigue terminar su trabajo y se siente mucho más estresado durante el día. Ocasionalmente, amplía su tiempo de trabajo en casa, pero su familia se queja. Nick no les ha contado lo del videojuego.

Ahora está trabajando con el ejercicio de surfear los impulsos. He aquí sus observaciones después de intentarlo varias veces:

«Cuando estoy a punto de conectarme al juego en mi ordenador, siento varias cosas. Por un lado, está la excitación de estar a punto de empezar el juego; siento como si eso me revitalizara. También siento resentimiento por tener que trabajar en casa. Creo que me merezco tener un poco de tiempo libre para hacer algo divertido, y que no es justo que tenga que hacer este trabajo extra. He reparado en algunos pensamientos coléricos hacia varios empleados que se pasan tan a menudo por mi despacho que cuando estoy allí no puedo hacer mucho.

«Durante la última semana he podido atenerme a una norma: primero tengo que terminar el trabajo que me lleve a casa, y luego, si me sobra tiempo, puedo jugar al juego. Mientras trabajo, siento deseos de ponerme a jugar, y procuro estar atento a ellos. Al principio, no me creía que los impulsos se debilitarían con que sólo los observara, pero es realmente cierto. Son como olas: desaparece una, y entonces aparece otra. Observarlos me ayuda a comprender que no tengo que actuar según su dictado.

»No estoy seguro de que pueda seguir sujetándome a mi norma sistemáticamente. Me parece que podría resolver mejor este problema si cambiara algunas cosas en el trabajo. He decidido decirle a mis empleados que durante la última hora del día quedan prohibidas las consultas. Cerraré mi puerta y utilizaré un cartel de "No molesten". De esta manera, no tendré que llevarme tanto trabajo a casa y podré estar con mi familia después de cenar».

La experiencia de Nick ilustra unos aspectos importantes sobre surfear impulsos:

- Surfear los impulsos no es deshacerse de ellos. Nick siguió sintiendo deseos de jugar al juego. Sin embargo, con el tiempo, cuando observa los impulsos sin seguirlos, se da una excelente oportunidad para que vayan perdiendo frecuencia e intensidad. Ceder a los impulsos los fortalece; tratar de suprimirlos o negarlos también los fortalece. La aceptación consciente de los impulsos es la alternativa saludable.

- Surfear los impulsos hace que éstos sean menos aplastantes. Una vez que observó los pensamientos, las emociones y las sensaciones, Nick los encontró menos intimidatorios y se sintió más seguro de poder manejarlos.

- A veces, los impulsos están encubriendo otro problema. Nick se dio cuenta de que bajo su impulso de jugar al videojuego anidaba el resentimiento por que sus empleados no parasen de interrumpirle en el trabajo. Tenía que tomar medidas para cambiar esta situación. La observación plenamente consciente de los impulsos de jugar al videojuego le ayudó a trazar un plan prometedor.

Cómo ayudan estos ejercicios en la vida diaria

Los ejercicios de este capítulo te invitan a que reserves unos minutos de tu jornada para practicarlos. Tal vez te estés preguntando cómo te ayudarán en la vida diaria, cuando quizá no tengas tiempo para sentarte en silencio ni para practicar el movimiento plenamente consciente antes de tomar medidas en una situación conflictiva. Estos ejercicios cultivan la atención plena que se puede aplicar en innumerables situaciones:

- Perfeccionan nuestra conciencia de lo que esté sucediendo en la mente y el cuerpo.
- Nos ayudan a que aprendamos a dejar de luchar o de esforzarnos con las emociones y sensaciones normales, aunque éstas no nos gusten.
- Nos ayudan a recordar que los problemas y dificultades forman parte del ser humano y de vivir una vida plena, que no tenemos que reaccionar juzgándonos duramente, y que la amabilidad y la compasión suelen ser más prácticas.
- Nos proporcionan un medio de mantenernos fuera de las trampas psicológicas cuando estamos alterados. En lugar de rumiar el problema, de intentar no pensar en él, de criticarnos por tenerlo o de actuar precipitadamente, aprendemos que podemos afrontar las dificultades y reaccionar de manera constructiva.

Si practicamos sistemáticamente, estaremos mejor preparados para cualquier situación problemática. Habrá más probabilidades de que nos detengamos, veamos la situación con claridad y tomemos una decisión prudente sobre lo que hay que hacer. Practicar mindfulness es como tonificar los músculos: a medida que los músculos del mindfulness se hacen más fuertes, nuestras vidas se vuelven más alegres y satisfactorias.

La mayoría de las personas anhelan unas vidas felices, satisfactorias y significativas. En el último capítulo, volvemos al tema de la felicidad y de cómo el mindfulness nos ayuda a cultivarla.

Síntesis del capítulo

- Aunque es útil estudiar las técnicas mindfulness por separado, como lo hicimos en los capítulos precedentes, estas funcionan conjuntamente.

- Los ejercicios de este capítulo fomentan la capacidad para adoptar una perspectiva consciente cuando sucede algo desagradable: emociones o pensamientos inquietantes, impulsos no deseados o molestias en el cuerpo.

- Cada ejercicio proporciona la oportunidad de combinar las técnicas previamente descritas: observar sin valorar; utilizar las etiquetas conscientes cuando sea útil, y actuar con conciencia, aceptación, disposición y autocompasión.

- Los ejercicios de este capítulo exigen dedicar unos minutos cada día a practicar, aunque las lecciones aprendidas pueden ser aplicadas fácilmente a las situaciones cotidianas y nos permiten desarrollar la fuerza y las técnicas para manejar la vida a largo plazo.

14

Mindfulness y felicidad

«La felicidad no es un objetivo, es una consecuencia.»

ELEANOR ROOSEVELT[116]

A lo largo de la historia, los grandes pensadores han debatido el significado de lo que es una vida feliz y satisfactoria.[117] Los antiguos filósofos griegos escribieron sobre dos perspectivas de la felicidad que en la actualidad siguen estudiando los psicólogos: una basada en el placer y el disfrute, y otra que hace hincapié en el sentido y el propósito. Según la primera perspectiva, una vida feliz se compone mayormente de emociones positivas y más placer que dolor. La segunda dice que la verdadera felicidad proviene de vivir de acuerdo con los valores profundamente arraigados y de la satisfacción del potencial interior de uno, aunque hacerlo sea estresante y molesto.

Los expertos en mindfulness nos recuerdan que la vida es una corriente en permanente cambio de experiencias placenteras, desagradables y neutras.[118] Todos tenemos alegrías y tristezas, éxitos y fracasos, ganancias y pérdidas. Las emociones positivas van y vienen; a veces no alcanzamos nuestros objetivos. La verdadera felicidad, desde esta perspectiva, proviene del conocimiento de que podemos mantener nuestro equilibrio y tener nuestra conciencia tranquila a pesar de las condiciones cambiantes, de la misma manera que una montaña permanece igual de fuerte y estable cuando luce el sol que durante las tormentas. Por suerte, no tenemos que escoger una sola definición de felicidad. Todos deseamos tener alegría y satisfacción, sentido y propósito y la fuerza interior para reaccionar con prudencia al dolor y a la desgracia. Practicar el mindfulness cultiva la felicidad en todas esas formas. En este capítulo, veremos cómo las técnicas del mindfulness que has aprendido hasta el momento te ayudarán a encontrar la felicidad que estás buscando.

El mindfulness y las emociones positivas

A finales de la década de 1990, me di cuenta de que si quería entender el mindfulness debía practicar sistemáticamente. Empecé a meditar de diez a quince minutos cada mañana observando mi respiración y contemplando el ir y venir de mis sensaciones, pensamientos y emociones. Lo encontraba relajante, pero al principio no percibía ningún otro efecto.

Al cabo de unas cuantas semanas, me di cuenta de que durante el día percibía más momentos agradables. Disfrutaba del tacto del aire cuando salía fuera, de los colores y formas de las nubes, de los dibujos de las ramas de los árboles al recortarse contra el cielo, del sonido de los pájaros o de la gente con la que me cruzaba. El mundo de los interiores también parecía más rico. Las experiencias corrientes, como escuchar ronronear a los gatos, picar los ajos y saltearlos en aceite de oliva y lavar la fruta en el fregadero de la cocina con el sol entrando por la ventana, eran más vívidas.

Mi vida ya era satisfactoria en muchos aspectos, pero el mindfulness de las experiencias diarias me hizo sentir más feliz. Las investigaciones demuestran que no soy la única.

Un estudio del mindfulness y el disfrute de la vida cotidiana

Para la mayoría de las personas, los acontecimientos, emociones y circunstancias desagradables son más llamativos que los agradables. Tendemos a centrarnos en los negativos, mientras ignoramos los positivos. Esto es especialmente cierto en las personas vulnerables a la depresión. Un estudio reciente demostró que la práctica del mindfulness nos ayuda a apreciar los momentos de placer y disfrute que se dan en la vida cotidiana, aunque sean efímeros.[119]

Un grupo de 130 adultos con antecedentes de depresión llevaron durante seis días unos relojes de pulsera digitales programados para que pitaran diez veces al día durante las horas de vigilia. A cada pitido, los participantes completaban un breve cuestionario sobre su estado de ánimo y los aspectos placenteros de su actividad en ese momento.

Transcurrido el período de seis días, la mitad de los participantes realizaron un curso de mindfulness de ocho semanas en el que se les enseñó muchas de las técnicas y ejercicios descritos en este libro. El curso consistió en sesiones semanales de dos horas, y se les animó a que practicasen a diario. El resto de los participantes, que sirvieron como grupo de control, continuaron con sus rutinas normales y no asistieron a ningún curso de mindfulness.

Ocho semanas más tarde, todos los participantes repitieron el trámite de los seis días con los relojes digitales, informando de sus sentimientos y actividades a lo largo de cada día. Los resultados confirmaron la hipótesis: los asistentes al curso de mindfulness mostraron un aumento significativo en sus emociones positivas —momentos de placer y alegría en las actividades ordinarias de sus vidas cotidianas—, mientras que los del grupo de control no mostraron ningún cambio al terminar el período de ocho semanas.

El disfrute de las actividades ordinarias aumenta la resiliencia frente a los altibajos normales de la vida y ayuda a prevenir la depresión. Los participantes en este estudio habían padecido depresión grave en el pasado y corrían un riesgo elevado de recaída. La práctica del mindfulness durante ocho semanas redujo sustancialmente ese riego.

Los beneficios de las emociones positivas

Consideramos las emociones positivas y las negativas como algo opuesto, aunque en realidad son muy parecidas en un aspecto muy importante: ambas están incorporadas a la naturaleza humana porque pueden ser útiles si las manejamos de manera constructiva.[120] Los sentimientos de placer como la felicidad, la satisfacción y el interés nos animan a explorar el entorno, a participar en actividades valiosas y a unirnos a los demás. También aumentan la creatividad, la apertura a nuevas experiencias y la receptividad a los comentarios. De resultas de esto, adquirimos un conocimiento, unas técnicas y un apoyo social que enriquecen nuestras vidas y nos ayudan a recuperarnos más deprisa de los acontecimientos estresantes.

Las emociones positivas no tienen por qué ser intensas para otorgar estos beneficios,[121] así que no tenemos que buscar actividades raras o emocionantes, como tampoco hemos de deshacernos de las emociones negativas. Las positivas siguen siendo beneficiosas, aun cuando las negativas sigan moviéndose a sus anchas. El mindfulness de los placeres sencillos y pasajeros de la vida cotidiana puede tener un gran impacto en la calidad de nuestras vidas en general.

Mindfulness, sentido y propósito

Como es evidente, no todos los momentos de la vida diaria están llenos de sencillos placeres. Cierta sensación de sentido y propósito puede proporcionar una forma distinta de felicidad y satisfacción, aunque el momento presente sea estresante o doloroso. Muchos psicólogos utilizan el término «bienestar» para este tipo de felicidad basada en el sentido, el propósito y la satisfacción del propio potencial. Las investigaciones sobre el bienestar psicológico han identificado seis elementos importantes:[122]

1. **Autonomía:** actuar de acuerdo con tus exigencias y preferencias interiores, persiguiendo tus objetivos y resistiendo las presiones sociales.
2. **Competencia:** tener el conocimiento y las habilidades para manejar las demandas y responsabilidades de la vida cotidiana.
3. **Relaciones saludables:** relaciones afectuosas, fiables y satisfactorias; preocupación, empatía y cuidado por los demás.
4. **Aceptarse a uno mismo:** comprender y aceptar todos los aspectos de ti mismo, incluidos tus puntos fuertes y flaquezas.

5. **Crecimiento personal:** apertura a nuevas experiencias, aprendizaje y superación personal; buscar desafíos, ampliar tus horizontes.

6. **Propósito en la vida:** tener objetivos, orientación y sentido en tu vida.

Cultivar estos elementos de bienestar no siempre es placentero ni divertido. Perseverar en los principios de uno y manejar las exigencias cotidianas puede ser estresante. Incluso las relaciones más sanas tienen momentos incómodos y difíciles. Es doloroso enfrentarse a nuestros fallos y defectos, sentirse patoso y nervioso mientras aprendemos nuevas habilidades. Sin embargo, las investigaciones demuestran que las personas que actúan de acuerdo con estos seis elementos del bienestar sienten una mayor satisfacción vital en general y tienen menos síntomas de depresión y una autoestima mayor.

Los estudios también demuestran que practicar el mindfulness mejora los seis elementos del bienestar psicológico.[123] Idéntico patrón se observa en las personas que siguen cursos de ocho semanas de mindfulness y en las que han dedicado años a practicar la meditación. Cuanto más practican, más mejora su bienestar. El mindfulness les hace más fácil actuar autónomamente y con un propósito en aspectos que conducen a la maduración personal, aunque a veces sea doloroso hacerlo. El mindfulness nos hace más conscientes de lo que está sucediendo realmente en el momento presente, para que podamos perseguir lo que de verdad importa y manejar las dificultades de manera provechosa.

Yo experimenté los efectos del mindfulness en el bienestar mientras escribía este libro. Me apasionaba escribirlo, y sin embargo no siempre era agradable hacerlo. A veces me sentía estresada y desanimada; tenía dudas sobre si iba bien y temía que no fuera a terminarlo jamás. A veces, le daba vueltas a si le gustaría a los lectores, lo evitaba haciendo otras cosas y me criticaba por ser demasiado lenta o confusa escribiendo.

Una y otra vez, el mindfulness me permitió observar lo que estaba sucediendo, librarme de las pautas inútiles y redirigir mi atención a la escritura, con la aceptación de las dificultades y la disposición a seguir trabajando en el libro, todo lo cual tuvo un gran impacto en mi bienestar.

Por ejemplo, cuando no caía en la tentación de las trampas psicológicas, podía pensar con más claridad sobre lo que deseaba decir (autonomía) y controlaba las exigencias de mi vida para sacar tiempo para escribir (competencia). La disposición y la autocompasión me ayudaron a extender mi mente, a desarrollar nuevas habilidades literarias (maduración personal) y a trabajar provechosamente con mis puntos fuertes y débiles como escritora (aceptación de mí misma). La conciencia de la experiencia literaria me ayudó a hablar de ello con mis amistades y a establecer contactos con otros autores (relaciones). Y también me mantuvo centrada en mi meta: compartir mis conocimientos con los lectores de una manera que confío será útil e interesante (propósito).

A cambio de estos beneficios para mi bienestar, en ocasiones estaba dispuesta a sentirme cansada, estresada, insegura y nerviosa; en otras, me sentía complacida, emocionada y vital, y aun había veces en que ni lo uno ni lo otro. Todos estos sentimientos iban y venían, repetidamente, como las olas azotadas por el viento en la superficie de un lago. Y bajo la superficie, donde el agua está limpia y en calma, encontraba una enorme satisfacción en escribir este libro, con independencia de cómo me sintiera en cada momento dado.

Mindfulness y bienestar en las situaciones desagradables

Para profundizar en mi práctica del mindfulness, a lo largo de los años he asistido a retiros de meditación de varias semanas en la Insight Meditation Society de Massachusetts. Cada retiro tiene de setenta y cinco a cien participantes y varios profesores, y son dirigidos en su mayor parte en silencio. El programa diario se compone de períodos de meditación sedente e itinerante, reuniones de grupos reducidos para preguntas y debate, entrevistas con los profesores, comidas atentas y una conferencia cada noche. La atmósfera es acogedora y apacible, una excelente manera de favorecer la práctica intensiva.

A fin de mantener un precio asequible, se asigna a todos los participantes una tarea doméstica. En uno de mis retiros, se me encargó pasar la aspiradora por un largo pasillo flanqueado de dormitorios. La aspiradora era pesada y difícil de manejar, y el primer día tuve que luchar a brazo partido para dirigirla, tirando de ella y empujándola y golpeando sin querer las puertas de varias personas. Cuando por fin terminé, sudorosa e irritada, la metí a empujones en su armario y me olvidé de ella.

Esa misma noche, me desperté de madrugada con un dolor punzante en el hombro derecho. No descubrí el origen del dolor hasta después de desayunar, cuando empecé a pasar la aspiradora de nuevo, lo que por fuerza tuve que hacer con el brazo izquierdo, lenta y suavemente.

Me di cuenta de que tenía que pasar la aspiradora atentamente, así que, lo mejor que pude, me libré de los juicios, observé las sensaciones, escuché los sonidos y me dediqué a contemplar la desaparición de la suciedad. Practiqué la aceptación de la aspiradora pesada y difícil de mover y desistí de intentar domeñarla.

Actuando con atención, descubrí la manera de moverla sin luchar, lo que dio como resultado un suelo limpio y la curación de mi dolorido hombro. Aquella manera de aspirar era lenta, pero no había necesidad de correr. La aspiración atenta empezó a parecerme elegante, como una especie de baile. Al terminar la semana, me sentía en paz y satisfecha aspirando.

Todos somos más felices cuando nos ocupamos en actividades satisfactorias y gratificantes, pero la mayoría no podemos evitar por completo las tareas desagradables o fatigosas.[124] La cuestión estriba en encontrar la manera de manejarlas con habilidad. Hacer esas tareas atentamente suele ser más efectivo que intentar forzar la naturaleza de las cosas y que sean diferentes o que darle vueltas a lo desagradables que son. A modo de experimento, intenta hacer las tareas desagradables de tu vida plenamente consciente y observa a ver qué sucede. Prueba a encontrar la manera de hacerlas menos irritantes.

Además, observa tus expresiones faciales mientras haces las tareas desagradables. ¿Tienes el semblante ceñudo, la mirada adusta o los dientes apretados? Esto podría empeorar la situación. Consideramos las expresiones faciales como una manifestación externa de nuestros estados de ánimo interiores; arrugamos la frente porque nos sentimos frustrados, sonreímos porque somos felices. Sin embargo, las investigaciones demuestran que las expresiones faciales también «influyen» en los estados emocionales al proporcionar información al cerebro.[125] Según varios estudios, si sonríes, te sentirás un poco más alegre; si pones ceño, te sentirás más triste y angustiado; si enarcas las cejas, encontrarás los nuevos hechos más sorprendentes, y si arrugas la nariz, los olores asquerosos te resultarán más desagradables.

La media sonrisa es un ejercicio que se aprovecha de este interesante aspecto de la fisiología humana.

La media sonrisa[126]

Relaja los hombros, el cuello y la cara y adopta una expresión facial neutra. Ahora sube las comisuras de la boca ligeramente, sólo un poco, para poner una expresión relajada, plácida y dulce, que no te canse los músculos de la cara. Mantén la mandíbula relajada. No inmovilices el rostro; deja que se mueva con naturalidad. La media sonrisa crea una expresión facial de calma y serenidad que influye en tu cerebro, de manera que te «sientes» un poco más tranquilo y sereno. La media sonrisa no te librará de tus emociones negativas, pero te ayudará a aceptar el momento presente.

La experiencia de Carolina con la media sonrisa

«Contrataron una nueva directora en mi trabajo. Era la misma mujer encargada de despedir a la gente, incluida yo, de mi anterior empleo cuando la empresa redujo personal. La semana pasada se nos notificó a todos que habría una reunión de personal para presentarla. Todavía sigo muy resentida por la pérdida de mi anterior empleo. Sé que no fue culpa de esta mujer, pero la realidad es que no me apetecía ir a la reunión.

»Sin embargo, habría sido poco profesional no asistir, y por otro lado tampoco podría evitar permanentemente a la nueva directora, así que decidí que estaba dispuesta a asistir. Observé mis sentimientos de cólera, miedo y desgana, y me dije que era absolutamente comprensible que me sintiera así. También decidí practicar la media sonrisa.

»Llegué a la sala de reuniones un par de minutos antes de la hora. Relajé la cara y los hombros, me senté en una postura grave y sonreí sólo un poquitín. Miré alrededor y saludé a unos cuantos compañeros de trabajo. Entonces llegó mi amiga Jane y se sentó a mi lado. Ella conoce mis sentimientos acerca de la nueva directora, y también que estoy aprendiendo mindfulness. Un día le conté lo de la media sonrisa y las dos lo pusimos en práctica. Aquello nos arrancó una risilla.

»—Esperaba que estuvieras tensa, pero pareces positiva y serena —me dijo mi amiga.

»—Estoy con la media sonrisa —respondí.

»Se me quedó mirando fijamente.

»—¡Anda ya! —dijo—. Es verdad, ¿no? ¡Me dejas impresionada! —Eso hizo que me riera por lo bajinis.

»Entonces el jefe entró con la nueva directora y la presentó al personal. El resto de la reunión fue mera rutina, salvo por la presencia de la nueva directora. Me recordé varias veces el mantener una expresión simpática, relajada y natural.

»La primera vez que oí hablar de la media sonrisa pensé que era algo falso y poco sincero, como ocultar mis verdaderos sentimientos. Pero no fue así ni por asomo. Mis sentimientos negativos sobre la nueva directora no desaparecieron, pero la media sonrisa me hizo sentir más tranquila, ayudándome a darme cuenta de que puedo manejar el hecho de que esa mujer trabaje en mi misma empresa. Eso me proporcionó una sensación de fuerza interior.»

Carolina no está contenta con la nueva directora, y con razón. Pero está satisfecha con la forma en la que ha manejado la situación. Se recordó algo que ella valora: comportarse profesionalmente en el trabajo. Esto la ayudó a resistir la tentación de evitar una situación desagradable saltándose la reunión. La media sonrisa consciente la ayudó a sentirse autónoma y competente y a aceptarse a sí misma, y también le enseñó que es capaz de experimentar una fuerte sensación de bienestar en una situación desagradable.

El mindfulness y la adversidad

Con independencia de lo mucho que practiquemos mindfulness, no podemos escapar a las desgracias y tragedias reales, como pueden ser la enfermedad, la pérdida, el rechazo y el dolor. Ahora vamos a tomar en cuenta las enfermedades graves —el cáncer en particular— por varios motivos. Primero, porque el cáncer afecta a muchas personas. En Estados Unidos, al 46 por ciento de los hombres y al 38 por ciento de la mujeres se les diagnosticará un cáncer en algún momento de sus vidas. De ésos, el 64 por ciento sobrevivirá durante cinco años o más. En segundo lugar, porque los pacientes de cáncer se enfrentan a unas circunstancias sumamente angustiosas: los tratamientos difíciles y dolorosos, la disminución de su capacidad laboral, las alteraciones de su vida social y familiar y la incertidumbre acerca de sus esperanzas de vida. Y tercero, porque los investigadores han estudiado los beneficios del mindfulness para los enfermos de cáncer.

Un diagnóstico de cáncer puede significar para algunas personas el fin de la felicidad y el bienestar.[127] Sin embargo, las investigaciones demuestran que los pacientes de cáncer que participan en cursos de mindfulness experimentan mayores niveles de alegría, relajación y dinamismo, están más interesados por sus vidas cotidianas, sienten mayor satisfacción por el trabajo que puedan hacer y sus relaciones se vuelven más próximas y comprensivas.

Reflexiones de enfermos de cáncer después de practicar mindfulness[128]

A continuación transcribimos las reflexiones de varios enfermos de cáncer que culminaron un curso de ocho semanas sobre reducción del estrés basada en mindfulness (MBSR) en un destacado centro oncológico de Canadá y posteriormente siguieron asistiendo a sesiones semanales, algunos durante varios años. Los participantes, con edades comprendidas entre los cuarenta y tres y los setenta y siete años, padecían una diversidad de cánceres que comprendían el de pecho, próstata y ovarios, el melanoma maligno y el linfoma de Hodgkin. Los pacientes fueron entrevistados como parte de un estudio sobre los efectos del mindfulness en su salud mental.

• •

REFLEXIONES DE ENFERMOS DE CÁNCER DESPUÉS DE UN CURSO DE MINDFULNESS

- «Creo que, en mi caso, la enfermedad no ha sido tan estresante ni terrible como podría haber sido. Soy una mujer bastante temperamental. Si no hubiera hecho el curso de mindfulness, ahora estaría hecha un desastre.»
- «Lo que hace la meditación es darme tiempo para mirar en mi interior. Y mirar en mi interior me otorga el mando.»
- «La meditación significa sacar tiempo del caos. Meditar me dio la oportunidad de dar al caos una especie de sentido.»
- «Esto ha cambiado mi perspectiva de la vida, mi relación con los demás y, lo más importante, mi relación conmigo mismo. Ésa es la única persona con la que tengo que tratar todos los días.»

- «Toda esta idea de aceptar el cambio como lo constante es algo que nunca antes había considerado.»
- «Las ideas tienen realmente una personificación física y eso es algo muy poderoso. Se trata de cómo aceptas esas ideas y haces realmente lo que tienes que hacer. Y lo que tienes que hacer es muy sencillo. Tienes que sentarte, guardar silencio y escuchar tu respiración. Realmente, es de una maravillosa sencillez.»
- «La manera en que veo el cáncer es que, una vez que superas lo que tiene de atroz, es un factor de motivación muy potente para vivir la vida. Me siento agradecido por encontrarme aquí (en el grupo de mindfulness del centro oncológico) y que me lo recuerden.»
- «Soy una persona mucho más feliz de lo que nunca imaginé que sería con la enfermedad... La verdad es que el curso de mindfulness ha transformado mi vida. Tengo una vida mucho mejor gracias a él.»

A pesar de tener una enfermedad grave, las personas de este estudio descubrieron que el mindfulness les ayudó a desarrollar muchos de los elementos del bienestar psicológico: autonomía, maduración personal, relaciones más sanas y propósito vital. También sintieron más emociones positivas, y menos negativas.

Síntesis: la contribución del mindfulness a la felicidad

Hemos visto que el mindfulness contribuye a la felicidad de diversas maneras:

- El mindfulness nos hace conscientes de los placeres sencillos y las alegrías pasajeras que ya son parte de la vida
  corriente, pero que a menudo pasamos por alto. Saborear
  estas experiencias aumenta la felicidad y la satisfacción con
  la vida.
- El mindfulness cultiva los elementos importantes del bienestar psicológico. Así, nos ayuda a identificar y perseguir
  nuestros objetivos y valores, a aprender y madurar, a cultivar las relaciones, a aceptar nuestros puntos fuertes y
  debilidades y a reaccionar con prudencia a las molestias
  inevitables.
- En algunos casos, la atención deliberada puede transformar
  una tarea o situación desagradable en una fuente de satisfacción.
- El mindfulness puede ayudarnos a encontrar la felicidad y
  el bienestar en plena adversidad.

La meditación de la montaña[130]

Antes de acabar este libro, quiero ofrece un ejercicio más. La meditación de la montaña, elaborada originalmente por Jon Kabat-
Zinn y utilizada en varios programas de mindfulness, cultiva la
fuerza y estabilidad interiores para encontrar diversos tipos de
felicidad —tranquilidad de conciencia, satisfacción, bienestar, y
hasta alegría— en las condiciones permanentemente cambiantes
de la vida. Lee detenidamente su descripción antes de ponerla en
práctica.

MEDITACIÓN DE LA MONTAÑA

Siéntate cómodamente en una posición en la que te sientas relajado pero despierto, con la espalda relativamente recta aunque no rígida ni tensa y las manos apoyadas con comodidad. Si puedes, deja que tu columna se soporte a sí misma, en lugar de apoyarla en el respaldo del asiento.

Cierra los ojos o fija la mirada en un punto del suelo.

Durante unos segundos observa las sensaciones y movimientos a medida que inspiras y espiras, permitiendo que la respiración siga su ritmo y frecuencia.

Ahora imagínate una montaña grande y hermosa. Podría ser una montaña que hubieras visto con anterioridad, o podría ser imaginaria. Represéntatela lo mejor que puedas. Percibe el pico de la montaña, quizás ahora nevado, o con rocas que asoman entre la nieve. Observa las laderas de la montaña; tal vez crezcan árboles en ellas, o haya ovejas pastando. O puede que estén cubiertas de nieve. Fíjate en la base de la montaña, incrustada sólidamente en la tierra. La montaña es estable, inamovible y hermosa.

Imagina que un mago te ha concedido un deseo, y que le has pedido convertirte en montaña. Ahora ya eres una montaña, y compartes sus cualidades. Estás firmemente enraizado, inmóvil, estable, grande, digno y hermoso. Tu cabeza es la cumbre de la montaña y tienes una amplia vista de la zona circundante. Tus hombros y brazos son las laderas de la montaña, y la parte inferior de tu cuerpo es la base firmemente incrustada en el sillón o en el suelo. Tu columna vertebral está recta, como la montaña que parece estirarse hacia el cielo, y sin embargo no está tensa. Simplemente se muestra natural.

Y ahora que estás aquí parado, observa que durante todos los días el sol y las nubes se mueven por el cielo, haciendo dibujos de luz, sombras y colores que están en permanente cambio. Cuando el sol se hunde por el horizonte, el cielo se oscurece y aparecen las estrellas. Quizás haya luna. Las estrellas y la luna también se mueven por el cielo. A veces la luna está llena; en ocasiones es una diminuta media luna. A veces las estrellas son numerosas y brillantes; en otras ocasiones están tapadas por las nubes.

En verano puede que no haya nieve en toda la montaña o que sólo la haya en la misma cumbre o en grietas profundas adonde no llega el sol. En otoño, los árboles de la montaña pueden adquirir unos colores brillantes, y luego van perdiendo gradualmente sus hojas, que caen al suelo y lo vuelven marrón. En invierno, la montaña está cubierta de nieve y hielo. En primavera, la flores brotan por todas partes en las laderas, las hojas vuelven a los árboles, los pájaros cantan, la nieve se funde y los arroyos se desbordan con la nieve derretida. Sea cual sea la estación, la montaña puede estar cubierta de nubes, de niebla o de lluvia; en cualquier estación puede haber violentas tormentas acompañadas de vientos fuertes, relámpagos, truenos, rayos, nieve o aguanieve.

Es posible que haya personas que se acerquen a mirar la montaña. A veces hablan de su belleza, o de lo majestuosa o estimulante que es; otras veces, se quejan de que haya demasiados turistas en la montaña, o de que el clima sea demasiado frío, nuboso, tormentoso o húmedo para disfrutar de la montaña ese día.

Nada de esto altera a la montaña, que sigue siendo hermosa, majestuosa y fuerte, con independencia de las cambiantes condiciones. La montaña sigue siendo lo que es, la mire alguien o no, les guste o no a los que la contemplan. Con independencia de la estación o el clima, la montaña es ella misma: estable, constante y fuerte.

La práctica del mindfulness nos enseña a desarrollar las cualidades de la montaña: calma, arraigo, estabilidad y naturalidad, aunque muchas cosas estén en permanente cambio en nuestras vidas. Todos tenemos momentos de luz y de sombras, de calma y de tormentas, de intensidad y de monotonía. Los pensamientos y emociones que experimentamos, las tormentas y crisis emocionales, los períodos de alegría y entusiasmo son como el clima de la montaña.

Esto no significa que ignoremos el clima, lo neguemos o finjamos que no existe. «Observamos» el clima, en todas sus manifestaciones, lo aceptamos en lo que es. Sabemos que la montaña no es el clima. La montaña permanece mientras el clima va y viene. Y la montaña sigue siendo lo que es.

Sigue sentado y respira unos segundos más, mientras piensas en las lecciones que se pueden aprender de la montaña.

* *

La imagen de la montaña puede recordarnos aspectos importantes de la naturaleza humana: la estabilidad, la dignidad, el equilibrio, la presencia, la quietud. Al mismo tiempo, las personas son más complejas que las montañas: nos movemos de aquí para allá, respiramos, hablamos, vemos, oímos y sentimos. Practica la meditación de la montaña con ánimo explorador y con interés, y comprueba si es valiosa para ti.

Recapitular y mirar al futuro

La buena salud mental no es una cuestión de lo que acude a nuestras cabezas. Todos queremos experimentar emociones positivas, tener pensamientos agradables e impulsos de hacer cosas sensatas, y a veces tenemos todo esto. Pero también tenemos emociones dolorosas, pensamientos sombríos e impulsos destructivos. Lo que importa es cómo reaccionamos a ellos. ¿Los rumiamos, intentamos suprimirlos o evitarlos, cedemos a los impulsos destructivos y nos criticamos con dureza? Hemos visto que éstas no son más que trampas que empeoran la situación. La alternativa es reaccionar con una atención deliberada, observando con curiosidad amistosa para ver qué es lo que está sucediendo, aceptando con compasión la realidad del momento presente y escogiendo con atención hacer algo coherente con lo que de verdad valoramos.

En los capítulos precedentes hemos analizado la manera de utilizar las habilidades mindfulness para responder al estrés y las dificultades y construir una vida más feliz y satisfactoria. Ahora que has llegado al final de este libro, quizá te estés preguntando la manera de mantener tus nuevas habilidades. Lo más importante es que sigas practicando; cómo hacerlo es cosa tuya. Después de haberte abierto camino a través de este libro, tienes muchas opciones. Las siguientes sugerencias pueden serte útiles.

1 – Práctica formal

Si puedes, es útil hacer prácticas formales de manera habitual. Práctica formal significa que saques tiempo para hacer un ejercicio mindfulness mientras no haces nada más; siéntate en silencio y observa tu respiración, haz un reconocimiento corporal o practica el movimiento atento. Si te resulta difícil encontrar tiempo para la práctica formal, recuerda que incluso una práctica muy breve es mejor que ninguna. Si intentaste practicar, pero el día se te escapó de las manos, intenta practicar durante dos minutos antes de irte a la cama. Siéntate en silencio y observa tu respiración, o haz atentamente algunos estiramientos de cuello o balanceos de hombros. Sólo dos minutos: puedes utilizar una alarma. Esto no afectará a tu sueño; todo lo contrario, puede que duermas mejor.

Otra opción es que practiques durante varios períodos breves a lo largo del día. Antes de levantarte de la cama, haz un rápido reconocimiento corporal o realiza cinco o diez respiraciones atentas. Busca cualquier interrupción en tu jornada laboral en la que puedas hacer lo mismo.

También podrías considerar la práctica en grupo. Busca en Internet grupos de mindfulness en la zona donde vivas, o forma tu propio grupo con los amigos. Las investigaciones demuestran que el apoyo y la comunidad contribuyen considerablemente al mantenimiento de las habilidades a largo plazo.

2 – Mindfulness de las actividades diarias

Como hemos visto, cualquier actividad se puede convertir en un ejercicio mindfulness: caminar, comer, lavarse los dientes, lavar la vajilla… Cuando camines, procura que al menos los primeros diez pasos sean una práctica mindfulness; en las comidas, intenta comer los dos primeros bocados de manera plenamente consciente, y trata también de conducir así, sin poner la radio. Dondequiera que estés, observa lo que te rodea.

3 – Degusta las experiencias agradables

El mindfulness de los momentos corrientes de la vida cotidiana pueden mejorar la felicidad general. Presta atención a las pequeñas experiencias agradables de la vida: el olor del té o el café; la sonrisa de un hijo; el sol que entra a raudales por una ventana… Saboréalo todo.

4 – Acuérdate de tu respiración

Aunque no puedas dejar lo que estés haciendo para sentarte en silencio con los ojos cerrados, puedes dirigir la atención a tu res-

piración durante todo el día. Procura respirar una o dos veces
atentamente siempre que estés parado en un semáforo en rojo, ya
como conductor, ya como peatón. Observa tu respiración mientras estés haciendo cola, sentado en las salas de espera, mientras
tu ordenador se pone en marcha o en las reuniones. Cuando aparezcan el dolor, el estrés y la incomodidad, respira con ellos.

5 – Hazte amigo de tus emociones

Recuerda que las emociones están incorporadas a la naturaleza humana porque sirven a unos fines prácticos si las manejamos
con prudencia. En lugar de rumiar, intentar deshacerte de ellas o
criticarte por tener emociones, observa lo que está sucediendo en
tu cuerpo. Respira con ello. No te agobies y decide lo que hay que
hacer, si es que hay algo que hacer.

6 – Recuerda que los pensamientos son pensamientos

Todos sentimos una fuerte tendencia a creernos nuestros pensamientos. Cuando «Esto es horrible», «Soy un cretino» o «No hay
ninguna posibilidad en el futuro» acuden a la cabeza, recuerda que
sólo son pensamientos. Etiquetarlos («No son más que pensamientos») puede ser muy útil y no significa que tengas que ignorarlos.
A veces, los pensamientos son útiles; si los pones en práctica, hazlo
con atención.

7 – Pausa plenamente consciente

Cuando los pensamientos y emociones son difíciles, pararse, siquiera sea por un instante fugaz, suele proporcionar el tiempo suficiente para ver qué es lo que está sucediendo, ya en la situación,

ya en tu mente o en tu cuerpo. Respirar una vez (o varias) atentamente, te da la oportunidad de recordarte qué es lo verdaderamente importante y decidir lo que hay que hacer. Recuerda que a veces la decisión prudente consiste en permitir que una situación siga su curso natural sin hacer nada al respecto.

8 – Acuérdate de la casa de huéspedes y el autobús

Tú eres la casa de huéspedes, y tus pensamientos y emociones son las visitas, y puedes permitirles que sean lo que son, con aceptación y amabilidad, sin dejarte controlar por ellos. O, si lo prefieres, piensa que tu vida es el autobús, que tus pensamientos y emociones son los pasajeros, y tú el conductor. Tú decides la dirección. No tienes que controlar a los pasajeros, y ellos no tienen que controlarte a ti.

No te olvides que los propietarios de los hostales y los conductores de autobús necesitan, como el resto del mundo, amabilidad.

Por último, y lo más importante, recuerda que ya puedes empezar. Como dicen muchos profesores, el mindfulness es sólo un suspiro. Cualquier momento es una oportunidad para empezar a transformar tu vida.

Notas

CAPÍTULO 1

1. Runbeck, M. L., *Time For Each Other*, D. Appleton, Century Co., Nueva York, 1944.

2. Brown, K. W., R. M. Ryan, y J. D. Creswell, «Mindfulness: Theoretical Foundations and Evidence for its Salutary Effects», *Psychological Inquiry*, 18 (2007), 211-37.

   Davidson, R., y otros, «Alterations in Brain and Immune Function Produced by Mindfulness Meditation», *Psychosomatica Medicine*, 65 (2003), 567-70.

   Eberth, J., y P. Sedlmeier, «The Effects of Mindfulness Meditation: A Meta-Analysis», *Mindfulness*, 3 (2012), 174-89.

   Grossman, P., y otros, «Mindfulness-Based Stress Reduction and Health Benefits: A Meta-Analysis», *Journal of Psychosomatic Research*, 57 (2004), 35-43.

   Keng, S., M. Smolski y C. Robins, «Effects of Mindfulness on Psychological Health: A Review of Empirical Studies», *Clinical Psychology Review*, 31 (2011), 1041-56.

   Levin, M., y otros, «The Impact of Treatment Components Suggested by the Psychological Flexibility Model: A Meta-Analysis of Laboratory-Based Component Studies», *Behavior Therapy*, 43 (2012), 741-56.

Shapiro, S., G. Schwartz, y G. Bonner, «Effects of Mindfulness-Based Stress Reduction on Medical and Premedical Students», *Journal of Behavioral Medicine*, 21 (1998), 581-99.

3. Bowen, S., N. Chawla, y G. A. Marlatt, *Mindfulness-Based Relapse Prevention for Addictive Behaviors: A Clinician's Guide*, Guilford Press, Nueva York, 2011.

    Hayes, S. C., K. D. Strosahl, y K. G. Wilson, *Acceptance and Commitment Therapy: The Process and Practice of Mindful Change*, Guilford, Nueva York, 2012.

    Kabat-Zinn, J., *Full Catastrophe Living: Using the Wisdom of Your Body and Mind to Face Stress, Pain and Illness*, Delacorte, Nueva York, 1990.

    Kristeller, J., R. Wolever, y V. Sheets, «Mindfulness-Based Eating Awareness Training (MB-Eat) for Binge Eating: A Randomized Clinical Trial», *Mindfulness* (2013).

    Linehan, M. M., *Cognitive Behavioral Treatment of Borderline Personality Disorder*, Guilford, Nueva York, 1993.

    Orsillo, S. M., y L. Roemer, *The Mindful Way through Anxiety: Break Free from Chronic Worry and Reclaim Your Life*, Guilford Press, Nueva York, 2011.

    Segal, Z. V., J. M. G. Williams, y J. D. Teasdale, *Mindfulness-Based Cognitive Therapy for Depression*, Guilford Press, Nueva York, 2.ª ed., 2013.

CAPÍTULO 2

4. Salzberg, S., *Real Happiness: The Power of Meditation*, Workman Publishing, Nueva York, 2011.

5. Segal, Z. V., J. M. G. Williams, y J. D. Teasdale, *Mindfulness-Based Cognitive Therapy for Depression: A New Approach to Preventing Relapse*, Guilford Press, Nueva York, 2002.

Williams, M., y D. Penman, *Mindfulness: A Practical Guide to Finding Peace in a Frantic World*, Piatkus, Londres, 2011.

6. Hayes, S. C., y S. Smith, *Get Out of Your Mind and into Your LIfe: The New Acceptance and Commitment therapy*, New Harbinger Publications, Oakland, California, 2005.

   Linehan, M. M., *Skills Training Manual for Treating Borderline Personality Disorder*, Guilford Press, Nueva York, 1993.

   Segal, Z. V., J. M. G. Williams, y J. D. Teasdale, *Mindfulness-Based Cognitive Therapy for Depression: A New Approach to Preventing Relapse*, Guilford Press, Nueva York, 2002.

   Williams, M., y otros, *The Mindful Way through Depression: Freeing Yourself from Chronic Unhappiness*, Guilford Press, Nueva York, 2007.

7. Hayes. S. C., K. D. Strosahl, y K. G. Wilson, *Acceptance and Commitment Therapy: The Process and Practice of Mindful Change*, Guilford, Nueva York, 2012.

8. Barks, *The Essential Rumi*, HarperColins, Nueva York, reedición autorizada, 2004.

CAPÍTULO 3

9. Watkins, E. R., «Constructive and Unconstructive Repetitive Thought», *Psychological Bulletin*, 134 (2008), 163-206.

10. Nezu, A. N., C. M. Mezu, y M. McMurran, «Problem-Solving Therapy», en W. T. O'Donohue y J. E. Fisher, eds., *Cognitive Behavior Therapy: Applying Empirically Supported Techniques in Your Practice*, John Wiley & Sons, Hoboken, Nueva Jersey, 2.ª ed., 2008, pp. 402-7.

11. Borkovec, T., W. Ray, y J. Stober, «Worry: A Cognitive Phenomenon Intimately Linked to Affective, Physiological and Interpersonal Behavioral Processes», *Cognitive Therapy and Research*, 22 (1998), 561-76.

    Brozovich, F., y R. G. Heimberg, «An Analysis of Post-Event Processing in Social Anxiety Disorder», *Clinical Psychology Review*, 28 (2008), 891-903.

    Bushman, B. J., y otros, «Chewing On it Can Chew You Up: Effects of Rumination on Triggered Displaced Aggression», *Journal of Personality and Social Psychology*, 88 (2005), 969-83.

    Costas, P., y A. Wells, *Depressive Rumination: Nature, Theory and Treatment*, John Wiley & Sons, Chichester, Reino Unido, 2004.

    Robinson, M. S., y L. B. Alloy, «Negative Cognitive Styles and Stress-Reactive Rumination Interact to Predict Depresssion: A Prospective Study», *Cognitive Therapy and Research*, 27 (2003), 275-92.

12. Conway, M., y otros, «On Assessing Individual Differences in Rumination on Sadness», *Journal of Personality Assessment*, 75 (2000), 404-25.

    Meyer, T., y otros, «Development and Validation of the Penn State Worry Questionnaire», *Behaviour Research and Therapy*, 28 (1990), 487-95.

    Nolen-Hoeksema, S., y J. Morow, «A Prospective Study of Depression and Post-traumatic Stress Symptoms after a Natural Disaster: The 1989 Loma Prieta Earthquake», *Journal of Personality and Social Psychology*, 61 (1991), 115-21.

    Sukhodolsky, D. G., A. Golub, y E. N. Cromwell, «Development and Validation of the Anger Rumination Scale», *Personality and Individual Differences*, 31 (2001), 689-700.

    Trapnell, P. D., y J. D. Campbell, «Private Self-Consciousness and the Five-Factor Model of Personality: Distinguishing Rumination from Reflection», *Journal of Personality and Social Psychology*, 76 (1999), 284-304.

13. Bushman, B. J., y otros, «Chewing On it Can Chew You Up: Effects of Rumination on Triggered Displaced Aggression», *Journal of Personality and Social Psychology*, 88 (2005), 969-83.

    Lyubomirsky, S., y C. Tkach, «The Consequences of Dysphoric Rumination», en C. Papageorgious y A. Wells, editores, *Depressive Rumination: Nature, Theory and Treatment*, John Wiley & Sons, Chichester, Reino Unido, 2004.

    McEvoy, P. M., y P. Kingsup, «The Post-event Processing Questionnaire in a Clinical Sample with Social Phobia», *Behaviour Research and Therapy*, 44 (2006), 1689-97.

    Ray, R. D., F. H. Wilhelm, y J. J. Gross, «All in the Mind's Eye? Anger Rumination and Reappraisal», *Journal of Personality and Social Psychology*, 94 (2008), 133-45.

    Rusting, C. L., y S. Nolen-Hoeksema, «Regulating Responses to Anger: Effects of Rumination and Distraction on Angry Mood», *Journal of Personality and Social Psychology*, 74 (1998), 790-803.

14. Nolen-Hoeksema, S., B. E. Wisco, y S. Lyubomirsky, «Rethinking Rumination», *Perspective on Psychological Science*, 3 (2008), 400-24.

    Papageorgiow, C., y A. Wells, «Positive Beliefs about Depressive Rumination: Development and Preliminary Validation of a Self-Report Scale», *Behavior Therapy*, 32 (2001), 13-26.

    Watkins, E., y S. Baracaia, «Why Do People Ruminate in Dysphoric Moods?», *Personality and Individual Differences*, 30 (2001), 723-34.

15. Jain, S., y otros, «A Randomized Controlled Trial of Mindfulness Meditation Versus Relaxation Training: Effects on Distress, Positive States of Mind, Rumination and Distraction», *Annals of Behavioral Medicine*, 33 (2007), 11-21.

    Broderick, P., «Mindfulness and Coping with Dysphoric Mood: Contrasts with Rumination and Distraction», *Cognitive Therapy and Research*, 29 (2005), 501-10.

16. Addis, M., y C. Martell, *Overcoming Depression One Step at a Time: The New Behavioral Activation Approach to Getting Your Life Back*, New Harbinger, Oakland, California, 2004.

CAPÍTULO 4

17. Dostoyevski, F., *Notas de invierno sobre impresiones de verano, Obras completas V*, Aguilar, Madrid, 2005.

18. Wegner, D. M., y otros, «Paradoxical Effects of Thought Suppression», *Journal of Personality and Social Psychology*, 53 (1987), 5-13.

19. Najmi, S., y D. M. Wegner, «Thought Suppression and Psychopathology», en A. J. Elliott, ed., *Handbook of Approach and Avoidance Motivation*, Psychology Press, Nueva York, 2008, pp. 447-59.

    Baer, L., *The Imp of the Mind: Exploring the Silent Epidemic of Obsessive Bad Thoughts*, Plume, Nueva York, 2001.

20. Salkovskis, P., y M. Reynolds, «Thought Suppression and Smoking Cessation», *Behaviour Research and Therapy*, 32 (1994), 193-201.

21. Palfai, P. T., y otros, «Effects of Suppressing the Urge to Drink on The Accessibility of Alcohol Outcome Expectancies», *Behaviour Research and Therapy*, 35 (1997), 59-65.

    Shipherd, J. C., y J. G. Beck, «The Role of Thought Suppression in Post-Traumatic Stress Disorder», *Behavior Therapy*, 36 (2005), 277-87.

22. Gamez, W., y otros, «Development of a Measure of Experiential Avoidance: The Multidimensional Experiential Avoidance Questionnaire», *Journal of Consulting and Clinical Psychology*, 23 (2011), 692-713. Adaptación autorizada.

23. Hayes, S. C., y S. Smith, *Get Out of Your Mind and into Your Life: The New Acceptance and Commitment Therapy*, New Harbinger Publications, Oakland, California, 2005.

24. Hayes, S. C., K. D Strosahl, y K. G. Wilson, *Acceptance and Commitment Therapy: An Experiential Approach to Behavior Change*, Guilford, Nueva York, 1999.

    Hayes, S. C., y Smith, S., *Get Out of Your Mind and Into Your Life: The New Acceptance and Commitment Therapy*, New Harbinger Publications, Oakland, California, 2005.

CAPÍTULO 5

25. Henri, R., *The art spirit*, Lippincott, Nueva York, 1923.

26. Allen, L. B., R. K. McHugh, y D. H. Barlow, «Emotional Disorders: A Unified Protocol», en D. H. Barlow, ed., *Clinical Handbook of Psychological Disorders: A Step-by-Step Treatment Manual*, Guilford Press, Nueva York, 4.ª ed., 2008, pp. 216-49.

27. Whiteside, S. P., y D. R. Lynam, «The Five Factor Model and Impulsitivity: Using a Structural Model of Personality to Understand Impulsivity», *Personality and Individual Differences*, 30 (2001), 669-89.

28. Averill, J. R., «A Semantic Atlas of Emotional Concepts», *Catalog of Selected Documents in Psychology*, 5 (2002), 30. Citado en Larsen, R. J., y D. M. Buss, *Personality Psychology: Domains of Knowledge about Human Nature*, McGraw-Hill, Nueva York, 1975.

29. Goleman, D., *Emotional Intelligence: Why It Can Matter More Than IQ*, Bantam Books, Nueva York, 1995.

    Linehan, M. M., *Skills Training Manual for Treating Borderline Personality Disorder*, Guilford Press, Nueva York, 1993.

Spradlin, S. E., *Don't Let Emotions Run Your Life: How Dialectical Behavior Therapy Can Put You in Control*, New Harbinger Publications, Oakland, California, 2003.

30. Barlow, D., y otros, *Unified Protocol for Transdiagnostic Treatment of Emotional Disorders*, Oxford University Press, Nueva York, 2011.

31. Linehan, M. M., *Skills Training Manual for Treating Borderline Personality Disorder*, Guilford Press, Nueva York, 1993.

   Barlow, D., y otros, *Unified Protocol for Transdiagnostic Treatment of Emotional Disorders*, Oxford University Press, Nueva York, 2011.

32. Ekman, P., «Cross Cultural Studies of Facial Expression», en P. Ekman, ed., *Darwin and Facial Expression: A Century of Research in Review*, Academic Press, Nueva York, pp. 169-222, 1973.

33. Linehan, M. M., *Cognitive Behavioral Treatment of Borderline Personality Disorder*, Guilford, Nueva York, 1993.

34. Orsillo, S. M., y L. Roemer, *The Mindful Way through Anxiety: Break Free from Chronic Worry and Reclaim Your Life*, Guilford Press, Nueva York, 2011.

35. Esta ficha de actividad fue adaptada con autorización de McKay, M., J. C. Wood y J. Brantley, *The Dialectical Behaviour Therapy Skills Workbook*, New Harbinger, Oakland, California, inspirada en Linehan, M. M., *Skills Training Manual for Treating Borderline Personality Disorder*, Guilford Press, Nueva York, 1993.

CAPÍTULO 6

36. Armstrong, K., *Twelve Steps to a Compassionate Life*, Anchor Books, Nueva York, 2010.

37. McKay, M., y P. Fanning, *Self-Esteem*, New Harbinger, Oakland, California, 3.ª ed., 1992.

38. Bergner, R. M., *Pathological Self-Criticism*, Plenum, Nueva York, 1995.

    Ossario, P. G., «Appraisals», en A. Putman y K. Davis, eds., *Advances in Descriptive Psychology*, Descriptive Psychologoy Press, Ann Arbor, Michigan, 1990.

39. Baron, R. A., «Negative Effects of Destructive Criticism: Impact on Conflict, Self-Efficacy, and Task Performance», *Journal of Applied Psychology*, 73 (1988), 199-207.

40. Blatt, S. J., J. P. D'Afflitti, y D. M. Quinlan, «Experiences of Depression in Normal Young Adults», *Journal of Abnormal Psychology*, 85 (1976), 383-89.

    Gilbert, P., y otros, «Criticizing and Reassuring Oneself: An Exploration of Forms, Styles, and Reason in Female Students», *British Journal of Clinical Psychology*, 43 (2004), 31-50.

    Neff, K. D., «The Development and Validation of a Scale to Measure Self-Compassion», *Self and Identity*, 2 (2003), 223-50.

41. Powers, T., y otros, «The Effects of Self-Criticism and Self-Oriented Perfectionism on Goal Pursuit», *Personality and Social Psychology Bulletin*, 37 (2011), 964-75.

42. Powers, T., y otros, «Self-criticism, Motivation, and Goal Progress of Ahtletes and Musicians: A Prospective Study», *Personality and Individual Differences*, 47, (2009), 279-83.

43. Powers, T., R. Kostner, y D. Zuroff, «Self-criticism, Goal Motivation, and Goal Progress», *Journal of Social and Clinical Psychology*, 26 (2007), 826-40.

44. Besser, A., G. Flett, y R Davis, «Self-criticism, Dependency, Silencing the Self, and Loneliness: A Test of a Mediational Model», *Personality and Individual Differences*, 35 (2003), 1735-52.

    Cox, B., C. Fleet, y M. Stein, «Self-Criticism and Social Phobia in the US National Comorbidity Survey», *Journal of Affective Disorders*, 82 (2004), 227-34.

    Cox, B., P. MacPherson, M. Enns, y L. McWilliams, «Neuroticism and Self-Criticism Associated with Post-traumatic Stress Disorder in a Nationally Representative Sample», *Behaviour Research and Therapy*, 42 (2004), 105-114.

    Dunkley, D., R. Masheb, y C. Grilo, «Childhood Maltreatment, Depressive Symptoms, and Body Dissatisfaction in Patiens with Binge Eating disorder: The Mediating Role of Self-Criticism», *International Journal of Eating Disorders*, 43 (2010), 274-81.

    Harman, R., y D. Lee, «The Role of Shame and Self-Criticl Thinking in the Development and Maintenance of Current Threat in Post-Traumatic Stress Disorder», *Clinical Psychology and Psychotherapy*, 17 (2010), 13-24.

    Lassri, D., y G. Shahar, «Self-criticism Mediates the Link between Childhood Emotional Maltreatment and Young Adults' Romantic Relationchips», *Journal of Social and Clinical Psychology*, 31 (2012), 289-311.

45. Gilbert, P., «Compassion and Cruelty: A Biopsychosocial Approach», en P. Gilbert, ed., *Compassión: Conceptualizations, Research and Use in Psychotherapy*, Routledge, Londres, 2005, pp. 9-74.

    Gilbert, P., y C. Irons, «Focused Therapies and Compassionate Mind Training for Shame and Self-attacking», en ibíd., pp. 263-325.

46. Gilbert, P., «The Evolution of Social Attractiveness and its Role in Shame, Humiliation, Guilt and Therapy», *The British Journal of Medical Psychology*, 70 (1997), 113-47.

Gilbert P., y otros, «Criticizing and Reassuring Oneself: An Exploration of Forms, Styles, and Reasons in Female Students», *British Journal of Clinical Psychology*, 43 (2004), 31-50.

47. Tangney, J. P., y R. L. Dearing, *Shame and Guilt*, Guilford Press, Nueva York, 2002.

48. Lo que aquí se dice de la fusión y la defusión, incluidos los ejercicios que se describen, está basado en las ideas contenidas en:

Hayes, S. C., y S. Smith, *Get Out of Your Mind and into Your Life: The New Acceptance and Commitment Therapy*, New Harbinger Publications, Oakland, California, 2005.

Hayes, S. C., K. D. Strosahl, y K. G. Wilson, *Acceptance and Commitment Therapy: An Experiential Approach to Behavior Change*, Guilford Press, Nueva York, 1999.

Segal, Z. V., J. M. G. Williams, y J. D. Teasdale, *Mindfulness-Based Cognitive Therapy for Depression: A New Approach to Preventing Relapse*, Guilford Press, Nueva York, 2002.

49. Orsillo, S. M., y L. Roemer, *The Mindful Way through Anxiety: Break Free from Chronic Worry and Reclaim Your Life*, Guilford Presss, Nueva York, 2011.

CAPÍTULO 7

50. Kushner, H., *When All You've Ever Wanted Isn't Enough*, Fireside, Nueva York, 2002.

51. Peterson, C., N. Park, y M. E. P. Seligman, «Orientations to Happiness and Life Satisfaction: The Full Life Versus the Empty Life», *Journal of Happiness Studies*, 6 (2005), 25-41.

Waterman, A. S., «Two Conceptions of Happiness: Contrasts of Personal Expresssiveness (Eudaimonia) and Hedonic Enjoyment», *Journal of Personality and Social Psychology*, 64 (1993), 678-91.

52. Ryan, R. M., y E. L. Deci, «On Happiness and Human Potentials: A Review of Research on Hedonic and Eudaimonic Wellbeing», *Annual Review of Psychology*, 52 (2001), 141-66.

53. Fredrickson, B. L., «The Role of Positive Emotions in Positive Psychology: The Broaden-and-build Theory of Positive Emotions», *American Psychologist*, 56 (2001), 218-26.

54. Fredrickson, B. L., y otros, «Open Hearts Build Lives: Positive Emotions, Induced through Loving-Kindness Meditation, Build Consequential Personal Resources», *Journal of Personality and Social Psychology*, 95 (2008), 1045-62.

55. Hayes, S. C., y S. Smith, *Get Out of Your Mind and into Your Life: The New Acceptance and Commitment Therapy*, New Harbinger Publications, Oakland, California, 2005.

    Hayes, S. C., K. D. Strosahl, y K. G. Wilson, *Acceptance and Commitment Therapy: The Process and Practice of Mindful Change*, Guilford Press, Nueva York, 2.ª edición, 2012.

56. Ryan, R. M., y E. L. Deci, «Self-Determination Theory and the Facilitation of Intrinsic Motivation, Social Development, and Well-Being», *American Psychologist*, 55 (2000), 68-78.

57. Sheldon, K. M., y A. J. Elliott, «Goal Striving, Need Satisfaction, and Longitudinal Well-Being: The Self-Concordance Model», *Journal of Personality and Social Psychology*, 76 (1999), 483-97.

    Sheldon, K. M., y L. Houser-Marko, «Self-Concordance, Goal Attainment, and the Pursuit of Happiness: Can There be un Upward Spiral?», *Journal of Personality and Social Psychology*, 80 (2001), 152-65.

58. Harris, R., *The Happiness Trap: How to Stop Struggling and Start Living*, Robinson, Londres, 2008.

59. Hayes, S.C., y S. Smith, *Get Out of Your Mind and into Your Life: The New Acceptance and Commitment Therapy*, New Harbinger Publications, Oakland California, 2005.

60. Ryan, R. M., V. Huta, y E. L. Deci, «Living Well: A Self-Determination Theory Perspective on Eudaimonia», *Journal of Happiness Studies*, 9 (2008), 139-70.

61. Ryff, C. D., y C. L. M. Keyes, «The Structure of Psychological Wellbeing Revisited», Journal of Personality and Social Psychology, 69 (1995), 719-27.

62. Kasser, T., y R. M. Ryan, «Further Examining the American Dream: Differential Correlates of Intrinsic and Extrinsic Goals», *Personality and Social Psychology Bulletin*, 22 (1996), 280-7.

63. Kasser, T., y R. M. Ryan, «Be Careful What You Wish For: Optimal Functioning and the Relative Attainment of Intrinsic and Extrinsic Goals», en P. Schmuck y K. M. Sheldon, eds., *Life Goals and Well-Being: Towards a Positive Psychology of Human Striving*, Hogrefe and Huber Publishers, Gotinga, 2001, pp. 115-29.

64. Hayes, S. C., y S. Smith, *Get Out of Your Mind and into Your Life: The New Acceptance and Commitment Therapy*, New Harbinger Publications, Oakland California, 2005.

65. Wilson, K. G., y otros, «Slater, Understanding, Assessing and Treating Values Processes in Mindfulness and Acceptance-Based Therapies», en R. A. Baer, ed., *Assessing Mindfulness and Acceptance Processes in Clients: Illuminating the Theory and Practice of Change*, New Harbinger, Oakland, California, 2010, pp. 77-106.

66. Evans, D. R., R. A. Baer, y S. C. Segerstrom, «The Effects of Mindfulness and Self-Consciousness on Persistence», *Personality and Individual Differences*, 47 (2009), 379-82.

67. Sauer, S. E., y R. A. Baer, «Ruminative and Mindful Self-Focused Attention in Borderline Personality Disorder», *Personality Disorders: Theory, Research and Treatment*, vol. 3 (4), (2012), 434-44.

68. Kabat-Zinn, J., *Wherever You Go, There Your Are: Mindfulness Meditation in Everyday Life*, Hyperion, Nueva York, 1994, p. 4.

69. Baer, R. A., y otros, «Construct Validity of the Five Facet Mindfulness Questionnaire in Meditating and Non-Meditating samples», *Assessment*, 15 (2008), 329-42.

    Baer, R. A. y otros, «Using Self-Report Assessment Methods to Explore Facets of Mindfulness, *Assessment*, 13 (2006), 27-45.

    Brown, K. W., y R. M. Ryan, «The Benefits of Being Presente: Mindfulness and Its Role in Psychological Weel-Being», *Journal of Personality and Social Psychology*, 84 (4), (2003), 822.

70. Linehan, M. M., *Skills Training Manual for Treating Borderline Personality Disorder*, Guilford Press, Nueva York, 1993.

    Segal, Z. V., J. M. G. Williams, y J. D. Teasdale, *Mindfulness-Based Cognitive Therapy for Depression: A New Aproach to Preventing Relapse*, Guilford Press, Nueva York, 2002.

71. Segal, Z. V., J. M. G. Williams, y J. D. Teasdale, *Mindfulness-Based Cognitive Therapy for Depression: A New Aproach to Preventing Relapse*, Guilford Press, Nueva York, 2002.

72. Williams, M., y otros, *The Mindful Way through Depression: Freeing Yourself from Chronic Unhappiness*, Guilford Press, Nueva York, 2007.

73. Goldstein, J., y J. Kornfield, *Seeking the Heart of Wisdom: The Path of Insight Meditation*, Shambala Publications, Boston, 2001.

74. Greenberger, D., y C. A. Padesky, *Mind over Mood: Change How You Feel by Changing the Way Your Think*, Guilford Press, Nueva York, 1995. Adaptado con autorización.

75. Hayes, S. C., y S. Smith, *Get Out of Your Mind and into You Life: The New Acceptance and Commitment Therapy*, New Harbinger Publications, Oakland, California, 2005.

76. Linehan, M. M., *Skills Training Manual for Treating Borderline Personality Disorder*, Guilford Press, Nueva York, 1993.

77. Hayes, S. C., K. D. Strosahl, y K. G. Wilson, *Acceptance and Commitment Therapy: An Experiential Approach to Behavior Change*, Guilford Press, Nueva York, 1999.

    Linehan, M. M., *Skills Training Manual for Treating Borderline Personality Disorder*, Guilford Press, Nueva York, 1993.

    Segal, Z. V., J. M. G. Williams, y J. D. Teasdale, *Mindfulness-Based Cognitive Therapy for Depression: A New Aproach to Preventing Relapse*, Guilford Press, Nueva York, 2002.

CAPÍTULO 10

78. Hanh, T. N., *The Miracle of Mindfulness*, Beacon Street, Boston, Massachusetts., 1976.

79. Killingsworth, M. A., y D. T. Gilbert, «A Wandering Mind is an Unhapppy Mind», *Science*, 330 (2010), 932.

80. Segal, Z. V., J. M. G. Williams, y J. D. Teasdale, *Mindfulness-Based Cognitive Therapy for Depression: A New Aproach to Preventing Relapse*, Guilford Press, Nueva York, 2002.

81. Segal, Z. V., J. M. G. Williams, y J. D. Teasdale, *Mindfulness-Based Cognitive Therapy for Depression: A New Aproach to Preventing Relapse*, Guilford Press, Nueva York, 2002.

82. Crenshaw, D., *The Myth of Multi-Tasking: How 'Doing It All' Gets Nothing Done*, Jossey-Bass, San Francisco, California, 2008.

    Ophir, E., y A. Wagner, «Cognitive Control in Media Multi-Taskers», *Proceedings os the National Academy of Sciences*, 106 (2009), 15583-7.

    Spink, A., C. Cole, y M. Waller, «Multi-Tasking Bevavior», *Annual Review of Information Science and Technology*, 42 (2008), 93-118,

    Strayer, D. L., y F. A. Drews, «Multi-Tasking in the Automobile», en A. F. Kramer, D. A. Viegmann y A Kirlik, editores, *Attention: From theory to Practice*, Oxford University Press, Nueva York, 2007, pp. 121-33.

83. Czikszentmihalyi, M., *Flow: The Psychology of Optimal Experience*, Harper & Row, Nueva York, 1990.

84. Kabat-Zinn, J., *Wherever You Go, There You Are: Mindfulness Meditation in Everyday Life*, Hyperion, Nueva York, 1994, p. 205.

CAPÍTULO 11

85. Kabat-Zinn, J., *Coming to our Senses: Healing Ourselves and the World Through Mindfulness*, Hyperion, Nueva York, 2005.

86. Bowen, S., y G. A. Marlatt, «Surfing the Urge: Brief Mindfulness-Based INtervention for College Student Smokers», *Psychology of Addictive Behaviors*, 23 (4), (2009), 666.

87. Forman, E. M., y otros, «A Comparison of Acceptance, and Control-Based Strategies for Coping with Food Cravings: An Analog Study», *Behavior, Research and Therapy*, 45 (10) (2007), 2372-86.

88. Vowles, K. E., y otros, «Effects of Pain Acceptance and Pain Control Strategies on Physical Impairment in Individuals with Chronic Low Back Pain», *Behavior Therapy*, 38 (4), (2007), 412-25.

89. Campbell-Sills, L., y otros, «Effects of Suppression and Acceptance on Emotional Responses of Individual with Anxiety and Mood Disorders», *Behavior Research and Therapy*, 44 (9) (2006), 1251-63.

90. Orsillo, S. M., y L. Roemer, *The Mindful Way through Anxiety: Break Free from Chronic Worry and Reclaim Your Life*, Guilford Press, Nueva York, 2011.

91. Kabat-Zinn, J., *Full Catatrophe Living: Using the Wisdom of Your Body and Mind to Face Stress, Pain and Illness*, Delacorte Press, Nueva York, 1990.

92. Segal, Z. V., J. M. G. Williams, y J. D. Teasdale, *Mindfulness-Based Cognitive Therapy for Depresssion: A New Approach to Preventing Relapse*, Guilford Press, Nueva York, 2002.

   Williams, M., y D. Penman, *Mindfulness: A Practical Guide to Finding Peace in a Frantic World*, Piatkus, Londres, 2011.

   Williams, M., y otros, *The Mindful Way through Depressión: Freeing Yourself from Chronica Unhappiness*, Guilford Press, Nueva York, 2007.

93. Segal, Z. V., J. M. G. Williams, y J. D. Teasdale, *Mindfulness-Based Cognitive Therapy for Depresssion: A New Approach to Preventing Relapse*, Guilford Press, Nueva York, 2002.

94. Bowen, S., N. Chawla, y G. A. Marlatt, *Mindfulness-Based Relapse Prevention for Addictive Behaviors: A Clinician's Guide*, Guilford Press, Nueva York, 2011.

CAPÍTULO 12

95. Feldman, C., *The Buddhist Path to Simplicity*, Thorsons, Londres, Reino Unido, 2001, p. 173.

96. Germer, C. K., y R. D. Siegel, *Wisdom and Compassion in Psychotherapy Deepening Mindfulness in Clinical Practice*, Guilford Press, Nueva York, 2012.

97. Gilbert, P., *Overcoming Depression*, Robinson, Londres, 3.ª ed., 2009.

98. Germer, C. K., *The Mindful Path to Self-Compassion: Freeing Yourself from Destructive Thoughts and Emotions*, Guilford Press, Nueva York, 2009.

    Neff, K. D., *Self-Compassion: Stops Beating Yourself Up and Leave Insecurity Behind*, HarperCollins, Nueva York, 2011.

    Neff, K. D., «The Development and Validation of a Scale to Measure Self-Compassion», *Self and Identity*, 2 (3) (2003), 2232-50.

99. Adams, C. E., y M. R. Leary, «Promoting Self-Compassionate Attitudes toward Eating among Restrictive and Guilty Eaters», *Journal of Social and Clinical Psychology*, 26 (10) (2007), 1120-44. Cita reimpresa con el permiso de Guilford Publications; permiso transmitido por medio de Copyright Clearance Center, Inc.

100. Kelly, A. C., y otros, «Who Benefits from Training in Self-Compassionate Self-Regulation? A Study of Smoking Eduction», *Journal of Social and Clinical Psychology*, 29 (2010),

727-55. Citas reimpresas con el permiso de Guilford Publications; permiso transmitido por medio de Copyright Clearance Center, Inc.

101. Kuyken, W., y otros, «How Does Mindfulness-Based Cognitive Therapy Work?», *Behaviour Research and Therapy*, 48 (2010), 1105-12.

Leary, M. R., y otros, «Self-Compassion and Reactions to Unpleasant Self-Relevant Events: The Implications of Treating ONeself Kindly», *Journal of Personality and Social Psychology*, 95 (5) (2007), 887.

Neff, K. D., «The Science of Self-Compassion», en C. K. Germer y R. D. Siegel, eds., *Wisdom and Compassion in Psychotherapy: Deepening Mindfulness in Clinical Practice*, Guilford Press, Nueva York, 2012, 79-92.

102. Barnard, L. K., y J. F. Curry, «The Relationship of Clergy Burnout to Self-Compassion and Ohter Peronalisty Dimensions», *Pastoral Psychology*, 61 (2) (2012), 149-63.

Davidson, R. J., «Changing the Brain by Transforming the Mind: The Impact of Compassion Training on the Neural Systems of Emotion», octubre 2007. Ponencia presentada en el congreso de Mind and Life Institute, Emory University, Atlanta, Georgia.

Neff, K. D., y S. N. Beretvas, «The Role of Self-Compassion in Romantic Relationships», *Self and Identity*, 12 (1) (2013), 78-98.

Neff, K. D., y E. P. Pommier, «The Relationship between Self-Compassion and Other-Focused Concern among College Undergraduates, Community Adults, and Practicing Meditators», *Self and Identity*, 12 (2) (2013), 160-76.

Ringenbach, R., «A comparison between Counselor Who Practice Meditation and Those Who Do Not on Compassion Fatigue, Compassion Satisfaction, Burnout and Self-Compassion. Dissertations Abstracts International: Section B: The Sciences and Engineering», 70 (6-B) (2009), 3820.

Yarnell, L. M., y K. D. Neff, «Self-Compassion, Interpersonal Conflict Resolutions, and Well-Being», *Self and Identify*, vol. 12 (2) (2013), 146-59.

103. Lykins, E. L. B., y R. A. Baer, «Psychological Functioning in a Sample of Long-Term Practitioners of Mindfulness Meditation», *Journal of Cognitive Psychotherapy*, 23 (2009), 226-41.

Shapiro, S. L., y otros, «Mindfulnes-Based Stress Reduction for Health Care Professionals: Results from a Randomized Trial», *International Journal of Stress Management*, 12 (2) (2005), 164-76.

Shapiro, S. L., K. W. Brown, y G. M. Biegel, «Teaching Self-Care to Caregivers: Effects of Mindfulness-Based Stress Reduction on the Mental Health of Therapists in Training», *Training and Education in Professional Psychology*, 1 (2) (2007), 105-15.

104. Pigeon, W. R., y M. L. Perlis, «Cognitive Behavioral Treatment of Insomnia», en W. T. O'Donohue y J. E. Fisher, editores, *Cognitive Behavior Therapy: Applying Empirically supported Techniques in Your Practice*, John Wiley & Sons, Hoboken, Nueva Jersey, 2.ª ed., 2008, pp. 283-95.

105. Bryant, F., «Savouring Beliefs Inventory (SBI): A Scale for Measuring Beliefs about Savouring», *Journal of Mental Health*, 12 (2003), 175-96.

Hurley, D. B., y P. Kwon, «Results of a Study to Increae Savoring the Moment: Differential Impact on Positive and Negative Outcomes», *Journal of Happiness Studies*, 13 (4) (2012), 579-88.

106. Linehan, M. M., *Skills Training Manual for Treating Borderline Personality Disorder*, Guilford Press, Nueva York, 1993.

Neff, K. D., *Self-Compassion: Stop Beating Yourself Up and Leave Insecurity Behind*, HarperCollins, Nueva York, 2011.

Linehan, M. M., *Cognitive Behavioral Treatment of Borderline Personality Disorder*, Gilford Press, Nueva York, 1993.

Shenk, C. E., y A. E. Fruzzetti, «The Impact of Validating and Invalidating Responses on Emotional Reactivity», *Journal of Social and Clinical Psychology*, 30 (2) (2011), 163-83.

Linton, J., y otros, «Painfully Reassuring? The Effects of Validation on Emotions and Adherence in a Pain Test», *European Journal of Pain*, 16 (4) (2012), 592-9.

CAPÍTULO 13

107. Shakespeare, W., *Enrique VI*, Parte III, Acto 3.º, Escena 1.ª.

108. Hayes, S. C., K. D. Strosahl y K. G. Wilson, *Acceptance an Commitment Therapy: An Experiential Approach to Behavior Change*, Guilford Press, Nueva York, 1999.

109 Kabat-Zinn, J., *Full Catastrophe Living: Using the Wisdom of Your Body and Mind to Face Stress, Pain and Illness*, Delacorte Press, Nueva York, 1990.

110. Bowen, S., N. Chawla, y G. A. Marlatt, *Mindfulness-Based Relapse Prevention for Addictive Behaviors: A Clinician's Guide*, Guilford Press, Nueva York, 2011.

Williams, M., y D. Penman, *Mindfulness: A Practical Guide To Finding Peace in a Frantic World*, Piatkus, Londres, 2011.

Williams, M., y otros, *The Mindful Way through Depression: Freeing Yourself from Chronic Unhappiness*, Guilford Press, Nueva York, 2007.

111. Hayes, S. C., y S. Smith, *Get Out Your Mind and into Your Life: The New Acceptance and Commitment Therapy*, New Harbinger Publications, Oakland, California, 2005.

112. Hayes, S. C., K. D. Strosahl y K. G. Wilson, *Accceptance and Commitment Therapy: An Experimental Approach to Behavior Change*, Guilford Press, Nueva York, 1999.

113. Orsillo, S., y L. Roemer, *The Mindful Way Through Anxiety*, Guildford Press, Nueva York, 2011.

114. Segal, Z. V., J. M. G Williams y J. D. Teasdale, *Mindfulness-Based Cognitive Therapy for Depression*, Guilford Press, Nueva York, 2.ª ed., 2013.

    Williams, M., y D. Penman, *Mindfulness: A Practical Guide to Finding Peace in a Frantic World*, Piatkus, Londres, 2011.

    Williams, M., J. Teasdale, Z. Segal, y J. Kabat-Zinn, *The Mindful Way through Depression: Freeing Yourself from Chronic Unhappiness*, Guilford Press, Nueva York, 2007.

115. Bowen, S., N. Chawla, y G. A. Marlatt, *Mindfulness-Based Relapse Prevention for Addictive Behaviors: A Clinical's Guide*, Guilford Press, Nueva York, 2011.

CAPÍTULO 14

116. Roosevelt, F., *You Learn by Living*, Harper and Brothers Publishers, Nueva York, 1960.

117. Peterson, C., N. Park, y M. P. Seligman, «Orientations to Happiness and Life Satisfaction: The Full Life Versus the Empty Life», *Journal of Happiness Studies*, 6 (1) (2005), 25-41.

    Waterman, A. S., «Two Conceptions of Happiness: Contrasts of Personal Expressiveness (Eudaimoia) and Hedonic Enjoyment», *Journal of Personality and Social Psychology*, 64 (4) (1993), 678-91.

    Ryan, R. M., y E. L. Deci, «On Happiness and Human Potentials: A review of Research on Hedonic an

Edudaimonic Well-Being», *Annual Review of Psychology*, 52 (2001), 141-66.

118. Brown, K. W., y M. Holt., «Experiential Processing and the Integration of the bright and Dark Side of the Human Psyche», en K. M. Sheldon, T. B. Kashan, y M. F. Steger, editores, *Designing Positive Psychology: Taking Stock and Moving Forward*, Oxford University Press, Nueva York, 2011, pp. 147-59.

119. Geschwind, N., y otros, «Mindfulness Training Increases Momentary Positive Emotions and Reward Experience in Adults Vulnerable to Depression: A Randomized Controlled Trial», *Journal of Consulting and Clinical Psychology*, 79 (5) (2011), 618-28.

120. Fredrickson, B. L., «The Role of Positive Emotions in Positive Psychology: The Broaden-and-Build Theory of Positive Emotions», *American Psychologist*, 56 (3) (2001), 218-26.

121. Cohn, M. A., y otros, «Happiness Unpacked: Positive Emotions Increase Life Satisfaction by Building Resilience», *Emotion*, 9 (3) (2009), 361-8.

122. Ryff, C. D., «Happiness Is Everything, Or Is It? Explorations on the Meaning of Psychological Well-Being», *Journal of Personality and Social Psychology*, 57 (1989), 1069-81.

123. Carmody, J., y R. A. Baer, «Relationships between Mindfulness Practice and Levels on Mindfulness, Medical an Psychological Symptoms and Well-being in a Mindfulness-Based Stress Reduction Program», *Journal of Behavioral Medicine*, 31 (1) (2008), 23-33.

Baer, A., y otros, «Construct Validity of the Five Facet Mindfulness Questionnaire in Meditating and Non-Meditating Sample», *Assessment*, 15 (2008), 329-42.

124. Cantor, N., y C. A. Sanderson, «Life Task Participation and Well-Being: The Importance of Taking Part in Daily Life», en D. Kahneman, E. Diener y N. Schwarz, eds., *Well-Being: The Foundations of Hedonic Psychology*, (1999), 230-43.

125. Strack, F., L. L. Martin, y S. Stepper, «Inhibiting and Facilitating Conditions of the Human Smile: A Non-Obtrusive Test of the Facial Feedback Hypothesis», *Journal of Personality and Social Psychology*, 54 (5) (1998), 768-77.

Lewis, M. B., «Exploring the Positive and Negative Implications of Facial feedback», *Emotion*, 12 (2012), 852-9.

McIntosh, D. N., «Facial Feedback Hypothesis: Evidence, Implications and Directions», *Motivation and Emotion*, 20 (2) (1996), 121-47.

126. Hanh, T. H., *The Miracle of Mindfulness*, Beacon Street, Boston, Massachusetts, 1976.

127. Linehan, M. M., *Skills Training Manual for Treating Boderline Personality Disorder*, Guilford Press, Nueva York, 1993.

128. Carlson, L. E., y M. Speca, *Mindfulness-Based Cancer Recovery: A Step-By-Step MBSR Approach to Help You Cope with Treatment and Reclaim Your Life*, New Harbinger Publications, Oakland, California, 2010.

Foley, E., y otros, «Mindfulness-Based Cognitive Therapy for Individuals Whose Lives have Been Affected by Cancer: A Randomized Controlled Trial», *Journal of Consulting and Clinical Psychology*, 78 (1) (2010), 72-9.

Henderson, V., y otros, «The Effects of Mindfulness-Based Stress Reduction on Psychosocial Outcomes and Quality of Life in Early-Stage Breast Cancer Patients: A Randomized Trial», *Breast Cancer Research and Treatment*, 131 (2012), 99-109.

Hoffman, C., y otros, «Effectiveness of Mindfulness-Based Stress Reduction in Mood, Breast and Endocrine-Related Quality of

Life, and Well-Being in Stage 0 to III Breast Cancer: A Randomized, Controlled Trial», *Journal of Clinical Oncology*, 30 (2012), 1335-42.

Speca, M., y otros, «Mindfulness-Based Stress Reduction (MBSR) as an Intervention for Cancer Patiens», en R. A. Baer, ed., *Mindfulness-Based Treatment Approaches: Clinician's Guide to Evidence Base and Applications*, Elsevier, San Diego, California, 239-61.

129. Mackenzie, M. J., y otros, «A Qualitative Study of Self-Perceived Effects of Mindfulness-Based Stress Reduction (MBSR) in a Psychosocial Oncology Setting», *Stress and Health: Journal o the International Society for the Investigation of Stress*, 23 (1) (2007), 59-69. Copyright©2006 John Wiley & Sons Ltd. Las citas se reimprimen con autorización de John Wiley & Sons; autorización transmitida por medio de Copyright Clearance Center, Inc.

130. Kabat-Zinn, J., *Wherever You Go, There You Are: Mindfulness Meditation in Everyday Life*, Hyperion, Nueva York, 1994.

Recursos

Páginas web – Información sobre mindfulness

www.unassmed.edu/cfm
Centro para mindfulness en medicina, asistencia médica y sociedad
Facultad de Medicina de la Universidad de Massachusetts

www.mbct.com
Información sobre la terapia cognitiva basada en mindfulness (Estados Unidos)

http://marc.ucla.edu/
Universidad de California en Los Ángeles, Centro de Investigación de la Conciencia Plena

www.mindful.org
Información sobre mindfulness de la revista *Mindful*

www.mindfulnet.org
Información exhaustiva sobre mindfulness

www.mbct.co.uk
Información sobre la terapia cognitiva basada en mindfulness
(Reino Unido)

www.bangor.ac.uk/mindfulness
Centre for Mindfulness Research and Practice,
Universidad de Bangor, Gales

www.oxfordmindfulness.org
Oxford Mindfulness Centre, Universidad de Oxford, Reino
Unido

www.bemindful.co.uk
Mental Health Foundation, Reino Unido

Páginas web – Centros de Retiro
para la Meditación Introspectiva

www.dharma.org
Insight Meditation Society, Barre, Massachusetts

www.spiritrock.org
Spirit Rock Meditation Center

http://gaiahouse.co.uk/
Insight Meditation Retreat Centre

Libros

Bardacke, N., *Mindful Birthing: Training the Mind, Body, and Heart for Childbirth and Beyond*, HarperONe, 2012.

Germer, C. K., *The Mindful Path to Self-Compassion: Freeing Yourself from Destructive Thoughts and Emotions*, Guilford, 2009.

Harris, R., *The Happiness Trap*, Trumpeter, 2008.

Kabat-Zinn, J., *Full Catastrophe Living: Using the Wisdom of Your Body and Mind to Face Stress, Pain and Illness*, Delta, 1990. (*Vivir con plenitud la crisis: cómo utilizar la sabiduría del cuerpo y la mente para afrontar el estrés*, Kairós, Barcelona, 2013)

Kabat-Zinn, J., *Wherever You Go, There You Are: Mindfulness Meditation in Everyday Life*, Hyperion, 1994. (*Mindfulness en la vida cotidiana: donde quiera que vayas, ahí estás*, Paidós, Barcelona, 2011)

Kabat-Zinn, J., *Coming to Our Senses: Healing Ourselves and The World through Mindfulness*, Hyperion, 2005.

Kabat-Zinn, M., y J. Kabat-Zinn, *Everyday Blessings: The Inner Work of Mindful Parenting*, Hyperion, 1997.

Neff, K. D., *Self-Compasion: Stop Beating Yourself Up and Leave Insecurity Behind*, HarperCollins, 2011.

Orsillo, S. M., y L. Roemer, *The Mindful Way through Anxiety: Break Free from Chronic Worry and Reclaim Your Life*, Guilford, 2011. (*Vivir la ansiedad con conciencia: libérese de la preocupación y recupere su vida*, Desclée de Brouwer, Bilbao, 2014)

Salzburg S., *Real Happiness: The Power of Meditation*, Workman, 2011.

Vieten, C., *Mindful Motherhood: Practical Tools for Staying Sane During Pregnancy and Your Child's First Year*, New Harbinger, 2009.

Williams, M., y D. Penman, *Mindfulness: An Eight-Week Plan for Finding Peace in a Frantic World*, Rodale, 2011. (*Mindfulness: guía práctica para encontrar la paz en un mundo frenético*, Paidós, Barcelona, 2013)

Williams, M., J. Teasdale, Z. Segal, y J. Kabat-Zinn, *The Mindful Way through Depression: Freeing Yourself from Chronic Unhappiness*, Guilford, 2007.

Libros para profesionales

Baer, R. A., *Mindfulness-Based Treatment Approaches: A Clinician's Guide to Evidence Base and Applications*, Elsevier, 2006.

Bowen, S., N. Chawla, y G. A. Marlatt, *Mindfulness-Based Relapse Prevention for Adictive Behaviors: A Clinician's Guide*, Guilford, 2011. (*Prevención de recaídas en conductas adictivas basada en mindfulness: guía clínica*, Desclée de Brouwer, Bilbao, 2013)

Dimeff, L., y K. Koerner, *Dialectical Behavior Therapy in Clinical Practice: Applications Across Disorders and Settings*, Guilford, 2007.

Germer, C. K., y R. D. Siegel, *Wisdom and Compassion in Psychotherapy: Deepening Mindfulness in Clinical Practice*, Guilford, 2012.

Germer, C., R. Siegel, y P. Fulton, *Mindfulness and Psychotherapy*, Guilford, 2005.

Hayes, S., V. Follette, y M. Linehan, *Mindfulness and Acceptance: Expanding the Cognitive Behavioral Tradition*, Guilford, 2004.

Hayes, S. C., K. D. Strosahl y K. G. Wilson, *Acceptance an Commitment Therapy: The Process and Practice of Mindful Change*, Guilford, 2.ª ed., 2012.

Linehan, M. M., *Cognitive Behavioral Treatment of Borderline Personality Disorder*, Guilford, 1993. (*Manual de tratamiento de los trastornos de personalidad límite*, Paidós, Barcelona, 2005)

Linehan, M. M., *Skills Training Manual for Treating Borderline Personality Disorder*, Guilford, 1993.

Roemer, L., y S. M. Orsillo, *Mindfulness and Acceptance-Based Behavioral Therapies in Practice*, Guilford, 2009.

Segal, Z.V., J. M. G. Williams y J. D. Teasdale, *Mindfulness-Based Cognitive Therapy for Depression*, Guilford, 2.ª ed.n, 2013. (*Terapia cognitiva de la depresión basada en la consciencia plena*, Desclée de Brouwer, Bilbao, 2006)

Shapiro, S. L., y L. E. Carlson, *The Art and Science of Mindfulness: Inegrating Mindfulness into Psychology and the Helping professions*, American Psychological Association, 2009.

Grabaciones de ejercicios de mindfulness

www.stressreductiontapes.com/
www.mindfulnesstapes.com
Grabaciones de Jon Kabat-Zinn

www.octc.co.uk
Grabaciones de Mark Williams

www.soundstrue.com
Meditaciones guiadas por numerosos profesores, incluidos Tara
Brach, Pema Chodron, Jon Kabat-Zinn, Sharon Salzburg y
Joseph Goldstein.

Reconocimientos de los derechos de autor

Capítulo 1

«Ficha de actividad: Calificación de tus valores y conducta» Mindfulness for Two. Copyright © 2009 Kelly G. Wilson con Troy DuFrene. New Harbinger Publications, Inc. Reproducida con autorización.

Capítulo 2

«La casa de huéspedes» de Jalaluddin Rumi, *The Essential Rumi: New Expanded Edition*, traducción de Coleman Barks, 2004. Reproducido con autorización.

Capítulo 4

Autodiagnóstico: dos tipos de evitación. Adaptado con permiso de Gámez, W., M. Chmielewski, R. Kotov, C. Ruggero, y D. Watson, «Development of a Measure of Experiential Avoidance: The Multidimensional Experiential Avoidance Questionnaire», *Journal of Consulting and Clinical Psychology*, 23 (2011), 692-713. Utilizado y adaptado con permiso del doctor Gámez.

Capítulo 12

Capítulo 13

Capítulo 14

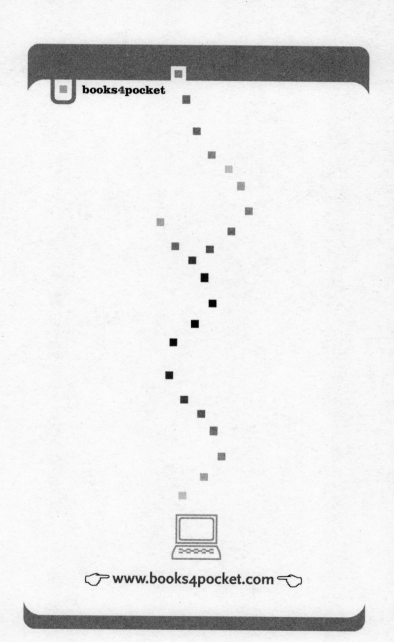

www.books4pocket.com